家事法庭

裡的

春天

彭南元 ——— 編著

目 錄
contents

〈推薦序〉
開家事調解風氣之先河

黃國忠

　　家事法庭受理家事訴訟及非訟事件，舉凡具有一定親屬關係之人，因共同生活、血緣、親情等所產生之紛爭，如婚姻、親子關係、收養、監護；或因人之特定念想、利益等所產生之糾葛，如遺產繼承、扶養事件；及對於家庭成員間實施身體或精神上不法侵害之家庭暴力事件，如核發保護令事件等，都是由家事庭法官依其本職學能在尊重當事人主體地位上予以實踐、終結之事件。

　　一個人願力有多堅強，力量就有多強大，影響就有多深遠。本院法官彭南元學長，在美國進修期間留心探微性別平權、多元文化發展及法社會學。歸國後，以其所學深耕家事法制，醉心家事審判實務，因懍於家事事件當事人間情緒上深層糾葛，氛圍緊張，司法裁判程序之終結，並未能根本治癒彼此間之傷痕，有些時候反而更加烙印無可轉圜的鴻溝。因之，彭法官於審理程序中思索如何調整關係，圓融處理紛爭，謀求家庭成員間最大利益，乃思以從社會學、心理學之角度上，經由裁判外的家事調解制度來解決家事事件，於當時可謂開風氣之先河。

　　本書係彭法官與其調解團隊鍾瑞麗諮商心理師及本院家事調解委員等人，從眾多的調解案例中，揀選二十五個案例來和社會大眾分享，在這些案例中，可以看到他們本著共同的願力，相同的目標，經由資源整合、連結，在不斷的摸索中，克服困境，終致每個案例都能達到春暖花開，柳暗花明的成就，直可稱之為「家事法庭裡的春天」。二十五個案例鋪排上有婚姻、親權、繼承及家庭暴力，是現實生活中方方面面真實的呈現，他們希望透過這本書的小

故事及溫馨小叮嚀，帶給社會一種省思，一種啟發，一種溫暖，期盼每個家庭都能和樂圓滿，如法如質。

　　本人於一○七年一月間到臺北地方法院服務，得緣與彭法官為同事，其間，聞知她審理案件時，常為每一個案件辛勞地付出心力，與戮力實踐的毅力，堪為後學們學習與效法。去年三月間因格於法制，她雖自公部門退休，仍未停止筆耕，今見此書之成，甚是暢快，爰綴數語聊表敬意。

（本序作者為臺灣臺北地方法院院長）

〈推薦序〉

來自心理師的祝福

鄭玉英

刻板印象中，法庭是充滿肅殺之氣的地方，法官是令人畏懼的角色；除非萬不得已，絕對不要打官司。難道家事法庭會不一樣嗎？本書作者理想中的家事法庭，竟然是民眾可以樂意前往的、一個溝通協調的處所。這有可能嗎？

當法官的職分除了裁判還有調解，當法庭不只是一人自由心證，還有一個帶著仁心的團隊隨行，在已經冰凍三尺的家庭關係裡面穿梭協調，溫暖春天是可能降臨的。

記得第一次見到彭法官，是她邀請我去新店北院給一群調解委員上「家庭會談」的課程，掐指一算那已經是超過十年以前的事情了。看著手中這本書的初稿，我心中的感動是很深的。我知道，這是他們多年持續耕耘至今的成果。

我還記得那時上課是在偌大的一間會議室，彭法官為我介紹他們，有退休的校長，現任的律師，有輔導背景的老師，熱心的社會賢達人士。

最讓我印象深刻的是彭法官的熱忱禮遇，她總是親自到大門口來迎接我，結束再親自送我下樓。口中常說的一句話是：「如果沒有人幫忙，我們法官要如何判這些家事呀！」顯然她是在「家」的脆弱與「家事」的複雜面前，謙卑下來的一位法官。今天拜讀此書，才知道她的志趣理想如此深厚久遠。她親自領導栽培的團隊，歷久彌新、儼然成熟。

身為心理工作者，我深知困難的家庭關係如何苦害家人，尤其是未成年的子女；所謂「家庭會傷人」本非虛言。家事法庭是要解

決家庭問題的,但有時也可能遺下問題、甚至是悲劇。因此,心理學與法律本來是八竿子打不著的兩個學門,在家事法庭卻必須緊密結合,跨領域的合作變成必要。在本書的每一個案例都有「法律解析」與「心理觀點」,就可見出作者和團隊的多元視角,和兼顧法理和情感的考量,周到而溫馨。

書中提到「子女照顧計畫表」這樣周密具體的工具,還有幾個「十大」的架構,我認為都是很有價值的實作方法,能給當事人在溝通上的參考,也可成為經驗傳承和培育團隊成員的教案。

充滿春天氣息的法庭,是可以討論柴米油鹽、充滿玩具乳香的溫馨場所。是的,家庭就是這麼真實,家事就是這麼繁瑣細膩。我相信十年有成的法庭春色絕非偶然,更不虛幻,而是腳踏實地的投入、陪伴衝突受苦的家庭,從一翻兩瞪眼的裁判,演化成溝通協調的過程。這真是進步社會該有的現象,令人激賞。

法庭絕對是撕裂傷口、擴大創傷的地方;在這本書,看到的是法庭也可以是帶來成長與合作的園地,這是國人之幸。身為心理工作者和一個家事法庭的老朋友,在此獻上我最大祝福和欣賞。

(本序作者為資深心理師,專長:婚姻輔導、家族治療、創傷治療)

〈推薦序〉

這一代臺灣人的努力

賴淳良

　　耳邊又傳來陣陣催促的聲音，「……民法第 1052 條離婚事由的規定是一種形成權……」的諄諄教誨，在法學院杜鵑花叢旁的教室內一再響起。催促著熱情的生命，承擔起守護人民權利的責任。

　　「……本案婚姻已經難以維持……」、「……雙方子女的最佳利益是……」成為重慶南路 124 號深邃迴廊內，鑲藍邊法袍與鑲白邊法袍，白了頭髮的爭辯及言說。當熱情的生命，關上燈光，望著床上的天花板，卻想著當事人心中「你知道我在等你嗎」的呢喃低語。

　　當「愛情怎麼來的，我們不知道」、「愛情怎麼走的，我們也不知道」的話語，在家事法庭內嚴肅的氣氛裡被敘說，成為結束苦苦等待的善緣起因時，以權利型的家事審理模式，也面臨著被改變的命運。

　　隨著家事專業調解、諮商、心理、社工參與家事審理體系的實務操作、家事事件法的公布施行，效益型的家事審理模式揭開了序幕，即將粉墨登場。以兒童發展為主軸的關懷倫理學，將以角色一員，上場與義務論、結果論等倫理學角色，展開精彩的對話。新儒家的責任倫理學，也躍躍上臺一試，接受互動觀眾的親身體驗與點評。也正如彭法官引用孔子《論語》〈八佾篇〉，談論音樂演奏旋律的心得，說明家事審理模式變革的心路歷程。家事審理也應該如音樂般，各項樂音初起時的盛大翕然，最後卻是因著各個演奏專家純熟的演奏專業能力，相互和諧皦如也繹如也地結束一場演奏，餘韻猶存地讓當事人細細品味思考，在等待中長成，或是在成長中一步

步往前。

　　彭南元法官擔任家事庭法官長達二十餘年，出版《兒童及家事法專題研究》（2006 年）專書，帶領著一群人，做出改變家事審理模式的努力，又參與制定家事事件法的巨大工程。本書正是彭南元法官與夥伴們努力過程與成果的記錄，錄製了這一代臺灣人的努力。

　　有幸與彭南元學姊，一同參與家事事件法的制定過程，聆聽並負責整理、記錄學姊和調解委員們於委員會發表的思考與想法，讓筆者從一個門外漢，得以一窺堂奧。對於正在從事實務工作的法律人而言，本書提供了一本可資參考的經驗與指南，一篇篇的故事，匯集了無數的智慧、仁智、耐心。企盼能在本書的倡議帶領下，產出一部本土的家事審理模型，為更多的人，帶來更多的事事無礙的身心幸福狀態。

　　　　　　　　　　　　　　　（本序作者為華嚴法律事務所律師）

〈推薦序〉

看見「家」是大於家事案件的團體

劉于華

我與彭法官的合作始自二〇〇三年，法官剛自美回國不久，在一個因緣中前去家事法庭擔任調解委員的角色。當時家事法庭調解制度尚未完備，有一批有志之士的教育界前輩與彭法官觀點契合，認同家事法庭中不是只有當事人雙方的司法攻防，更需看見家庭（族）糾紛中被撕裂的情感傷痛與多重心理需求，不處理這些心理危機與情感需求，無法解決問題。有時當事人也會繼續開案再戰，甚至流於濫訟或長期的意氣之爭。

最近美國影星夫妻布萊德彼特與安潔莉娜裘莉互爭六個孩子監護權長達五年，美國法官判男方擁有共同監護，女方仍放話再上訴且「永遠不原諒」等詞見諸媒體報章；以此為例，可以想見六個兒女的餘生要活在母親的「永不原諒」情緒裡，實在非常沉重。

許多案件極其相似，處在其間的相關當事人如未成年子女等，常常是夾心餅乾，諸多父母雙方的情緒勒索與孩子們對不同親職雙方的效忠矛盾，成為這群孩子童年的陰影。

在案件的合作中，由於看到彭法官在案件的審理中對人的理解與人本的精神，讓我非常感動，以至於一路來合作了十七年。甚至我於二〇一二年開始投入全職獨立開業的心理治療工作，仍保留每周一個下午前去家事法庭服務，執行調解諮詢的工作，直到去年法官退休為止。回首這十七年的合作，是彭法官與許多當事人送我最大的禮物，學習到許多，也與許多當事人一起走過艱難的人生關卡。

與彭法官的合作過程，深深認同她在案件處理上邀請調解委員

協助的部分，常常是邀請調解委員協助增能雙方為始，看見這個家（事）案件裡的「家」而非僅只是「事件」而已。一個案件走到法院處理家庭關係，就像進了關係的急診處或急重症病房，需要快速地診斷家庭動力的樣貌、情緒危機與情結的病灶、判斷家這個有機體僅剩可用的營養與支持系統。彭法官透過與調解委員的多層次合作，開庭的過程與調解委員們來回許多的討論再討論，務求找到最佳的解方。其用心勞力常讓我敬佩不已。

這一批調解委員各有專長：有兒童青少年教育專家、有心理輔導主任、中小學校長、社工專家、諮商心理師、觀護人等，法官善用每個人的專長來服務當事人；也組成團督學習團體讓我們互相學習，養成一批彼此感情很好、默契絕佳的好夥伴們。有此榮幸參與彭法官這個調解委員團體，實在是我的榮幸！

如今大家集結成書，把許多有意義的案件，寫下辛苦的工作心得並加以分析，與大眾共享，實在是非常珍貴！

（本序作者為天晴身心診所諮商心理師）

〈推薦序〉
對生命的尊重與相信的展現

楊東蓉

　　這是一本關於生命影響生命的書，記錄著二十五個家庭和法官、調解委員團隊生命交織的故事。

　　短短的「案情概述」雖然呈現的是伴侶雙方的衝突和事端，然故事背後卻是兩個人在面對關係期待落空的失落和悲傷！回想著從事收出養服務和監護權調查工作時，我的內心常常有許多的感概！那個曾經抱著「執子之手與子偕老」的相信、「我們感」的美好，卻因著雙方在關係中的差異所產生的壓力導致關係失調，使彼此無法順利溝通，逐漸形成慢性又重複循環的負面互動模式。

　　多年的助人工作經驗，讓我深深體會到不管孩子的年紀多大，每個孩子心中最深的期待不僅是爸媽關係和諧，還渴望擁有爸媽的愛和認同、家的歸屬與自由！隨著書中「案情概述」的文字，感受到孩子的期待因著父母之間無法從彼此的差異中學習而幻滅！所幸的是，當父母迷失在彼此的衝突和關係的失落中時，孩子被法官和調解委員「看到」，這樣的「在乎」，讓我讚嘆孩子生命的潛能，即使在父母關係衝突的壓力下生存和掙扎並不容易，孩子也發展出許多因應生命難題的內在資源和能量。

　　人的生命如同一輛行進中的火車，在伴侶衝突的這個階段，法官和調解委員上了這輛火車，運用自己這個人溫暖尊重火車主人駕駛火車的方式，但運用自己的專業帶著好奇、愛心，關懷這火車主人，陪伴主人有意識的為自己做主，決定自己想要擁有怎樣的關係、人生要往哪裡去，並為自己的選擇負責任！同時，在火車主人深陷過往的枷鎖時，不放棄的陪伴，一次次的連結和接納，火車

主人得以將不適用自己的枷鎖放在博物館裡，帶走學習，讓火車前行的動力更加平穩和順暢！

　　我很榮幸地承蒙法官的邀請一同教授東吳碩班的「社會工作和法律」這門課多年，課堂中，常聽著法官分享著審理家事庭過程的信念，以及調解委員所做的工作。如今閱讀本書的每個故事，我感受到那對生命的相信和愛，鼓勵而不否定、重視而不看輕的力量，來來回回聚焦核對，協助衝突的雙方找到適合彼此且可以一起合作教養孩子的目標，對家庭中的每一個成員來說，那是多麼美好豐富的一段成長之旅。

　　「結案成效分享」代表著法官、調解委員等人都從火車上下車了！雖然不是每輛火車都在法院這個站經歷幸福美滿，但卻真實實踐法官和調解委員對每個人生命的尊重和相信。我深信每個人都是自己問題解決的專家，法官和調解委員所展現的用心，不是用專家身分來解決伴侶關係、家庭關係的問題困境，也不是賦予伴侶和家人消除關係障礙的能力，而是透過創造一個對話情境，陪伴每個人看到和感受到自己生命的魔法，進而賦能自己，並幫助自己突破關係的困境。當然，這關係的困境不一定是幸福快樂的王子與公主。

　　問題本身不是問題，如何應對才是問題。如今透過這些故事，許多人，包括助人工作者，都會隨著這些故事的文字、文字背後的生命經歷而有不同。

　　（本序作者為 PCT 童樂匯親子教育中心創辦人、社福機構外聘督導、薩提爾成長模式講師、《家庭評估與會談技巧》及《家庭評估與會談案例》譯者）

〈推薦序〉
智慧與慈悲雙運的法官

郭璱瀜

　　捧讀本書，昔日帶著學生觀庭的種種回憶一幕幕現起，觀庭後的激動和思辨久久不去。

　　彭南元法官不僅是位法官，更是一位家族治療師和智慧長者，堅持理想與悲心，與她的團隊善巧運用調解和裁判的雙重策略，如同智慧與慈悲的雙翼，緊緊守護住兩造當事人和利害相關人。她不在乎績效考核和裁判結案效率，示範著合作父母的語言和態度；不知道經過她結案後的當事人，在經過數年後人生的沉澱，能否懂得這其中的一切？

　　欣見家事法庭裡關愛的種子已然撒入。希望所啟動的法庭制度、專業人員的盡心付出和努力，如同沃土、淨水和溫暖陽光的潤澤和呵護，深入每位不得不卻又必須進出家事法庭的困頓對立家人的心裡——穩定自我情緒，放下糾葛煩惱，清晰思辨重要價值，做出理智抉擇，即使艱難也要守護孩子人生的最佳福祉。

　　祈祝重獲春天氣息的每個生命，不但重生，且必當繁花盛開。

（本序作者為國立臺北護理健康大學生死與健康心理諮商系助理教授）

〈推薦序〉
終局解決紛爭的宏願

曾建豪

　　與彭法官相識迄今已歷十八載，彭法官是我的長官，也是我家事實務的導師。猶記得與彭法官碰面首日，她便慎重地對我說，她要一直留在地方法院，因為在家事案件裡，當事人的紛爭通常不會因走完三審程序即告終結，因此，她希望留在第一線的地方法院，這樣才能盡可能協助當事人一次且終局地解決紛爭。她想讓當事人能夠遠離法院，對於剛接觸法律實務工作的我，當時尚難理解這樣的宏願，是多大的堅持與念想。

　　這十八年來，彭法官年復一年持續這份念想，毫無改變，《家事法庭裡的春天》這本書也應該是彭法官這份念想的延伸；我想對法官而言，不論身處何處，也無論年歲幾何，她的宏願一直未曾稍變。

（本序作者為圓禾法律事務所律師）

〈導讀〉

助人的團隊，創造了法庭裡的春天

鍾宗霖

「把手指放在善惡交界之處，就能觸碰上帝的袍服」，法官被賦予評斷曲直及判人生死的神聖權力，而法律是法官定紛止爭的依據，然抽象的法律條文，無法涵蓋現實社會的複雜性及文化變遷的流動性，當注入豐富多元的生活經驗與客觀的理性思辨，或可賦予法律溫暖而充滿人性的旺盛生命力。

但是在充滿感情、親情、愛恨情仇的家事紛爭事件裡，則是清官難斷家務事。徒以對立訟爭性、攻擊防禦的訴訟辯論、主張舉證供法官調查審理的審判程序之制度設計，來審理家事事件，就家事紛爭背後隱藏的真正原因，是無法以上開法官在法庭上的審理方式，真正深入家事紛爭的問題核心，協助妥適及終局地解決家庭紛爭。

人生一期一會，甜美苦難，悲歡離合，當兩人情投意合，愛不知所由起，便一見鍾情、為伊消得人憔悴；然結為愛侶，組成家庭，生養子女，十年相處，如甜蜜漸少而負擔越多，一旦霜雪滿天，由愛轉恨，恨便不能所終，敵視報復，以愛子女之名，行占有報復之實。所以家庭紛爭事件來到家事法庭的每一事件，就是一位兒童、一位少年、一位受虐、一位受暴、一位身心受創、一個曾經充滿溫馨慈愛但現正處於風暴中家庭的風暴血淚、坎坷受挫、痛苦磨難、報復仇恨的血淚生命史。所以，家事事件，家事庭法官如何裁判，主導著一個人的人生，掌控著一個家庭的未來，引領著每位兒童、少年未來的精彩人生。

法官一案一結，案牘勞形，平亭曲直，實現公平正義。法官一

輩子從事司法審判，奉獻一生的真情給司法，真愛過才會懂，才會在司法生涯中，對審理每一案件背後的當事人生命遭遇、家庭故事、身心磨難，刻骨銘心而無怨無悔、鞠躬盡瘁的奉獻付出。

我以前就聽聞、知悉、瞭解，我在家事庭審判的前輩、法官學姐：臺灣台北地方法院家事庭資深的彭南元法官，從事家事司法審判工作，以真摯的深度同理心、溫暖地長期陪伴、人性關懷的司法大愛，召組專業的家事調解委員，及邀請相關專業助人工作的專家學者，組成家事專業調解及專家審判團隊，彭法官為專家事專業團隊的帶領者，以專業團隊的分工合作模式，引入各類家事紛爭當事人及其家庭成員所需的社會資源，由彭法官親自主持調解與審理程序交互運用，去實踐家事事件法之立法目的：妥適、統合及徹底解決家事紛爭。並期待能達到專業家事助人工作者之最佳理想與目標：預防單純以裁判准駁來終結家事紛爭事件，所可能帶來的負面效果及嚴重對未成年子女帶來的重大傷害。當時對於彭法官於家事庭從事調解及審理之上開作法，已深受感動與多所啟發。

此次，我非常有福氣，受到學姐彭法官的關愛與器重賜我良機，給我有最先閱讀、學習及反思之機會，我真幸運受邀，研閱彭法官與她長年在家事庭工作，所召組邀請的家事專業助人工作團隊，由彭法官與這群令人尊敬的專家、學者、調解委員等所共同主筆撰寫的《家事法庭裡的春天》一書，書中分享該專業團隊在家事庭調解、審理的專業助人工作歷程，以撰寫案例方式，回顧、檢視、分析、反思、討論、建議、心得、回饋等，撰載了二十五則實際由彭法官帶領的家事專業團協助處理過的家事紛爭事件之案例。

彭法官是在家事庭的大系統辦案模式環境中，經歷多年、多種辦案模式的歷程焠煉、反思、研究及發想，而依家事事件法之立法目的及制度設計，新創其所承辦家事事件之小系統專業團隊辦案模式，邀請及召組由其帶領之家事專業助人工作團隊，包括法院內的

家事調解委員、院外各有助於解決家事紛爭相關領域之學者專家及社會資源，由她擔任領導人，組成家事專業助人工作模式的團隊，在家事調解程序及審理過程中，由彭法官親力親為，既是家事調解法官，亦是家事審判法官，與小系統中的專業助人工作團隊，一起分工合作，進行專業的助人工作模式，引進審判以外之外部專業資源，同理、協助及陪伴當事人調整及緩和情緒、接受諮詢與諮商、邀請參加親職教育、釐清與認識真正的問題、重新定位自己的角色、促進父母對親職議題的友善合作、未成年子女權益與身心健康之保護與倡議、增進兩造有效能地溝通、增權賦能使當事人有真正能力自我選擇與決定未來的改變等，以徹底解決家事紛爭。

其中，彭法官是如何在調解與審理程序中，交互運用小系統的專業助人團隊呢？彭法官在小系統中的辦案方式（對法律訴求的釋疑、特殊的審理方式、對終結案件的看法）、案件管理、傳遞關愛、宣導教育、提供資源等，以妥適終局地解決家事紛爭，本書除「緒論一」有總覽說明外，在每一件個案中，彭法官均有詳細的回憶載述、分析、審酌、反思與期盼，讀來發人深省，以我也多年在家事庭的工作經驗，不惟讓我感動及敬佩，尤其對我辦理家事事件，有諸多內在力量的提昇，及對彭法官新創小系統家事專業助人團隊的分工接力工作模式，萌生強烈之求知與學習興趣。

法官是執人間神的司法審判工作，我閱讀本書每一家庭生命故事，及彭法官與她帶領的小系統專業家事助人團隊，如何協助及正向改變這些家庭的困境，讓我充分體悟到：彭法官心中充滿著司法的大愛與人文關懷，所以從每一則案例中，我真實覺察到從事家事審判工作的彭法官，她不孤單，更不會絕望，因為她心中有一顆熱愛及助人的小太陽，心理充滿正能量，更有勇氣去改變她所能做到的改變（組成及帶領小系統的專業家事助人工作團隊），在艱難的家事紛爭事件調解與審理中，認真的看顧每一個家庭、每一位孩

子、每一位心靈受傷的家人，堅苦卓絕地與小系統的家事專業助
人團隊合作，協助每一件家庭紛爭的當事人，享受生命的每一刻，
在守護兒少、看守破碎家庭、實現合作友善的親職家園的途徑中，
迎接艱難，這就是彭法官在書中所分享的：「法官對自己在法律上
的地位與角色要懷有使命感，絕對不僅僅只是依據法律的裁判者而
已。」此刻，讓我想起古訓有云：德不孤必有鄰，載德之人必有厚
福；為善、助人、種福田者，必能喜悅滿懷，生命充滿光與熱。

在彭法官的小系統內具體作為之介紹中，她特別載述「在小系
統內，傳遞關愛是法官翻轉傳統裁判系統的關鍵」，「真正的關愛，
是要幫助成長，瞭解應負的責任」。以我擔任法官二十多年的法庭
審理經驗，法官要能有這樣深度的同理心及掌握最佳時機，並能善
巧地對當事人表達高度的同理心，或在法庭審理程序中，能夠作出
如此感人、啟發人心轉向正念的傳遞關愛，真令我感動肺腑、銘記
難忘，期盼自己透過學習與領悟，有朝一日亦能如斯。我摘錄一小
段彭法官在某一件家事紛爭個案，她傳遞關愛、深度同理兩造的歷
程，分享給讀者：

彭法官先勸導男方：

「在婚姻關係中，如遇有心裡不舒服，或被妻子忽略時，要用
好的方式說出來，她才會注意到她不周到之處，可以注意改進，以
調整彼此的關係。一旦對妻子不滿的情緒累積久了，又沒有給她說
明的機會，就自行認定她的過錯而排斥她，這樣看來，你好像不是
在做丈夫，而是在家中做起了法官？」

「在你自行離家的這段日子，妻子心情一定不會太好，但她還
是在家悉心照顧孩子，也沒有離間你和子女間的親子關係，她說在
等你回家應不為過。」

「法官知道你對這個家庭有舉足輕重的貢獻，你是個優秀而有魅力的男人，你太太說她還愛著你，我認為她是真心的，不是因為打官司而說的。關係是要溝通的，不是排斥的，最先選擇放棄的人，對關係的破綻所負的責任較大。由此心證來看，你很難贏得這個官司，或可把握法院的協助，以及用良好的方式，換取以後的自由，請你認真參考。」

接著彭法官再勸導女方：

「法官知道妳在這段關係中，為了維繫關係、為了這個家、為了給孩子較好的生活環境，做了很多的抉擇和犧牲。然而在這個艱辛的過程中，有時可能沒能關注到先生的情緒與感受，而他也沒能及時表明或提醒妳，以至於彼此累積了許多負面的想法，久而久之，漸次就破壞了關係？」

「妳雖選擇被動忍耐，終就還得要面對他的求離。即使法官駁回他的訴求，妳可保證他會因而回到妳的身邊嗎？婚姻關係出了問題，如能主動面對因應，不僅早日結束這個痛苦的煎熬，更可給孩子一個相對穩定的生活，法官特別讚嘆妳在這段時間能夠節制自己的不安情緒，穩定孩子與父親的關係，實在是個了不起的母親。」

（後記：後來彭法官在法庭上也安排男方向女方誠懇地表達感謝與致歉，他並在夫妻剩餘財產的分配上做了大幅度的讓步，女方終於點頭願意與男方好散離婚，並做合作父母。）

另外，值得在讀者詳閱本書之前，將我閱讀本書後，產生一種無法形容的景仰與尊敬彭法官之心，盈滿我懷的感動，特別介紹給大家。那就是彭法官也開創了一種「特殊審理方式」。

彭法官所新創的家事特殊的審理方式，係在其召組的小系統

內，彭法官有兩種法律身分：在試行調解時，是調解法官；在審理裁判時，是裁判法官，對所有事件從頭到尾都是親力親為。法官在開庭前及調解委員接案後，就本件的法律的分析，調解的方向及方法，都會親自與調解委員切磋研討，並於每次開庭前後，會引領調解委員整合社會資源，協助雙方進入諮詢或調解程序。必要時，彭法官還會到調解現場關懷雙方，傾聽心聲，適時分析本件的法律面現實情況，以協助調解。如原先的調解程序因行政管考時限已屆，基於行政管考需暫時結案時，法官會依事件性質所需，在審判程序中續行移付調解。本書中所載諸多調解離婚及親權的爭議案例，在小系統專業團隊之實作，是彭法官與調解委員先引導兩造練習實做合作父母後，再協助以好散的方式離婚。為達到此項共識，彭法官會轉介不同專業而適合該案當事人的家事調解委員，以心理諮詢方式，分別與父母及子女會談，藉以同理他們的情緒，釐清他們的思緒，再分享適宜的親職理念，接著把握機會示範有效的溝通方式，漸次地引導協助他們相互進行平和有效的溝通，最後達成自主解決家事紛爭的共識。

除上開調解、審理程序，由彭法官引導交互、緊密連接進行之特殊審理方式外，茲介紹彭法官所獨創的「另類辦案模式」，摘錄以下案例分享之：

「為接力調解委員專業工作的努力成果，以突破困境，乃配合當事人時間，於假日彭法官與兩造當事人進行個別諮詢程序、假日親自陪伴當事人以午餐方式進行困難度極高的親子會面交往。」

此種另類辦案模式，據我的瞭解，以家事庭大系統的辦案模式中，應該是空前唯一僅有的典範，值得分享、探究、省思及試行採用。

案例在進行調解及子女會面中，遇到了困境：

「彭法官評估雙方在此情緒氣勢不對等的狀況下，不適合調解，然而在這節骨眼上女方卻把孩子緊緊拉在身邊，阻礙父子女的會面交往，嚴重剝奪孩子的親權，卻渾然不覺，這是即刻需要釐清與改善的。」

「為要保障孩子們的最佳利益，彭法官轉介調解委員，各別為雙方及其子女提供心理諮詢服務，一則同理情緒，二則釐清思緒，並倡導合作親職之重要，三則傾聽孩子們的心聲。」

「經過調解委員數次提供諮詢後，得知雙方分居已久，多年前，男方在外已與他人育有一子，此為女方以外眾所周知的秘密。當女方意外發現此一嚴酷現實時，曾態度卑微地想與男方和好，未果，悲而生憤就接二連三地向法院提告，雙方關係已到谷底，難以挽回。孩子們雖同情母親，卻並不排斥與父親會面交往。經由調解委員的協助，相對人與子女們曾在法院相見。女方在會談時常出爾反爾，而且在外協助子女與男方會面的狀況不甚順利，眼看就只能回歸裁判了。」

彭法官思考應啟動另類的辦案模式：

「為了打破僵局，落實子女的最佳利益，彭法官決定配合雙方及孩子們的時間，於假日在法院為雙方提供諮詢，並規劃中午期間由彭法官招待全家人在法院附近餐館便餐，以利觀察家人互動情況，順道安排父親與子女的會面交往。」

「當天上午由男方先到法院的調解室，彭法官先從關懷他的現況開始……當問到他最欣賞感謝女方之處，他毫不猶豫回答：她是一位非常稱職又有愛心的好母親。」

「經彭法官仔細聆聽男方的心聲後，突然感悟到女方因為欣賞男方的孝順與本身條件的優越，即使在他發生婚外情後，仍想與男方重修舊好維持家庭，即使被拒，還是如前地好好照顧子女，等待他回心轉意。當彭法官把以上的發現分享給男方時，誠懇地告訴他唯有能對妻子的苦心將心比心，才能誠心地向妻子表達抱歉與感謝之情，至少先從孩子父母的關係做起，彼此間的關係才能有轉機，他想成立離婚的調解，需等待時機而動。他表達感謝之意後，即先撤回離婚調解的聲請。」

「結束了早上四個小時與男方的諮詢後，在接近下午兩點鐘時，女方帶了女兒前來，並說兒子因要補習無法來院，男方難掩失望之情。午餐時間，女兒還表現不願與父親共餐之舉，彭法官就把女方請到一旁，請她安撫女兒，她點頭答應，午餐順利完成。飯後彭法官觀察到女兒欣然與父親一同外出。」

「彭法官下午近三小時半的與女方諮詢時間內，從讚嘆女方在遭逢家庭巨變之際還能正常工作，並照顧子女說起，漸次瞭解她對他的仰慕之情，即使知道他在婚前已有知心女友，還是滿懷信心地與他結成連理。她很後悔在他投資失利之際沒即時伸援，後雖改變初衷已無法挽回。彭法官分享男方對她的母職非常讚許與感謝，以及對自己的脫序行為深感抱歉，會先撤回對離婚調解的聲請。」

「當她聽到以上的表述，情緒很顯然地放鬆許多。彭法官也深度同理她對丈夫深厚的情義以及她對家庭的貢獻，至於他們的婚姻關係，還請她仔細考慮後再做決定，她對彭法官的認同非常感動，當下表明她願意撤回履行同居的聲請，並鼓勵孩子們與父親單獨會面交往，她不再插手干預，彭法官鼓勵她是否可以把損害賠償的金額轉化成子女的扶養費用？她願意將該部分的金額轉換成前欠的子女扶養費用，至於今後的扶養費用，只需依照一般法定扶養費用即可。」

　　（後記一：與女方會談結束後，男方也將女兒交託給女方，很顯然地，父女會面順利愉快。）

　　（後記二：彭法官為補救以上的不足，才會以裁判之外的方式處理本件，不僅引領調解委員為雙方及其子女提供諮詢服務，以確實瞭解家庭的生態與動力關係，還親自在調解委員所努力的基礎下加碼關心傳遞關愛給他們，啟動另類的辦案模式即於假日開啟法官與當事人個別諮詢、法官陪同午餐進行親子會面，協助發現並傳遞彼此的亮點，讓他們能夠看到彼此的善意，終能顧全子女的利益而能做合作的父母。）

　　以上是摘錄於本書的真實家事紛爭案例，這些曾被寶貝呵護的兒少、曾經相愛的夫妻，他們的人生、家庭、親情的坎坷境遇，常會讓辦案的我們感同身受，他們歷經人世間，親情的扭曲、愛情的折磨，家庭關係中無情的打擊與最痛苦的磨難，他們正陷在痛苦的深淵中，而無法勇敢地向前走。此時此刻正是需要如同彭法官般帶領的小系統專業家事助人團隊，扶持他們一把，點亮明燈，讓他們從中體悟並勇敢地忘掉昨日的悲傷，抹去心靈深處曾經千瘡百孔的傷痕與苦痛，並帶領他們走出生命的幽谷，從痛苦深淵中，望見雲上的太陽，使他們心理充滿希望與感到被愛及關照。家事司法審判工作，可以像彭法官這樣溫暖，如此有人性，去實踐助人工作的理想。彭法官的傳遞關愛及另類特殊審理方式，足以呼應前述「家事事件，一案一結，法官如何審理、裁決，主導著一個人的人生，掌控著一個家庭的未來，引領一位兒少未來的精彩人生。」

　　閱讀本書，可以從許多慈心善念、心中充滿助人愛心的家事專家、學者及調解委員們，在他們分享具有信度、效度的學術理論及豐富的實務經驗分析中，獲得從事解決家事紛爭的知識與良方。本書的案例，在分享「未成年子女最佳利益」方面之理念、態度、作

為與促進父母友善合作方面之實作面，殊值得家事法庭工作夥伴參酌與學習。夫妻一旦離婚成立，夫妻關係結束，關於兩造所生未成年子女部分之權利義務關係，兩造為人父母角色及職責並未結束。夫妻離婚後，牽涉最重要的議題就是「未成年子女照顧、會面交往、給付扶養費等」的安排；但眾所週知，夫妻情感惡化、積怨報復，離婚訴訟對簿公堂之際，一心爭勝，受情緒左右，常忽略子女內心真實的感受和實際需求，甚或視子女為個人財產，極力排除他方對孩子教養與照顧的權利與義務，因而爭奪孩子親權的行使，並禁止、阻撓非同住方與子女會面交往。所以如何處理「未成年子女照顧」議題，通常是離婚調解中最困難，但也是最重要、最優先要處理的保障兒童最佳利益之部分。彭法官所帶領的小系統專業家事助人工作團隊，就此議題非常重視，在緒論中特列專章介紹，在其他個案案例中，亦詳加分享及討論、分析，如何實作促進父母共同協商、共同決定完成「子女照顧計畫表」中之各項內容，以實踐友善合作之父母。遇有協商困境時，再輔以「孩子的十大權利」、「十大風險論」、「十大重要道路」等，以促使兩造能達成「友善合作之父母」。從書中所載述之多則案列中，在運用子女照顧計畫表前，尤其面對是關係極度惡化的父母，如能先行協助兩位當事人閱讀上開這幾份說帖，瞭解其中的意涵，調解時就會更有效率，較容易達成友善合作父母之目標。

　　本書可以讓讀者瞭解，彭法官於我國家事法庭的固有解決家事紛爭模式的大系統中，她如何發想、新創及召組、帶領小系統的專業家事助人工作團隊，從調解到審判，親力親為，團隊合作，非到最後不得已，不輕易放棄調解、和解、商談溝通的自主解決家事紛爭之機會，所以調解、和解與審理係交錯進行；而彭法官帶領的小系統團隊，從不間斷學習、團隊互相鼓舞、團督研習、提昇內在正能量；到彭法官以引領者，以身作則，以誠待人、長期陪伴、實踐

高度同理心、傳遞關愛、找出亮點、給予正能量、以德服人、另類
的辦案模式（奉獻型的辦案模式）等，這樣的家事審理模式，已作
出了鉅大貢獻，這是無庸置疑的。愛因斯坦說：「人的價值，應該
看他貢獻什麼，而不是取得什麼。」泰歌爾說：「唯有燃燒自己，
才能點亮他人的燈。」我認為彭法官在家事審理中，已作做到了上
開境地。

當我們有了善願，心中充滿盼望，就不怕沒有力量，心中有善
及愛，我們的願力就無窮，人人同心協力，互相守望，高度的同理
心，傳遞關愛，與子同裳，患難與共，任何艱難的家事紛爭事件，
我從閱讀本書之每一個案例分享，我確定彭法官所帶領的小系統專
業家事助人工作團隊，他們心中時時充滿著熱愛與助人的善願，存
好心、做好事，給人歡喜，給人信賴，以同理心及慈悲心，幫助處
在家事紛爭中、身心受磨難的兒童及當事人，走出生命的幽谷，迎
向光亮的人生。彭法官帶領的小系統團隊，努力實踐了美國最高法
院大法官金斯柏格勉勵世人的座佑銘：「人生的意義，在於努力讓
比你更不幸的人，擁有更好的生活。」

我喜歡法國哲學家迪卡爾「我思故我在」的哲學命題，當我深
刻反思，決定以從事少年及家事審判、行善救苦為一生的審判志業
時，我從閱讀本書，察覺我的前輩學姐彭法官在家事審判的低調無
聲卻有著鉅大貢獻時，我真切地覺察到自己存在的價值。這些年雖
經歷過許多生命中及審判中的困境與挫折，但從廣泛地閱讀、努力
學習、從實踐中成長，已體悟到「懂得為何而活的人，差不多任何
痛苦多能忍受得住」（摘錄自尼采的哲言）。

「天剛亮的時候，我們問自己，在無盡的陰影中，何處能見
到光明？只要我們夠勇敢，光就在那；只要我們願意，我們就是
光」、「如果我們讓慈悲憐憫之心與愛的力量融合，而讓愛一直流
傳，會改變我們後代的將來。當那天來臨，我們將踏出陰影，氣勢

非凡、毫無畏懼。黎明的光即將在我們實踐生命的大愛中綻放。光明常在，只要我們敢於看見；只要我們願意勇敢，我們能成為救苦救難的光。」（節錄自美國年輕桂冠詩人 Amanda Gorman 於美國拜登總統就職典禮上朗誦的詩文〈The Hill We Climb〉）。

　　不論在家事審判的大系統裡，或在彭法官新創實踐的小系統專業家事助人工作團隊中，彭法官與團隊中之專家、學者及調解委員，在我心中，他們都是家事紛爭裡救贖處於苦難中當事人及兒童的「敢於看見；願意勇敢，能成為救苦救難的光」。

（本導讀作者為臺灣高雄少年及家事法院院長）

〈編著者序〉
我與家事法庭的因與緣

彭南元

　　這是一本歷經七年的風和雨而成的書，書中是我們在服務家事法庭期間「所見所思所為」的回憶與反思，並編整而成。其中從裁判到調解、從調解到落實執行、從問題的解決到對人的關愛，都依次析述，藉以勾勒出筆者在審理家事事件時，因心境的改變而提升了審理的風格。同時藉由案例的敘事，不僅顯示制度的變革，甚且刻畫了經歷訴訟而生命成長的案主，實是彌足珍貴，發人深省。

　　話說七年多前，張老師文化公司前任俞總編輯壽成女士，力邀筆者將多年來在臺灣臺北地方法院審理家事事件之專業經驗寫書出版時，既驚又喜，當即邀請合作的調解委員們共襄盛舉。由陳瓊委員擔任總監，歷經數次開會研討，在腦力激盪下漸次形成共識，也參酌俞總編之專業見解，歷時近一年終於建構出書大綱。

　　本書是由調解委員們各自從所提供服務中，挑選一則印象較為深刻並具宣導價值之實例，寫成二十五則案例故事。有關辦案的理念、模式、發展歷程以及呈現的效果，則由筆者書寫；除此之外，由鍾瑞麗委員與筆者，分別從「心理諮詢」與「法律觀點」在每個故事中加以註記，以增加本書的可讀性。

　　本書撰寫未久，筆者因家人往生心力跌到谷底，加上公事繁忙一再延擱未能成書。惟感念調解委員們的大力相挺，去年三月中旬因屆齡退休，經陳瓊委員建議，再受蔣總編輯仲子女士之邀，希能依原計畫完成此書，爰不揣簡陋勉勵為之。

　　回顧以往四十年司法生涯的點滴，無論在崗位上或在外進修，察覺到從司法官訓練所結訓迄今，所有的心緒一湧而上不能自已。

反省到自己原來是透過辦案與教學等，不但維持了生活家計，更因而豐富了生命，深體自己是個幸福的法官，無怪乎能堅持崗位如此之久。

　　要書寫這段不斷蛻變中的辦案歷程，無論從裁判到調解、從調解到落實執行、從問題的解決到對人的關愛，不僅需要把辦案的理念講清楚，更需交代實踐的歷程，如何將這些變遷歷程清晰地敘述，得以讓讀者有身歷其境的感受並從中獲益，是筆者另一境界的學習歷程。

　　筆者從小就對家庭關係與兒少成長發展極有興趣，成長期間漸次體認到父親因為戰亂，隨政府播遷來臺而無法實現個人職志，於是轉而鼓勵培養筆者成為一個性格穩定、願意承擔責任的人，以便將來能當個稱職的法官，妥善處理家庭與兒童少年的相關案件的苦心。

　　筆者為成就司法官的職志，大學、研究所六年，乃至於在司法官訓練所，都是以戰戰兢兢的心境學習並準備相關考試。猶記大三選修心理學時，對之發生極大興趣，想轉讀心理系，經由相關輔導後，決定將此興趣延展到就職以後的再學習，豈知至此已先埋下了往後辦理家事事件需整合助人專業服務的種子。回憶當時無論大學與研究所的培養與訓練，都偏重法律專門知識，訓練所的培育則增加了法院的實務講習與操作，但對法律以外知識的探索堪稱極為有限，這也是筆者一直苦思期望有所突破的志業。

　　雖是法律本科系出身，受過嚴謹法律知識的洗禮，然而平時在審理案件時，常會遇到許多法律或認定事實上的困難，加以婚後育有子女數人，身心俱疲，為此雖曾向上級提出育嬰留職停薪的意願，但苦無適當法制可據。民國七十三年趁配偶到國外進修之便，以照顧家庭子女為重，並得司法院准以在外進修名義，辦妥留職停薪，暫放工作重擔，隨配偶攜同子女，共赴國外展開各自的學習歷

程，藉此開拓全家眼界歷練。

在美所見所得，當時在表面上看似與職務無關，其實全是爾後回任的前行準備。民國八十八年七月歸國回任時，先在民事執行處歷練了七個月。八十九年三月起調任地方法院家事法庭法官，任職直到一〇九年三月退休。自接任以來，就一直非常忙碌。猶記最初接案時，雖並未獲得任何在職訓練，然而面臨正在變遷的家事法制時，旅美期間學習的所見所得，正好派上用場，回想起來覺得冥冥中自有定數。

在美進修期間，除熟悉英文、體驗美國社會與文化外，更瞭解普及國民法律教育，以及法律人兼備人文素養與相關科學等，均對它的法制之深耕與發展有極其重要影響。法律人若想以法律促進社會改變，還應盡可能地學習相關的社會科學或自然科學，才能更妥善適用法律。期間體驗到個人主義的優劣、種族歧視、社會多元文化的發展，促進了對性別意識的覺醒，克服了身為法律落後國家的自卑心態；對美國法官造法的神往，也體會到法官的責任與使命，這些點點滴滴在回任法官時，都有很大的助益。

綜觀憲法設置法院，保障法官獨立審判等，固為保障國民能依法救濟之權利；然以離婚事件為例，法院專以裁判論斷事件的法律關係，而不進一步提供化解紛爭之理念與方法等資源，則不僅無法根本解決紛爭，反會引發許多意想不到的後遺症。諸如：夫妻經法院裁判離婚後，未成年子女即無法與不同住的父母維持正常的親子關係；被害人雖經法院核發民事保護令，然人身安全不僅未獲得保障，反而受到加害人殺害；年老失能的父母雖經法院裁判監護宣告並選任監護人後，竟因而失去其他子女孝養的機會等，堪稱不一而足。

記得剛回任家事法庭法官時，臺北地方法院家事法庭的編制很小，只有兩位法官，等到筆者退休時，家事法庭的配置，除庭長外

已多達十位法官。猶記得當時既無法官助理與司法事務官的配置，也沒有調解委員的設置，由此可見法官案件負擔的繁重。雖然家事法庭從民事法庭分化出來已久，但除法庭的名稱有所確立外，幾無任何助人專業資源可資運用。法官如要試行調解，只得親力親為。在如此的法庭生態與動力下，難怪法官審理家事案件時，除裁判以外難有他途。凡此種種都是個人自八十九年三月起，回國回任法官以來，所深刻體驗到的辦案困境。

為此，自九十年起個人遂不揣簡陋，在法源缺乏、風氣待開及資源不足的窘境下，堅持與一群有志之士，開始探索解決家事紛爭的新方向及途徑。在經過持續不斷的學習，透過裁判以外的理念、方法與資源等，來協助當事人及其家庭徹底解決家事紛爭，二十年以來實屬艱辛。

在這段期間，雖得到家人與同事們的大力關照與支持，然因個人所學、涵養以及能力均有不足，身心受到極大煎熬幾瀕耗竭。所幸自九十七年起，開始學習生命教育，受到良師指導及與善友切磋，漸次發現自己對人對事的看法及本身的習氣，都需要大幅改善。而在法院工作，正是個人歷事鍊心的寶貴時處，隨著漸次改變辦案的想法與做法，工作上的困境得以逐漸突破，心中的快樂真是無與倫比。

個人心目中的家事法庭，應是國民所樂用的解決紛爭機制，除原有的裁判機制外，更應廣設促進溝通與協助解決紛爭的各種助人專業資源，諸如：家事專業調解服務、調解前之準備服務、諮詢服務、諮商服務、法律諮詢服務，以及親職教育團體等，其目的除了避免直接逕行進入審判程序而以裁判結案外，最重要的是，盡可能在審理或調解的程序中，協助民眾平緩情緒、釐清思緒，得以平等、安全而有效的方式，與法院及家人互動溝通，進而改變觀念、調整心態及疏通關係，而後才能建立共識、解決紛爭，藉以達到通

贏之效果。

本書旨在彰顯法院的助人角色與功能，藉以協助民眾瞭解本身家庭的困境與需要，進而提升自己正向面對紛爭問題的認知，以及解決紛爭的能力，早日回歸日常生活。誠摯地盼望藉由分享與檢討我們團隊以往在家事法庭的各種努力，期能拋磚引玉，更進一步期盼家事法庭的審理理念與方式能更多元化，嘉惠更多等待法律救濟的國民與家庭。

最後，本書的完成首先要感謝撰寫各個生命故事的二十五位委員們，他（她）們不但在法院接案時就盡心盡力地付出，其後更是竭盡心力地把這些助人歷程分享出來，實在非常難能可貴。其次要感謝鍾瑞麗委員不辭勞苦地為每個故事分別註記心理諮詢專業，更彰顯了調解委員們的助人專業品質，實是善巧有加。再者更要感謝陳瓊委員對本書的策劃與承擔，本書因為有她的啟動與規劃，不厭其煩地為出書所做的種種因應與改變，誠為順利出書奠定堅實的基礎，筆者要致上最大的謝意。最後，行百里者半九十，筆者非常感謝能有接棒完成出書任務的學習機會，感謝好友楊東蓉女士引薦啟示出版彭總編輯之琬女士，能在短時間內承接此書之出版，謹對她的專業熱忱表達深摯感佩之情。也要特別謝謝楊淑琴委員與林淑寬委員最後鼎力相助校稿，當然，所有的編輯責任，還是應由身為編著者的我來承擔。

民國 110 年 6 月 10 日於新北市新店

〈緒論一〉
法庭裡的春天如何到來

彭南元

前言

　　此書是筆者多年以來，在以裁判為主流的法院大系統中，所創設的小系統內，每天走一小步的專業學習與成長歷程的體現。藉由本書的案例敘事，勾勒出筆者引領專業團隊在審理家事事件時，因著審理風格的不斷改善與提升，使得我們與民眾的生命都因而有所成長。

　　由於善用了法律的正向能量，在辦案的過程中，透過當事人在法律事項上的對錯與是非，察覺到他們的需求與困境，進而引領、陪伴，並協助他們在法院的調解與審理歷程中，有所體悟與改變，直到他們漸次突破面臨的紛爭與關係困境為止。在這樣的情形下，法律就不再只是綁手綁腳的規範束縛，更是保護權益與提升生命的良善憑藉！

　　筆者想引用孔子說樂來表達我的辦案心境。子語魯大師樂，曰：「樂，其可知也。始作，翕如也；從之，純如也，皦如也，繹如也，以成。」孔聖人在講述有關音樂的原理時，說明藉著各種樂器恰到好處的相互配合，樂音演奏的功效就能自然顯發，仁德與智慧的根本內涵也就得以彰顯。

　　準此，法官在辦案的歷程中，如能秉持助人的良善動機，把握法律的核心精髓，融合法律與助人兩種專業於一體，在掌握契機下，引領專業團隊以純淨和諧而恰到好處的相互呼應，同心同德貫徹始終，自然而然就會進入到一種相互感動、彼此策勵，而留下純

厚且美好的狀態。

到法院打官司的國民，在法院審理裁判前，都有機會在法官與專業調解委員（以下簡稱委員）的耐心聆聽下，表達他們的看法與感受，這種受到同理與關愛的正向經驗，奠定了他們因願意打開心胸，接受法院引導，為化解家庭的矛盾與不合而努力。

為實現良善助人的辦案理念，特別在小系統內組成的專業團隊，積極有效地為國人化解家事紛爭，充分發揮了法律保護與預防的功能。國人在這種情況下所感受到的法院，就不再只是法律事件的裁判機構，而是能夠深切體恤他們的困難與苦痛，可以協助他們共度難關的大家長。從而，每當想到法院，就會聯想到溫暖與希望，這就是「法院裡的春天」的由來。

法院大系統的現行運作狀況

家事事件法（以下簡稱本法）為鼓勵國民自主解決家庭紛爭，並避免法院裁判所引發的後遺症起見，特別設置家事調解先行原則，明定除了少數在性質上不適合調解者外，家事事件均應於裁判前先行調解。然現行家事法庭限於資源及其他考量，對審前調解之運作，並未完全依法從事，大部分應於審前調解的強制調解事件，是直接分給裁判法官審理後裁判，並未分配給調解法官在審前先行調解。調解法官對於所受理之調解事件，未能成立調解者，依法即會另送分案，再由裁判法官就原件進行審理後裁判。在這種情形下，原先同一事件就因而被分割成前後兩件，前者因調解不成立就此結案，後者的審理裁判程序則重新啟動，前後不相關連。

職司調解與裁判的兩位法官分別限於上述案件的爭議特質與分割模式，乃至案件的管考時限壓力，當事人對於大部分無法成立調解者，亦僅只能依法接受裁判。要者，在調解與審理過程中，當事

人或關係人的身心需求能否受到關注？家庭關係是否有調整或改善的機會？家事紛爭能否獲得徹底解決？裁判的後遺症是否會出現？諸多疑慮，都甚少受到關注。本此，調解事件在目前大系統內的運作樣貌以觀，尚難徹底實現本法化解家事紛爭的宗旨目標，其理至為明顯。

法院大小系統間的關係

　　小系統即為因應大系統維護人格尊嚴、保障性別地位平等、謀求未成年子女最佳利益、健全社會等共同的宗旨，並為補充以上不足所創設之次系統。

　　在以審判為主幹之法院大系統內，為達到本法化解家事紛爭的目標，而運作小系統，誠屬不易。為使小系統在大系統中順利運行，首要確立並堅守本法所建構之調解前置原則；其次，小系統不論在調解或在裁判運作上，需與大系統相互呼應，並結合院內外的資源，以順應大系統的需求，同時補強大系統的不足，使得大系統的運作更適法順暢。

　　依據筆者多年的專業實務經驗，小系統之所以能在大系統內發揮作用的關鍵：首先是法官的司法事務分配。筆者自民國八十九年三月由國外回任家事法庭以來，就一直獲有所謂「一條龍制」的司法事務分配。多年以來，由於對所受理的事件都能從頭至尾負責到底，在調解或審理的一貫過程中，常可發現法官試行調解的優越，以及採行裁判的不足，因而就自然而然養成了一種習慣，對所有受理的事件在審理前，都先行調解或諮詢，不到萬不得已絕不輕易裁判。

　　其次，是法官的辦案動機與做法。要突破國民對法院以往種種扭曲的「判生判死」的刻板印象，筆者在小系統中的辦案動機與做

法上就必須有重大的調整;在小系統中所確立的辦案目標,是以助人的良善動機為核心基礎,在辦案的模式上,則是以筆者所引領的專業團隊,來發揮法律的保護與預防的功能。

法官在審理家事事件時,就不能僅從事件的表面做判斷,動輒以准駁下手而迅速結案,更要覺察到當事人及其家庭,在遇到紛爭衝突而感到惶恐不安,又不知所措之際,應如何瞭解並掌握他們的情緒與感受,先從穩住他們混亂不安的心著手;再協助他們瞭解紛爭發生的原因,反觀自己在想法與做法上有否改變或調整之處?從而,學習如何在家庭關係中確立並發展自身的角色與定位,家庭關係就能漸次改善,無形中就可以避免訟爭所造成的不利影響,家事紛爭常能因勢順利化解。以上都需要花費較多的時間與精力,還要盡力突破管考的時限壓力。

最後,在小系統內,到法院打官司的國民,在法院審理裁判前,都有機會在法官與委員的耐心聆聽下,表達他們的看法與感受,這種受到同理與關愛的正向經驗,奠定了他們願意打開心胸,接受法院的引導,為化解家庭內的矛盾與不合而努力。本此,法官於行調解時,藉由委員提供各種助人的專業服務,協助成立調解的機會即大為增加。在這種情形下,即便案件不能順利成立調解,也提高了法官對整體事件的來龍去脈有多角度的思惟與觀察機會。如此,無論對法院試行調解或在調解不能成立後所進行的審理與裁判,都會有莫大的助益。

我們在小系統中的工作心態

平心而論,要確立並實踐這種逆著主流運行的小辦案系統,談何容易。從而,在長久的探索與實作的過程中,筆者在心態上,秉持了以下的信念:

第一，對於每一案件從建立具體的助人審理目標後，就不問難不難，而是問有沒有價值？即使需要花費的時間與人力，會超出正常的辦案管考時限，也不會因而放棄該做的工作或該等的時間。

第二，對期待成果要有所節制，避免忽略了每一天珍貴的、不可或缺的、唯一的那一小步。即使每天只有微動，就是沒有停滯，我們就是往美好的方向前進，這是進步的趨勢。

每天如能完成了既定的目標，即使還沒有成果出現，不僅不會看不起自己，還會學習欣賞自己的堅持與努力，筆者為此高興也珍惜這樣的美好歷程。

此外，遇到困境時，要提醒自己，困境就是沒有學習到還不熟悉之處，是可以透過學習而突破的。每天如能超越百分之一，一年的進步就大有可觀。哪怕在事件上推進得非常非常不順利（諸如曾被在網路上攻擊、或被聲請迴避等），但是在心路上絕對要堅持向善、向積極的方向再跨一點，千萬不要讓自己淹沒在似是而非的困境中。時時能向上突破一點，就算是向前邁進一步。

第三，竭盡所能在每天委員接案結束後，即聆聽接案的歷程與結果，除了相互討論外，並鼓勵自己與委員們對每個案件都做善行總結：時時總結自己的成長與進步。如此團隊才能恆常保持積極的態度，看到堅持協助自己與當事人的光明與希望。

我們在小系統中的團隊工作模式

法官在小系統內，是在現行的法律架構下，以助人的動機與方法處理紛爭事件。最重要的是組織工作團隊。其次則是團隊的運作方式的確立。

筆者認為要徹底解決紛爭必須組織團隊，法官辦案需要整合助人專業者入隊。家事紛爭之特色在於當事人的情緒糾葛。法院在調

解家事爭議時，最棘手之處就是瞭解並掌握當事人的情緒與感受。情緒在傳統法律制度內難有其位置，法律亦一向與情緒劃清界線。雖情緒無法左右協商或裁判，然法律爭議卻常由情緒衝突所致。長久以來，法院調解爭議時，雖無不想以簡單、理性方式勸請兩造互相讓步化解爭議，然常與願違者就是爭議者之情緒作祟。

以紛爭所引發之憤怒情緒為例，非藉由助人者之專業，很難發現隱藏其下之痛苦、恐懼、內疚和悲傷等交互激盪等心理層面，遑論他們的心理狀態、內在需求、情緒變化，以及如何協助溝通等，以上這些化解紛爭所必須的跨領域專業，僅靠法官在法庭上勸諭息訟實難竟其功。從而，在小系統內，招募法院所聘任或法官名冊內的專業委員加入團隊，規律地接受法官引領，協助法官瞭解紛爭事件之生態環境與動力關係，作為法院與當事人間的橋樑實屬重要。

再談團隊的運作方式，則是由委員們所組成之專業團隊來協助法官辦案。法官在處理家事紛爭事件時，每在開庭大致瞭解狀況後，即會依照事件的性質，經由當事人或關係人同意，分別轉介給適合的委員，提供心理諮詢或專業調解等服務，藉以同理情緒、釐清思緒，使他們在開庭時能清楚呈現他們的意見與想法，並藉由庭前庭後，接受專業服務，如此才能漸次體悟紛爭事實的真相，進而改變想法、改變行為，紛爭衝突就可迎刃而解。

至於在小系統內，有關法官對委員們就通案與個案的法律事項指導（包括彼此間的專業交流、接案前後的討論及諮詢報告的提出、定期的督導與專業訓練）乃至團隊間的默契培養等，都是多年來所形成的固定模式。

法官在小系統內的辦案方式

法官在審理之初，即需以統合解決紛爭的態度，依個案循序漸

進地提供雙方及關係人所需之相關專業服務，並探索本件家庭的生態環境與動力關係，以確切瞭解他們在法律上的各項訴求。要者，審理事件不僅單從事件表面著眼，就對他們的訴求做出終局的判斷；而要小心留意事件背後所涵蓋的生態環境與動力關係，是藉著審理的歷程，引導協助他們漸次地走向化解紛爭之途。

如以離婚及子女親權事件為例，在調解之前，應及時引導他們對離婚應有之正確觀念，以及離婚後務必作成子女照顧計畫。調解期間除嚴禁他們互以書狀攻防外，並時時提醒講述正面及解決問題的話語，避免在對方面前任意發洩情緒，不僅容易意氣用事，還會激化升高衝突。再以保護令聲請事件為例，法院核發民事保護令之準則在於衡估暴力是否具有權控本質？有否繼續發生之危險？對於勢均力敵的雙方，如無以上的情形，即便發生衝突後致生肢體傷害，法院亦不宜逕對一方核發保護令，以免造成日後雙方關係更行惡化。

為要徹底化解紛爭，法官衡估事件性質認為適合調解者，則會竭心盡力調解，不到萬不得已，絕不輕下裁判。首先，是對法律訴求的釋疑，如以離婚及子女親權事件為例，原則上，法官收到案件後，就儘快定期。開庭時法官先請他們表達訴求，以及現實生活上有何需要協助之處？法官於聆聽後隨即表達關懷與尊重之意，並視事件的性質所需，分析事件的法律現實層面，善意的勸導當事人如何尊重法律，尊重彼此及孩子們的權益。接著就會宣導調解的優勢，以及裁判的不足。請他們務必仔細考慮學習如何用最好的方法解決問題，而非發洩情緒或報復對方。每次開庭時都會提醒他們，為他們在分居或離婚後，能夠以合作的方式照顧他們所摯愛的兒女，所以法官在協助他們好散或好聚前，會為他們選任適當的調解委員加以協助，並務請當事人耐心學習成為孩子們的合作父母，直到達成共識並順利落實而後止。

　　其次，是特殊的審理方式，筆者在小系統內有兩種法律身分：在試行調解時，是調解法官；在審理裁判時是裁判法官，對所有事件從頭到尾都是親力親為。法官在開庭前及委員接案後，就本件的法律的分析，調解的方向及方法，都會親自與委員切磋研討，並於每次開庭前後，會引領委員整合社會資源，協助雙方進入諮詢或調解程序。必要時，法官還會到調解現場關懷雙方，傾聽心聲，適時分析本件的法律現實，以協助調解。如原先的調解程序因時限已屆，基於行政管考需暫時結案時，法官會依事件性質所需，在審判程序中續行移付調解。

　　以調解離婚及親權的爭議為例，先引導他們實做合作父母後，再協助以好散的方式離婚。為達到此項共識，法官會轉介適合的委員以心理諮詢方式，分別與父母及子女會談，藉以同理他們的情緒，釐清他們的思緒，再分享適宜的親職理念，接著把握機會示範有效的溝通方式，漸次地引導協助他們相互溝通，最後達成共識。

　　最後，是對終結案件的看法，由於在小系統內辦案的目標並不只是對爭議事件儘快成立調解，或是對爭議的訴求儘速以裁判結案。它所重視的是能否減少紛爭的對立，或對紛爭在某程度內有些化解效果，用以避免裁判所致生的後遺症。換言之，法官即使明知所審理之事件暫無成立調解之可能，在裁判前仍會引領團隊盡心盡力地提供相關的心理諮詢或調解服務，藉以同理情緒、緩解壓力、釐清迷思、減少對立、改善關係，期能盡量減低裁判的後座力。

　　首以離婚及子女親權事件為例，雖直接裁判所花費的時間與精力，確實較為簡省，辦案的研考績效亦高，然以逕行裁判所造成的對立與輸贏，常會嚴重影響到子女的最佳利益，應盡量避免或減低到最小的程度。從而，對於即便無法成立調解須以裁判結案者，法官在審理過程中，仍會引領團隊提供親職課程各項資源，不惟協助父母正確瞭解離婚後需以合作方式照顧子女，並落實在日常生

活中,以減低對子女成長發展的不利影響,才能符合子女之最佳利益,這是本庭所最重視的結案成效之一。

次以保護令聲請事件為例,結案成效並不在於是否核發了保護令,而是在以裁判以外的方式達到了保護權益、防治暴力,更促進了家庭的和諧。如果法院只從家人間發生肢體衝突的表面,調查是否有家庭暴力情事,評估是否有繼續發生的危險,而逕行裁定是否核發保護令者,則結案較速,也無需承擔結案後是否繼續發生暴力的風險。然而,此法或可保護權益、防治暴力,然對修復家庭關係,促進家庭和諧,常是雪上加霜,遙不可期。

筆者所採用的這種裁判以外的做法,就是在審理此類事件時,除依法在開庭時調查家庭暴力曾否發生?有否繼續發生的危險性?並再三諭知家庭暴力會傷害家人、破壞關係,必須即刻終止外,即刻把這一家人交付給具有防治家庭暴力專業的諮詢委員,為他們提供數次的心理諮詢專業服務,以期達到保護安全、防治暴力,又能促進家庭和諧的成果。從而,當筆者再次開庭時,雙方在法院的監督下,不僅沒有繼續發生任何暴力衝突,更因在法院接受過數次的心理諮詢專業服務後,已能轉危為機,在澄清誤會互通善意後,家庭關係也可漸次修復,保護令的聲請即無必要矣。

法官在小系統內的具體作為

一般而言,這些做法通常包括:管理案件、傳遞關愛、宣導教育及提供資源,由於此一部分是整個運作的精華,因此,有分項更詳盡分析的必要。

■管理案件

依據多年的法庭專業實務以觀,為要徹底有效協助情緒衝突的

父母能理性離婚，並合作照顧子女，誠非易事。唯有法官承擔起本件的個案管理人，在掌握法律關係之下，引導一個團隊，依次進行一系列的程序：先從瞭解家庭關係開始，漸次協助大人、小孩相互溝通、澄清誤會，在穩定子女的照顧責任後，再解決離婚等爭議，比較能夠化解危機與紛爭。若一開始即從兩造的情感關係下手時，很容易失焦，可能再度使兩造陷於情感糾結的困境中，不僅兩造間的關係容易陷入僵局，子女的照顧也難以達成共識。

職是，審理此類事件時需時時關注前述之次序，從轉移他們的情緒衝突，到關注子女的福祉開始，依個案情事所需，從法律事項上乃至提升能力以及調整關係等項依序展開。先開庭瞭解法律關係，再提供有關資源，相關危機處理，定暫時處分等，乃至有關法律關係的落實，並需注意事件在工作上的管考等，不一而足。

法官引領委員辦案時，在第一次開庭審理時，就要表明審理本件之理念與方法，以及審理的次序，以便當事人與訴訟代理人瞭解與遵循，除兩造間有家庭暴力或父母一方無法規律探視子女之情事，有儘速開庭之必要外；原則上，法官會大力宣導父母必須儘快學習合作親職之好處，以及不學習會遭遇之害處，堅持父母為子女之福祉而有學習之絕對必要。法官並應強調在父母完成本院所提供之親職課程後，始協助作成子女照顧計畫。待子女照顧計畫完成並落實後，始進行審理其他事項。

訴訟代理人在委員提供諮詢時無須在場，視情況經委員同意下，可於試做子女照顧計畫時在場協助。再者，子女無須在法庭作證，但可向法官或委員表達心聲或需求。法官此時的角色是調解法官，需釐清兩造之法律地位，接著宣導正確的離婚理念與照顧子女的方式，繼而請兩造務必儘速配合完成合作父母親職課程。最後，法官訂定下次開庭前，會先轉介相關的委員為父母與子女提供數次的心理諮詢專業服務。同時叮囑兩造如有突發事件而無法自行解決

時，可以電話通知書記官提前開庭。

■傳遞關愛

　　一般而言，在小系統內，關愛是法官翻轉傳統裁判系統的關鍵。真正的關愛，是要幫助成長，瞭解應負的責任，為此，法官千萬要節制以往對事件的批判心態，不僅避免與當事人形成對立，更要深度體會他們在面臨無法脫困的難點或困境時，迫切需要得到的是法院的理解與關愛，而成為他們解決紛爭的依靠。

　　從而，法官於審理事件時，除要顧全法律關係外，更要確切體會他們在認知上、在情緒上乃至在日常生活上所陷困難之處，在同理情緒後，再依其所需，提供相關專業服務，以協助他們瞭解並學習因應困境之方法，直到能理性面對問題，並尋求解決之道為止。法官在此必須有堅定的立場，在審理事件時盡可能地以調解方式，在歷程中啟發與陪伴他們，終能對爭議達成共識，萬不得已絕不輕易地以裁判結案。

　　由於各個事件在開庭時可花費的時間有限，筆者以身作則，特別成立了一組以本身為首的專業團隊，俾便共同傳遞關愛。每個事件都由法官親力親為，並由法官親自轉介適合的委員，為當事人或其他家庭成員提供相關專業服務，一方面同理他們的情緒，一方面協助他們瞭解本身的處境，進而恢復並提升他們的能力。同時，委員們也協助法官確切體會兩造及關係人在認知上、情緒上乃至在日常生活上陷於困難之處，進而探索發生法律紛爭之癥結所在，法官才能協助他們在法律的層面上，理性面對問題，並尋求解決之道。

　　對於特別困難的事件，筆者還會以接力方式，由不同的委員從不同的角度適應他們的難點，接續地啟發陪伴他們，甚或舉行定期的團體督導，由法官聘任督導提供建議，所有委員都參與學習，以突破調解專業服務的困境。對於某些超難度的事件，筆者也會利用

假日，或與委員或自行為兩造提供紓解身心、傾聽心聲的機會，而常會有意想不到的突破或超越。

有些曾經筆者審理協助有年、但短期仍難穩定之非訟事件，在結案時只要兩造願意，筆者亦會添加一項永續條款：只要筆者還在公職，而他們如又發生困難時，個人仍願繼續協助辦理。事實上，筆者發現當事人因有此依靠，繼續求助者不多，即使再來也不至於狀況糟得離譜，而筆者繼續審理時，馬上可以掌握狀況，給予及時協助。如此對原先還不算穩定的家庭，法院就是創設這種給予繼續協助的機制，直到他們可以自立化解衝突與紛爭為止。

總之，法官必須有堅定的立場，在審理事件時，盡可能地以調解方式，盡心盡力為他們排難解紛，協助兩造對爭議達成共識，萬不得已，絕不輕易的以裁判結案，這就是法院所傳遞的關愛。

■宣導教育

以離婚及子女親權的爭議事件為例，一般國民對爭議事件的基本法律常識與化解紛爭的方法、乃至離婚的歷程，以及離婚後如何照顧未成年子女，大抵缺乏正確周全的認識；常用自傷或傷人的想法與做法維持關係，無怪乎家庭關係失調，子女教養不當，迫切需要法院適時宣導教育，以導正他們的想法與作為，而改善現行突破困境。

這些重要的觀念至少包括有：如何以正向方式看待問題，如何轉化痛苦為療癒，如何看到子女的需求，轉化報復之心為合作親職等。這些相關的諸項課程，雖經筆者多年努力早有提供，即使如此，如無法官堅定的鼓勵當事人參與學習，並於日常生活中徹底落實，這些寶貴的理念也很難發揮效用。為改善父母對親職之認知與實作，法官開庭時，就即刻轉介委員提供合作親職教育的相關知能。至於少數不願聽從學習者，法官會不斷的鼓勵，耐心的陪伴等

待，絕不輕言放棄，直到他們願意學習。事實上多數的父母受到感動後，即會主動積極的參與落實於日常生活中。

■提供資源

以離婚及子女親權的爭議事件為例，筆者深體兩造因時間點不同，對離婚爭議的感受，常會有很大差異。聲請離婚者常因事先已有離異的決定，在情緒上顯現的較為穩定，被請求者則因被動因應，在回過神以前，常表現出的是憤怒與排斥，深沉的哀傷與痛苦常被忽略，因而所引發複雜糾結的情緒，常無法清楚表達意見與想法，不但阻礙彼此間正常的互動與交流，甚且還用傷害子女的方式照顧子女而渾然不覺。

雖法院為要徹底解決紛爭，想從事件表層的法律關係下探索他們的想法與需求，然因無法瞭解他們如鯁在喉的痛苦或憤怒等情緒，在他們受到接納、同理之前，常無法理性的面對爭議，所能表達出來的充其量也只不過是繼續的防衛與攻擊罷了。此際，法官如能引領委員提供相關的助人專業服務，在加強認知提升能力後，就能瞭解他們在紛爭底下的情緒感受，以及一些無法說出的情感需求，協助他們促進彼此的溝通能力，才能釐清彼此間的誤會或疑慮，甚而表達自己渾然不知的需求。

此外，筆者對每件的未成年子女，都會適時為其選任由委員所擔任之程序監理人為其發聲，並與父母會談，協助父母將其子女之需求與權益落實於日常生活當中。再者，在引導兩造學習合作親職，以合作方式照顧子女前，有關情緒的同理與接納、合作親職教育內涵應用，乃至促成合作親職的具體方案，都會轉介委員提供相關之協助與啟發。又者，當委員發現他們需要婚姻諮商或其他心理上或精神衛生方面的服務，乃至有長期協助子女會面交往之必要時，法官也需盡可能轉介相關助人專業資源。

最後，為提升當事人的心靈，筆者所引導的專業團隊也提供家族系統排列「愛的流動」課程，以協助當事人從家庭系統宏觀的角度，看到家庭的問題及牽連糾葛，並覺察自我在其中扮演的角色及作為，進而調整自己。經由系統動力之作用及心靈的移動，協助當事人找到較適當的位置，讓愛流動並尋求解決之道。

結語

以上筆者分享了多年來辦案的理念、模式的發展，以及所呈現的效果。深切體驗到「徒法不能以自行」的深層含意。雖本法有關解決家事紛爭的規定立意良善，然就實踐的面向而言，作為一位稱職的家事法庭法官以及提供協助的專業人員，還有許多需要學習與突破之處。以下是筆者為我們的所作所為做個總結。

首先，非常感謝本法的制訂與施行，因為有此法源基礎，我們才能在以裁判為主軸的法院大系統內創設我們的小系統。小系統是因著大系統的法制與資源運作，才能試著補足大系統的一些不足之處。

其次，法官對自己在法律上的地位與角色要懷有使命感，絕對不僅僅只是依據法律的裁判者而已。對於法律的解釋與適用，應從本案對當事人及其家庭所造成的影響為重，萬一在適用上有些瓶頸或被卡住時，就要探索法律內在的精髓，不能只是盲目的遵照法律的條文行事，這是身為法官感受到最有價值之處。雖法官獨立審判是受憲法所保障者，然法官在執行職務時能否對同仁或團隊，甚或對當事人懷抱著信心，常是辦案突破困境的關鍵所在。

最後，法官為辦案能在法院組成專業團隊，是非常得力的寶貴資源，也是工作與生活的快樂泉源。每天能與團隊不同成員們一同辦案、一同開庭，其間我為委員們分析事件的法律關係，也聆聽委

員們接案後的心得分享，彼此討論相互學習，這就是法律與助人兩種專業的完美整合。此外，還有定期舉行的團督或是在院內外的成長學習，都能深化對紛爭現象的認識與瞭解，並擴展對工作的熱忱與團隊的默契。日復一日，年復一年，這些情感的交融與經驗的累積，無形中養成了我們工作上特有的和諧與共識，那就是為化解紛爭而在所不惜的奮鬥與努力，直到使命完成。

　　英國前首相柴契爾夫人有句名言：「小心你的思想，因為它們會成為言辭；小心你的言辭，因為他們會成為行為；小心你的行為，因為它們會成為習慣；小心你的習慣，因為它們會成為性格；小心你的性格，因為它們會成為命運。」多年來我們在家事法庭看到許多紛爭事件之所以發生，常源於人們對事情看法的偏差，彼此為了維護自己的見解與顏面而堅持不下時，就會發生矛盾與衝突，親密或家庭關係常會毀於一旦。當此危機時刻，期望法院在解決他們的法律紛爭之際，能先從同理情緒著手，然後運用善巧的方法，協助他們對紛爭事件能有更多角度的看法，如此一來，紛爭事件反倒是促成國人反省與成長的機會。

　　誠摯希望法院能提供一個適當的機制，在國民深陷紛爭混亂之際，能適時提供奧援，幫助國民改變思想、改變言辭、改變行為、改變習慣、改變性格、改變命運。此誠國家之幸！國民之幸！

〈緒論二〉

如何運用「子女照顧計畫表」和 「孩子的十大權利」

陳瓊

前言

　　離婚官司是當事人兩造欲改變婚姻關係，通常在離婚案件的調解過程中，要處理的議題包括：(1) 婚姻過程中財產的確定與分配；(2) 配偶的生活費安排；(3) 子女的扶養費安排；和 (4) 子女撫養及探視安排等。

　　前兩項議題，調解委員根據聲請離婚兩造提出的資產證明和實際需求進行調解，易獲得解決，只有極少數夫婦因財產龐大複雜，而致分配困難，但尚不至於直接影響子女的福祉。優秀的調解委員會把注意力集中在後兩項議題：即子女的照顧，包括經濟上的安排和撫養教育的計畫，以期降低因父母離婚給孩子帶來的不安和衝擊，確保孩子成長過程安全穩定。

　　「臺灣家事專業調解教育學會」創會理事長何惠玉女士所訂定的「子女照顧計畫表」即將此兩項議題予以整合，夫妻雙方在擬定計畫表時，可同步將兩議題一次處理完成。

　　離婚成立，雙方夫妻關係即告結束，不再共同居住生活，但如有未成年子女，為人父母的職責並未結束。所以夫妻分開後，牽涉最重要的議題就是「子女照顧」的安排；因孩子勢必只能跟父母中的一方共同生活，另一方無法隨心所欲地見到子女、與子女相處。

　　從孩子身心發展的實際需求來看，父母都能善盡職責、照顧好子女、滿足子女的需求，讓子女順利健康成長，是子女應享的權

利，從長遠看，也是國家社會之福。因此父母兩造維持合作的關係，能以「孩子的最佳利益」為目標，繼續共同負起照顧子女的責任，在孩子的教養、教育上，必大幅降低離婚對未成年子女所帶來的傷害。

　　惟兩造情感惡化、積怨甚久，對簿公堂之際，一心爭勝，受情緒左右，常忽略子女內心真實的感受和實際需求，甚或視子女為個人財產，極力排除他方對孩子教養與照顧的權利與義務，因而爭奪孩子監護、照顧權的新聞屢見不鮮。是以如何處理「子女照顧」通常是離婚調解中相當棘手的部分，如果能調解得宜，讓兩造重拾親情本性、回歸理性，雙方以「合作父母」為努力方向，以「孩子最佳利益」考量，做好子女照顧安排，實是「離婚調解」最重要的目標。

「子女照顧計畫表」的輔助與說帖

　　「子女照顧計畫表」是「臺灣家事專業調解教育學會」專為這個目標而設計，依據孩子的年齡、身心發展需求設計，涵蓋〇歲到十八歲。計畫表包括三個部分，前兩部分屬於說明性質，在於協助第三部分順利的進行；第三個部分才是需擬定的計畫表。計畫表共有十個討論項目，簡要說明如下：

　　一、根據不同年齡段孩子的生理、心理成長特徵和需求做的說明。

　　二、彈性計畫建議，由於父母居住地、工作地點不在一處，若南北相隔，與孩子相處互動方式，可以採彈性處理。

　　三、計畫表項目：

(1) 孩子的基本資料；

(2) 每週居住安排、行程等，主責照顧、主要居住地；

(3) 國定假日、年節、生日的安排;

(4) 約定時間、地點交付孩子;

(5) 如何為孩子做決定:醫療、教育、生活作息、禮物購買等;

(6) 雙親溝通、親子溝通:溝通方式、次數、緊急事故等;

(7) 居住地的遷移;

(8) 其他約定:才藝活動、重訂/變更與孩子約定相處時間、祖父母親友探視相處、相互尊重、照顧備用方案;

(9) 扶養費用分擔與支付方式;

(10) 簽名。

臺北地院家事法庭法官彭南元自二〇一三年九月開始推動使用「子女照顧計畫表」,有相當成效,現以本人擔任調解委員在實際運用這份「子女照顧計畫表」的方法及所產生的效益,提供參考。

調解委員在處理子女照顧議題時,常見大部分的父母唯恐輸掉官司,極力的爭辯,數落另一方的不是,忽略真正要解決的問題,調解時要花相當時間導引回到正題,協助雙方面對實際問題。又因子女的照顧牽涉許多細節,在討論時,常因兩造情緒影響,容易離題或引發爭執,這份「子女照顧計畫表」就發揮其「聚焦」的功能。

由於「子女照顧計畫表」是根據孩子實際家庭與學校生活,經審慎思考設計出來的,所以當兩位當事人看到計畫表時,通常會立即專注於計畫表的內容,激動、爭執的情緒瞬間平定下來。因為計畫表設計相當完備,孩子的需求完整的呈現在他們面前,原本模糊的概念和想法立刻被導引到孩子的身上。一旦展開「子女照顧計畫表」的擬定,「合作父母」訴求才開始具體落實。能讓父母迅速聚焦到「子女照顧計畫表」,實是因為父母愛子女的天性自然流露,和身為「照顧者」的情緒和責任的展現。

在擬定「子女照顧計畫表」時,調解委員扮演的角色是「引導者」,旁敲側擊、提供建議,讓當事人思索後,再做決定,因為孩

子是他們的，執行「子女照顧計畫表」也是他們，真正做決定的是兩位父母，調解委員不能越俎代庖。除導引兩位當事人表達想法、溝通討論、建立共識外，調解委員另一個重要的角色是「掌控程序」，也就是一旦討論脫序，調解委員要把當事人引導回主題。關心子女的父母，基本上，在教養上都會有一套想法，調解委員無須費神太多。

在計畫表的第一個部分，是一段說明文字，係針對不同年齡層孩子的身心發展行為特徵的陳述。在進入討論擬定計畫表之前，必須詳加閱讀這一段文字，調解委員可以令兩位當事人輪流誦讀；尤其是男性，常不是密集照顧幼童的人，所以不甚瞭解幼童的反應。筆者曾調解個案，博士父親完全不懂「幼兒心理和行為」，孩子因陌生排斥父親而哭啼吵鬧時，父親輒以母親故意造成而怪罪母親。當他讀到〇至二歲幼童的說明文字，才知道孩子的反應是正常的，與母親的嫌隙得以化解。訴訟當事人學、經歷背景不一，文化、習俗經驗互異，因此擬定「子女照顧計畫表」時，一定要逐字、逐條執行，須防掛一漏萬。

由於「子女照顧計畫表」是有邏輯架構的，因此在擬定計畫表時，應當逐條順序進行，此時父母雙方情緒穩定，大部分的項目都可以順利完成。惟遇父母雙方見解不一致，難以達成共識時，調解委員可暫時擱置，給予當事人較多時間思考，或者可以採取個別諮詢方式，進行單獨溝通，以瞭解當事人內心真正的訴求。或者可以利用白板，將兩造的需求、期望和具體做法書寫下來，便於比對，找出異同，發現交集，迅速建立共識。

一般而言，擬定計畫表時較易出現爭執的部分，一在子女會面交付接送，二在「選擇學區、學校」，三在扶養費用的分配。子女越小，會面交付接送的過程就越費事，在調解時，就必須強化雙方要有耐心。其次，由於升學主義的影響，準備入學國小階段的孩

子，有相當比例的父母會對選擇學區、學校產生不同意見，通常是其中一方希望能就讀明星學校，另一方則不甚介意，這樣的爭執，處理起來並不容易。第三則是扶養費用，需要斟酌雙方的財力，讓雙方衡量做出決定。由於每個案件的狀況都不相同，調解委員要隨機應變，但是針對細節，要花時間處理釐清，讓雙方都充分發言、表達意見，再做決定，未來執行「子女照顧計畫表」時才可能落實。調解時難免碰到關係極度惡化的父母，爭執不休，甚至會以照顧計畫內容攻擊對方，如調解委員設法運用不同的方式、策略化解仍無效時，調解委員可以斟酌情形終止調解，另擇日再做調解。

通常，會走進法庭尋求解決紛爭的夫妻，幾乎都是溝通不良、各說各話，彼此在面臨問題時，無法解決或改善，最後希望藉由法官審理定奪。所以當調解委員逐步、逐條令雙方表達意見、建立共識，對雙方而言是最珍貴的經驗。在達成協議，擬定好「子女照顧計畫表」，不只是解決子女照顧的問題，更是在協助雙方發展溝通技巧。另一方面，彼此之間的紛爭可以開始有效解決，最重要的孩子照顧問題亦得到妥善處理，焦慮的情緒會趨於緩和，再加上有成功解決問題的經驗後，也就可以專心面對其他問題。

「子女照顧計畫表」在離婚調解中，解決親子照顧的議題上，是一個非常有效的工具。以目前臺灣的高離婚率言，可以想見很多孩子的生活品質極為不佳，在父母無止境的惡言相向、爭執中，孩子的身心難以正常發展；另外，伴隨離婚而來的常是「破碎家庭」、「單親家庭」的標記。如果兩造決定不再共同生活，應該學習把離婚的訴求限於「改變雙方婚姻關係」上，以孩子的福祉和需求為大前提，尊重對方的親職與親權，讓孩子同時獲得享受父母雙親的關懷與照顧。這也是調解委員應有的理念，並應具備足夠的專業知能協助當事人建立健全合宜的觀念，為當事人因離婚而帶來的問題找出解決方案。

　　目前社會上普遍使用「破碎家庭」或「單親家庭」來描述離婚後的家庭，在無意中標記了離婚家庭的子女，「破碎家庭」、「單親家庭」的實質意義究竟是什麼？大多數人的觀念都是模糊不清的，彷彿只要夫妻離了婚，就一定是「破碎家庭」、「單親家庭」，這是我們必須瞭解且應積極導正的錯誤觀念。

　　調解委員如能妥適運用「子女照顧計畫表」，協助父母雙方同意下妥善擬定，計畫表在被落實執行的可能性就大大提高，孩子也就能得到雙親的關懷與照顧。當父母都不缺席，即便父母分別居住，但子女並未缺少父愛或母愛，在實質上也就沒有所謂的「破碎家庭」、「單親家庭」了。

「孩子的十大權利」的運用與效益

　　除上述「子女照顧計畫表」外，「臺灣家事專業調解教育學會」也參酌國外家事調解專家和學者，諸如凱莉（Joan B. Kelly）、沙波涅克（Donald T. Saposnek）博士等的研究和學說，研擬了系列的說帖，諸如：「孩子的十大權利」、「十大風險論」、「十大重要道路」等。這幾份資料都是以「合作父母」為主要的訴求，內容簡明、精彩。在運用「子女照顧計畫表」前，尤其面對關係極度惡化的父母，如果先行協助兩位當事人閱讀這幾份說帖，瞭解其中的意涵，調解時會更有效率。

　　在擬定「子女照顧計畫表」時，通常父母的態度會表現出兩種類型，第一種是衝突性較低、較理性的父母，在調解委員提供「子女照顧計畫表」、並表達將依照計畫表為孩子做好照顧安排時，父母雙方都會專注計畫表，情緒轉為平靜，願意溝通討論有關孩子的事務。當然，這一類的父母難免還是會有衝突或意見相左的情況。

　　第二種父母雙方衝突性較大，彼此信任感低，對「子女照顧計

「畫表」的接受度也就比較低。碰到這類父母,調解委員處理的步驟和策略就與處理第一種父母不大一樣了。

有經驗的調解委員會在調解進行之初,就仔細觀察兩造的互動情形,在展開擬定「子女照顧計畫表」之前,會衡量採取相對應的策略以期順利完成計畫表。第一種合作性較高的家長,處理起來自然是較輕鬆的,第二種衝突性高的父母就要費許多心思了。無論在哪一個階段遇到紛爭,僵持不下時,調解委員須學會使用另外的輔助工具——即五份說明文件——臚列如下:

(1) 孩子的十大權利

(2) 十大風險論

(3) 十大重要道路(Joan B. Kelly, 2013)

(4) 對離婚家庭孩子的談話(Donald T. Saposnek)

(5) 孩子在父母離婚時,所經歷的最主要情緒主題(Joan B. Kelly, 1989)

這五份文件或可稱為說帖,是調解委員錦囊中必備的法寶,也都是何惠玉女士參酌兩位美國專家長期研究結論後選定的。它們的篇幅都不長,內容精簡,其中以「孩子的十大權利」、「十大風險論」、「十大重要道路」為主,其內容為:

■孩子的十大權利

(1) 有被父母親愛,以及愛父母親的權利,並和父母親保持非常自在與安全的依附關係。

(2) 有不被父母親的衝突夾在中間的權利,不選邊站及不被雙親的憤怒所波及。

(3) 有自由自在分別和父母親相處的權利,而不被另一方干涉或破壞。

(4) 有權利知道父母親的離婚,不是孩子的錯。

(5) 有權利獲得足夠的經濟支持直至成年為止。

(6) 有權利與父母親保持非常規律且持續性的接觸與相處，並且有權利事先知道某一方父母接觸相處時間將有所變更。

(7) 有權利知道，生命中最重要的改變，例如父母再婚，或搬離原居住地。

(8) 有權利不被要求選擇要跟父親或母親。

(9) 有權利表達對父母離婚的感受，以及自己獨特的需求、想法與渴望。

(10) 有權利和生命中扮演重要的角色的人，諸如：祖父母、外祖父母及其他家庭成員或鄰居等，繼續維持正面的關係。

■十大風險論

(1) 在情緒上：容易焦慮、沮喪、悲傷、孤單寂寞、急躁不安、害怕、恐懼、憤怒等負面情緒。

(2) 在個性上：缺乏自信、缺乏安全感、膽怯與懦弱無能，沒有責任感或無助感等。

(3) 在人際關係上：缺乏溝通能力、冷漠、敵意、缺乏信賴感、過度敏感、社交能力低落等。

(4) 在行為上：幼兒階段容易尿床、哭鬧、食慾不佳、睡不安穩、學習能力倒退；學齡階段不容易融入同儕間之互動關係，而導致被孤立或被霸凌，或是自暴自棄；青少年時期女孩子在長期缺乏和父親溫暖的互動下，容易過早產生性親密關係而導致懷孕或墮胎及性病；男孩子則出現逃學、暴力、攻擊、抽菸、酗酒、吸毒、偷竊等偏差行為。

(5) 在健康上：因長期處於父母衝突的壓力下，身體健康受損，以及在營養或身體安全、疾病醫療所得到的照顧上，都會低於一般小孩，因而在整體健康程度的表現較不如一般的同齡孩子，死

亡率也會較高於同齡的孩子。

(6) 在學業上：注意力不容易集中，學習能力衰退，學業成績自然落後。

(7) 在人格上：成長後容易衍生負面的人格，諸如反社會人格、自戀人格、邊緣性人格、依賴性人格、強迫性人格。

(8) 在心理疾病上：容易罹患躁鬱症、憂鬱症、焦慮症或對立反抗症。

(9) 在認知上：較容易產生認知失調而造成對社會的嚴重疏離感，因而喪失掉自我價值、人生目標，甚至會有自殘與自殺傾向。

(10) 成人之後：無論事業成就、人際關係、婚姻之親密度的表現都不如同儕、同輩。

■十大重要道路

(1) 告訴孩子離婚的事。

(2) 提高警覺，不讓孩子以不當的方式獲得訊息。

(3) 表現得像個成年人，讓孩子遠離衝突。

(4) 爸爸，停留在畫面中。

(5) 媽媽，好好處理您的憤怒。

(6) 做一個好父（母）親。

(7) 保持心理健康。

(8) 孩子能與他所關心的人保持聯絡。

(9) 對未來的感情生活須謹慎。

(10) 支持孩子的生活費用。

至於其他兩篇則為輔，但是對象都是父母，以第四份「對離婚家庭孩子的談話」言，表面上是以對孩子說話的語氣敘述，而實際對象仍是父母。五份說帖的目的都是在協助離婚的父母改進其認知

觀點，從而穩定情緒，以理性態度面對問題，瞭解孩子真正的需求與感受，以及身為父母應做些什麼與如何做。這五份資料可事先影印好，在調解的過程中，依據狀況拿出來運用。通常會請兩位當事人輪流誦讀，多數的父母會受感動，從而改變態度。調解委員也要有技巧的引導，讓當事人認知在失敗的婚姻中保全孩子順利成長是可以做到的。

　　沙波涅克博士和凱莉博士兩位專家都是臨床兒童心理學家和家事調解委員，均在美國加州執業，都有超過四十五年的經驗，著作等身。他們專研於孩子如何面對父母離婚的議題，並對美國家事調解在維護孩子最佳利益上貢獻卓著。調解委員熟悉這五份說帖內容，對調解絕對有助益，在調解過程中也可以建議當事人自行上網查閱。

　　學術理論源自於實際問題的研究，理論能具體而真實的反應實務，因此能被廣泛應用。第一次閱讀這些文件時，個人深受感動，在調解時使用，更能感受到所產生的效益，究竟這些輔助文件是如何發生效益？

　　整體而言，「孩子的十大權利」主要訴求一個保障孩子與父母、家人穩定的關係，以及經濟的支持；另一訴求則是在釐清因「離婚」所衍生出來的問題、狀況和父母的責任，不讓孩子進入父母情緒的風暴圈，以減少孩子的困惑不安。這兩個訴求都是在維護孩子的基本生存權利，在無虞物質上的缺乏外，能從穩定的人際關係、安全關愛的氣氛中，情緒獲得撫慰，情意、認知、人格得以正常健全的發展。

　　事實上，為人父母者對孩子的生理、心理需求、變化和發展最清楚不過，即使沒有專研過兒童心理學理論，都知道孩子的情緒、情感如長期處於挫折不安，會影響生理機制和人格、心理發展。所以有責任感的父母一讀到「孩子的十大權利」等輔助文件時，一定

無法忽視這些訴求，因為這些文件訴求完全反映了最真實的人性需求，此即「孩子的十大權利」等能感動人的原因，父母受到感動，就會表現相對應的態度與行為。

因此，第一類的父母可以直接進入「子女照顧計畫表」的擬定，遇到爭執時，調解委員可立即讓雙方誦讀「孩子的十大權利」。根據經驗，這一類父母多數很容易受到感動，顯露真情，很快回歸做為父母的職責和對孩子的愛。第三份「十大重要道路」可以提醒父母，在離婚的過程中，情緒起伏、行為可能失當都是正常反應，需要找到妥當的方式處理。調解委員要以「做對孩子有益、有利的事」來鼓勵父母，可再提供其他說帖供閱讀。這類的父母大概進行一至兩次的調解，即可完成「子女照顧計畫表」的訂定。

第二類衝突性較大的父母，在調解過程伊始，就需要讓雙方仔細讀一讀「孩子的十大權利」，如果效用不大，雙方仍是爭執不斷，甚至以「孩子的十大權利」的內容攻擊對方，不尊重或否定對方的親職能力和親權，認為自己可以一個人獨立且妥善撫養照顧子女。此時即可使用另外的四份說帖。調解委員不能因此而氣餒，要有極大的耐心協助閱讀，或做進一步的闡釋與說明。

通常高衝突父母的調解是事倍功半，如五份文件均不能奏效，超過三次以上調解還無法完成「子女照顧計畫表」擬定，調解委員可以考慮暫時擱置，轉為訂定暫時處分，只訂定探視會面方式和扶養費兩項，並且執行一段時間，待雙方建立信心，情緒趨於穩定，再重新開始「子女照顧計畫表」之擬定。至於是否訂定暫時處分，調解委員須和審理法官或司法事務官溝通，宜遵照法官決定再進行。

在勉強的狀況下訂定的「子女照顧計畫表」，被實際遵守履行的可能性極低，調解委員必須接受這樣的事實，無須自責，因為離婚兩造可能涉及其他個人因素，這即不在調解委員職責範圍，必須

由法官審理定奪。

結語

　　身為調解委員，對「子女照顧計畫表」在調解時產生的聚焦作用，深感驚訝，爭吵不休的父母竟會在一瞬間安靜下來，讓調解順利進行；碰到衝突僵持不下時，暫停調解，一起讀一讀「孩子的十大權利」，父母通常的反應是沉默不語，有些甚至流淚，但都會立刻回到計畫表的擬定。「孩子的十大權利」和相關的四份說帖，對提升調解品質有很大的幫助。當調解進行順利時，也意味著離婚家庭受惠、受益，孩子可以受到更妥善的教養與照顧，這是調解工作最大的價值與成就。

　　「子女照顧計畫表」最大的功能在落實父母的親職功能，並保障雙方的親權，即合作式父母的實踐，「孩子的十大權利」等五份文件，目的都是在促進合作式父母的實現，訴求以「孩子為本位、為主體」，把孩子的真實感受、福祉和未來發展呈現在父母面前，父母無可迴避。對孩子的關愛和職責是改變他們最大的力量，父母必須學會把孩子當作獨立的個體對待，而不是配偶的延續或分身。孩子理應同時擁有父母親的關愛與照顧，這是每一個孩子的天賦人權。

　　身為調解委員，在使用了「子女照顧計畫表」和「孩子的十大權利」等輔助文件，讓家事調解工作的方向和目標更加明確。當父母改變婚姻關係的孩子能獲得妥善照顧，有機會健康快樂成長，應該是驗證一個國家、社會是否文明的指標，這應該也是從事家事調解工作者最重要的自我期許。

〈前言〉

如何閱讀這本書的故事

陳瓊

　　這本書敘述了二十五個家事法庭的真實訴訟案例，議題有離婚、親權改訂、家暴、財產繼承等，為保障當事人的隱私，對姓名、職業等基本資料以及所發生的事端和衝突，都做了修飾或改變，但當事人爭執的主要議題則是詳加縷述。

　　每個案例包含五個部分：第一部分「案情概述」、第二部分「專業觀點與策略」、第五部分「溫馨小叮嚀」，是由負責該案的調解委員撰述，共有二十五位作者。第三部分「心理諮詢觀點」，是由諮商心理師鍾瑞麗撰述，以專業觀點分析當事人的情緒、心理與行為上的盲點和謬誤，並提供建議。第四部分「法官觀點」，則是本案的承審法官彭南元，依據法律見解和家事調解的原則與概念，陳述辦案理念與審理經過。

　　彭南元法官在進行調解程序時是調解法官，在審理程序時則是裁判法官，首開家事專業調解先河，在此領域戮力逾二十年。鍾瑞麗諮商心理師，是臺灣臺北地方法院家事法庭調解委員，長期與彭法官合作。其餘撰述者大多數是公職、教職退休人員，具備輔導、諮詢資格或經驗。

　　開始計畫寫書之前，由於撰述者眾多，雖於事前仔細規劃，迄至編輯時才發現，由於故事案情互異，過程曲折和複雜程度有別，加上撰述者的個人風格，以致於第一部分、第二部分和第五部分有超出預期的多元呈現，這是讀者在閱讀本書時需有的心理準備。

　　然而，編審者從讀者閱讀的層面考量，在不影響作者原意下有了一些調整，雖然風格仍異，但案例的議題探討和專業程度，絲毫

不減。這是我們這個團隊引以為傲的。

　　書名為「家事法庭裡的春天」，當然預示了這二十五個案子都有不錯的結局，但這不是我們費心寫書的重點。家庭是構成社會的基本單位，家庭安定則社會安定，目前家事事件日益增多，紛雜難解，顯示了很多家庭仍在危機之中。

　　家庭成員日常生活不能安定，不僅僅是家庭成員的損失，也是社會不安的來源，例如每年自殺人數和用毒人數的增加，其中多半肇因於家庭功能失常、親子連結或親屬關係不良。我們期望透過本書的現身說法，讓讀者有正確和更寬廣的視野來面對家庭中的紛爭，從每個案例中的當事人如何面對困難，奮力掙扎，在法官與調解委員的協助下，突破重圍，找到解決方法，與家人和解或達成協議。

　　透過這本書，我們期盼有紛爭的家庭得安樂，每位成員都有力量追求成功的人生，讓生活更有價值與意義，進而造福國家社會。

如果再回到從前

引言

大陸來臺的新住民，在臺灣本來就處於比較敏感的地位；雖然同文同種，但生活習慣與文化水平的迥異，夫妻雙方對婚姻的圖像落差大，維繫大不易。

這些年，隨著中國大陸的崛起，兩岸矛盾叢生，在在都影響了尋常的婚姻角力。例如，本文中指出，在調解或開庭時，男方就不時流露出一些歧視污衊女方之語，諸如「一旦離婚了，希望她立刻離開臺灣，放棄中華民國國籍，滾回大陸去，永遠不准回來。」

案例中夫妻雙方都有外遇，各自婚外生活璀璨，只是苦了夾在中間的孩子。因此，案子不算複雜，但調解委員責任重大，處理棘手與耗時甚久。經過多次調解、諮詢和法官開導，要怎樣取得最美善的結局？

案情概述

夜深了，已沒有什麼客人，張勝一準備收攤了，隔壁老闆忽然說：「咦，那是你太太噢，剛剛坐摩托車離開了……。」張勝一終於證實長久以來的懷疑：離家三年的太太有外遇了！一夜輾轉難眠，張勝一知道要結束這段婚姻了！果然，兩個月後太太至法院訴請離婚，並希望以共同親權的方式教育照顧唯一的女兒！

張勝一多年前經朋友介紹，認識大陸導遊小姐余小可，小可二十出頭，並不想這麼早結婚，在父母極力介入主導下，很快就與張勝一結婚，婚後來臺灣與婆婆同住，婆婆六十出頭身體很好，除在

家做些手工外，還可協助煮飯料理家務。

　　不久小可生下女兒小昕，婆婆協助照顧，小可在家無聊，徵得婆婆同意開始外出工作。勝一話不多，除了在食品廠工作，晚上就守在家裡做資源回收賺外快，假日也沒有休閒活動，只知存錢，從不消費花錢，生活費用全由母親支付，小可賺的錢會交給婆婆；勝一偶會至小可工作場所探視，總是會引起一些無謂的紛爭。

　　女兒六歲時，勝一因事至廣州出差一段時間，認識當地女子，交往後想娶進門，著魔似地要與小可離婚。後來三人住在一起，小可不甘心，與勝一爭吵，勝一無理居然揮拳打小可，小可心寒，這段婚姻生活本就枯燥無味，加上勝一性需求無度，小可無法承受，長期為此爭執，雙方不快，小可想通了，決定離婚成全勝一。

　　小可在臺灣舉目無親，無依無靠，沒能力帶孩子一起生活，僅能依照勝一要求由他擔任女兒的親權人。離了婚，勝一常去大陸女友處，兩人後來交惡未結婚，勝一回過頭來要求與小可復合，小可當時已和朋友一起經營飲料生意，勝一得不到小可的承諾，經常到店裡胡鬧，以致小可的生意做不下去而另謀出路。令小可料想不到的是，勝一竟以協議離婚不具備二人以上證人簽名要件，訴請法院確認兩造婚姻關係仍然存在，小可對法官說明兩人當時確有離婚之真意，因她不懂臺灣的離婚程序，一切都是由勝一處理，證人也是勝一安排的，她並不認識。

　　官司勝一贏了，小可在極端懊惱之下與勝一恢復夫妻之名，但並未回去同住，兩人仍處於分居狀態，勝一不止一次帶著女兒去小可工作地點糾纏，常與其同事發生衝突，場面難堪到甚至要報警處理。

　　勝一為了復合，在小可並不知情的情況下，曾自行跑到大陸花錢討好岳父母及姨妹：付出四萬人民幣幫岳父母修繕房屋、借姨妹三萬人民幣買車（最後錢也沒歸還）。勝一認為小可沒良心，岳父

母和姨妹收了好處也沒幫忙；勝一氣難平，認為自己當了冤大頭：當時外遇只是一時迷昏了頭，他對小可一向不薄，積極幫助小可取得中華民國國籍，現在才可以順利工作賺錢、逍遙過日子。

小可極度思念女兒，偶而打電話給孩子，不是被掛掉，就是由勝一回應，惡言惡語，謾罵一陣；去學校探視孩子時，小昕竟會驚慌逃跑。小可內心糾結，思前想後，為了與女兒團聚，她常想就與勝一復合吧！但想到勝一的惡行惡狀又畏懼不前，不敢想像未來的生活。

女兒小昕已小學三年級，活潑、善於表達、不怕生；喜歡上學，對課業有興趣，一直由祖母照顧，晚上睡同一間臥室，放學後會幫忙祖母做手工。小昕常想念媽媽，她知道媽媽打電話來，她不敢接聽，有時爸爸帶著她去找媽媽，她很害怕，不想去，因為不能與媽媽說話，但她害怕爸爸生氣只好跟著去。

當父母進入訴訟時，父親的情緒明顯惡劣，祖母也不敢多說什麼，靜悄悄地做著手工。小昕的行為開始脫序，課業落後，常與同學因細故衝突，也有偷竊的行為。勝一接到老師的電話，非常訝異，女兒一向乖巧，怎麼會變成這樣？勝一陸續又發現皮夾裡的錢減少了，他質問過小昕，偷錢的事小昕一概否認；欺負同學的事，她說是同學先動手，她氣不過才還手。逼急了，小昕就不說話，一聲不吭地關在房間裡，威脅要去自殺。

小可外貌清秀，性格溫柔，人緣頗佳，她多次拒絕異性追求——第一次婚姻決定太倉促了，可不能重蹈覆轍，心想應該先站穩腳跟、經濟獨立。轉業幾次工作都不穩定，最後她應徵到一家餐廳接待客人，因服務周到有禮，餐廳許姓老闆十分器重她，許老闆對待員工十分厚道，相處久了小可對老闆心生好感，老闆也對小可有意。那一天晚上收工後，兩人到夜市逛逛，沒想到撞見勝一，匆匆騎車離去。事後，許老闆建議她勇敢面對，願意協助她打官司解

決問題，小可下定決心到法院訴請離婚。

案子經法官先開調解庭後，移付調解委員進行調解。

專業觀點與策略

這個案子看起來並不複雜，但處理起來卻十分棘手，歷時甚久，經過多次調解、諮詢和法官的開導才達成協議。一般涉及未成年子女的案子，都是非常困難的，主要原因在於一方的情緒極度高漲；勝一就是如此，在調解過程中顯現出權控型的人格，缺乏自省能力，認為自己的行為都是合理的，無視別人的感受，違反他的意思就勃然大怒，他把唯一的女兒當作籌碼，想要迫使小可回到自己身邊，而不是基於夫妻的感情。

好在雙方無財產分配的議題，情況相對而言算是單純的。調解專注在照顧孩子、重建母女關係的議題上，勝一對小可離婚的訴求反彈激烈，完全忘記當初是他因外遇強迫小可離婚。調解時，他的心態矛盾反覆不定，先同意兩人可以維持分居狀態，但堅持要維持法定婚姻關係，隨後又說希望太太回家共同生活。小可表達回不去了，兩人可以當朋友，因小可態度溫和，提示他婚姻是兩廂情願的，勝一的氣焰稍降。幾經討論折衷，雙方暫時約定：

(1) 維持婚姻關係但分開住。

(2) 做合作父母，依照計畫表探視孩子。

(3) 每月訂兩個家庭日，視母親的工作安排時間。

法官要求雙方上親職課程，三個月內完成，小可六個小時，勝一十個小時。並安排社工協助孩子的偏差行為，並擇期要女兒小昕到庭。

小昕到庭時，由於勝一表示小昕拒絕見母親，基於尊重她的意願，先詢問其意見，她毫不遲疑表示願意見到媽媽，這才讓小可進

入調解室。母女一開始有些陌生，小可忍不住淚流滿面，小昕也跟著擦眼淚，當媽媽移到她身邊坐時，小昕卻是不知所措地看著調解委員。在調解委員的建議下兩人先握手，媽媽很快地輕輕抱著女兒，接著很自然地相擁而泣。兩人都表示思念對方，小可詢問女兒可安好？小昕無言，最後母女約定每週週末共處一天。

母女會面後，邀請勝一進入調解室，母女都有點緊張，小昕兩手拿著一張衛生紙覆蓋在臉上，勝一冷冷同意母女每週相處一天，但又很有自信深沉地說，見面也要女兒願意才行，接著表達女兒不會要見母親的；調解委員對勝一表達謝意，希望能成全。

勝一無視女兒感受，態度強勢，又自顧自地說著：「要離婚，妳要放棄臺灣的身分證回大陸去。」調解委員遂請小昕離開調解室，避開父母的衝突。女兒離開後，小可幾近哀求的請勝一放了她，以後可以做朋友，兩人相處時心情會輕鬆些，共同合作照顧女兒長大成人。勝一未予理會，逕自走出調解室後帶著女兒離開了。

小可與女兒的會面正如所料，遭到勝一刁難，約定的日子，門開一小縫，說前一天帶孩子及母親出去玩了一天，並讓小昕在門內大聲喊「她累了，不想出去了！」小可只能摀著臉大哭，飛奔離開！

再度調解時，採單獨與勝一諮詢，他雖仍表達對太太的不滿，但情緒沒有過去那麼高漲，說仍愛太太，可原諒她不回家及對他不忠，希望太太能回來給孩子一個溫暖的家！

當提及母女相處建立關係是很重要的事，勝一不經意地說出曾對小昕說過的話：「不然妳去媽媽家住啊！我這裡不給妳住了！」提及小昕聰明活潑時，爸爸很沉重地說女兒會偷學校福利社的錢，在家則會偷祖母和爸爸的。小昕常與同學吵架，甚至還把同學推倒在地上，行為粗魯。

勝一表示孩子本質並不壞，他對小昕有很高的期望，小昕變壞

讓他非常難過失望，他不知該如何處理？

　　針對孩子的狀況，再度安排調解，不談離婚。由於孩子在父母的離婚風暴中，嚴重影響身心發展，讓雙方輪流誦讀「孩子的十大權利條款」，逐一解釋討論，希望他們瞭解孩子的需求，孩子有權利與雙親保持規律的接觸與相處，能同時接受父母的關愛，最符合孩子的最佳利益。

　　小可在誦讀討論時流淚不止，勝一表情凝重，情緒似乎陷入低潮。調解委員追問了三個問題：「孩子一向乖巧，為什麼會變成這樣，是什麼原因造成？孩子行為問題不儘快處理，未來可能變成什麼狀況？父母不和，無法好好溝通，沒有心思關注孩子、瞭解孩子，有沒有感受到孩子在夾縫中的痛苦。父母之間如何建立良好互動關係，合作照顧孩子？」

　　早幾年，勝一還在與大陸女友戀愛、準備結婚時，曾經一度把孩子交給小可照顧，當時小可經濟狀況不好，與友人共同租屋居住，空間狹小，小可工作時間長，無人協助照顧小昕，實在沒辦法，她只好把孩子交還給勝一和婆婆照顧。現在面臨小昕的改變，小可表示理解勝一的憤怒，她難過地拭淚並喃喃自語：「現在無論如何，也要努力克服困難救孩子，再拖下去，孩子就難救了！」

　　小可與女兒會面困難重重，勝一故意不接她的電話，又突然因都更搬家，也不肯告知地址，小可則因工作較忙，常不定時加班，勻不出假期，無法探視女兒，以致照顧計畫始終無法落實。

　　這個案子歷時甚長，在法官的主導下，審理、調解交互進行，勝一強悍傲慢的個性難以融化，審理時，法官多次告誡他、提醒他，糾正他的觀念，要求他書寫親職課程的心得報告；調解過程中調解委員則花許多時間精神，幾乎可以說是用教育的方式在進行調解。

　　小昕在父母爭訟中長大，逐漸有自己的想法和意見，勝一心裡

明白，女兒大了會自己去找母親，便不再強力阻攔母女見面。小可始終拒絕復合，對勝一的無理和蠻橫低調應對，勝一在報復刁難小可的同時，自己的人生歲月也搭了進去。最終，在法官的協助下，勝一同意離婚，小昕與父親、祖母同住，小可能固定探視女兒並支付扶養費。

心理諮詢觀點

這個家庭故事呈現一個普遍存在的現象，那就是，在衝突的夫妻關係夾縫中，孩子會出現各種型態的問題。事實上，小昕是個有能力的孩子，她的不適應行為是來自父母的衝突。理論上，孩子是家庭問題（尤其是夫妻議題）的代罪羔羊，她用問題行為來平衡家庭系統的衝突。在處理離婚事件時，能從照顧子女的角度切入絕對是最佳策略。因為，即使離成了婚，結束了夫妻關係，而雙方一輩子不可能卸下的是孩子父母的角色，如何扮演孩子的合作父母，就成了勝一和小可非常重要的人生課題。

在勝一的家庭故事裡，處處可見他缺乏對他人的尊重，他不只針對太太，對小孩也一樣，常使用威嚇性的語言。如果，他多一些尊重，將小可和孩子也當成一個獨立的個體，而不處處以自我本位的心態面對，將可以建設性地解決所面對的家庭困境。另外，勝一將夫妻關係衝突和小可的身分證糾結在一起，將親子議題和夫妻議題掛勾在一起，這是非常辛苦的事。

從家族治療大師莫雷・包文（Murray Bowen, 1913-1990）的理論來說，他自我分化的程度顯然不足，因此面對自己或家庭問題時，會將所有的事情攪和在一起，以致造成自我和他人的困擾。換句話說，勝一無法一碼歸一碼地處理相關事務。這個離婚事件對勝一而言，是危機也是轉機。如果他可以正向看待既存的問題和事

實，把握機會透過轉變認知提升自我分化的能力，例如將自己的認知及情緒分化，將夫妻議題和親子關係分化等；那麼，在他的生命歷程中，這將會是珍貴且深具意義的一課。

　　勝一和小可的家庭故事也凸顯了多元文化的議題。小可隻身來臺，在臺灣的主流文化之中是非常的孤單；再者，其周遭的人在沒有察覺的情況下，就將「我尊你卑」的價值觀透過肢體動作及語言與其互動，時間久了，此種失衡的狀態自然將夫妻關係置於決裂的境地。在認知上，也許大家都知道人人生而平等，但是在行為實踐上卻不容易做到，所有人都需要不斷提醒反思，不應該因為種族、階級及性別的因素有所差別，而表現出歧視的態度和行為。

　　會談室中，孩子見到父親時用面紙遮臉，這個鮮明的畫面似乎在傳遞著「我跟媽媽在一起之後，不知道要如何面對爸爸」訊息。孩子在衝突的父母關係之中是為難的，她有忠誠的議題。現實環境上，孩子需要依附父親生活，需要對父親忠誠，這是她求生存的必要方式；然而母女親情乃是天性，緊張衝突的父母關係卻不容許她對母親表現親近，此種內在的衝突，是一個孩子無法承受之重。如果小可和勝一可以看到此點，則有助於彼此在面對需要解決的問題時，正向地以理性語言溝通，尋求解決之道。

法官觀點

一、法律訴求解析

　　本件是跨國界、跨文化的婚姻關係，由於夫妻雙方對婚姻的圖像，以及生活上諸多的看法，相當歧異；加上夫妻間溝通不良，彼此的情感關係早就出現破綻，且難以恢復，為此，雙方曾有兩願離婚之舉。

　　其後，男方想破鏡重圓，然為女方所拒，男方就以離婚的法律

程序不合法為由（離婚證書上的證人沒有在離婚登記前確認女方是否有離婚真意），向法院訴請離婚無效，使得原婚姻關係敗部復活，雙方又恢復了婚姻關係。女方無法認同這種以訴訟強行復合之舉，又因男方爭取復合的行動造成女方諸多困擾。再次顯現出：除了仍是孩子的父母外，雙方幾乎是形同陌路了。

女方鑒於即使雙方在法律上的婚姻關係仍然存在，實質上的情感關係卻難再續，不得已再向法院訴請離婚，並請求可對孩子有共同親權，這些都為男方所反對，他拒絕離婚。這就是本件訴訟的由來。

二、法官審理方式

本件女方的離婚法律訴求看似單純，為離婚後仍能方便照顧孩子，故對孩子請求共同親權，倒也合情合法。以在法言法的立場而言，法官以裁判准許離婚結案，雙方共同親權，孩子可與父親同住，母親可以探視子女，應是可行的。然以此裁判結案後，可能產生的後遺症令人非常擔心。

由於雙方係在男方極力反對下，經由女方訴請法院判准離婚，對男方而言是無法接受，他在憤恨之餘常會阻礙母女的會面交往。這種行徑，表面上似配偶之間的爭鬥，實質上是嚴重傷害孩子的成長發展。實不容法院坐視不管，必須力求避免。

法院對於本件夫妻情感的修復，甚難掌握，但對協助雙方在離婚後成為合作父母，則是法律賦予的重責大任，也是藉著審理本件希望達成的目標之一。

為此，我不僅在開庭時，告知他們審理此件官司的順序：先協助他們認識失和的夫妻，還有一個重要的身分與角色——學習做孩子的合作父母。等到他們能夠在生活中落實此項艱鉅的任務後，法官才會審理並解決他們的離婚官司。他們為了要達到彼此的目的，就必須耐心配合法院的各項作為。

由於當時的兩岸關係條例以及其他相關的一些行政措施，對於

大陸新住民有許多不合理的限制，雙方結婚的身分與地位，非常不對等。女方來此結婚、生活都相對弱勢。法院在審理此類離婚，以及未成年子女的親權與會面交往事件時，需要非常謹慎，不僅不能歧視，更應念及她們隻身在此，對於此地的文化與環境有適應上的各種困難，更需要提供到位的支持與關照，才能達到真正實質的公平。

在調解或開庭時，男方就不時流露出一些歧視污衊女方的言語，諸如「一旦離婚了，希望她立刻離開臺灣，放棄中華民國國籍，滾回大陸去，永遠不准回來」等語，筆者會非常敏銳而堅定的反映：「我知道這些雖都是氣話，但是非常不當。因為她能否取得我國的國籍，是否離境不能入境等，都是國法規定，不是其他人可以任意左右。法官期待你，是否可以身為父親，給孩子樹立個好榜樣，要教導孩子學習尊重父母。這種不當的言詞是家庭暴力的一種，請以後務必節制，否則對你會有不利的認定。」男方後來就收斂了許多。

我知道因為此種審理方式，會讓這個家庭經歷一段學習改變的辛苦歷程，但這種受苦是有意義、有目標的，寧可現在忍受「學習改變」的小苦，避免以後遭受家庭變故的大苦，這樣應該是很值得吧！

本件因為雙方需要改變先前不當的認識，又須在日常生活中落實合作親職，期間還發生了一些男方阻礙女方探視孩子、以及不告而別帶走孩子等事故，凡此都經法官堅持的陪伴，繼續提供雙方諮詢服務，繼續試行調解後都一一解決。

在這種耗時較久的歷程中，即使基於行政管考的限制，不得已先結束調解的時程，筆者仍以調解法官的身分，親自在裁判的時程中，不斷以先前調解委員們累積的調解功效上，繼續不斷地協助達成共識，終於成立了訴訟上的和解。

本件和解的條件是：雙方同意離婚，孩子由雙方共同親權，孩子跟隨父親同住，其餘照顧子女的方法詳見照顧子女計畫書。女方每週有一天到孩子居住地點照顧孩子，女方每月給付孩子的扶養費用新臺幣五千元。雙方同意至少接受親職教育六小時。雙方都拋棄夫妻剩餘財產給付。

三、結案成效分享

本件結案成效在於：法官引領調解委員們，堅持雙方於生活中落實合作親職。在男方不斷發生排斥合作的事故中，本件的審理歷經了相當長的時程，但依然堅持陪伴、不斷引導、不斷協助，直至達到目標。

從本件的和解條件看來，雙方為落實對孩子的合作親職，幾乎是盡釋前嫌，實在非常不容易，筆者也大大地讚許感佩他們，希望他們為孩子可以繼續不斷地努力學習。

溫馨小叮嚀
♥ 婚姻中多自我檢視，儘量扮好自己的角色，也能尊重對方的主觀感受。

☐「案情概述」、「專業觀點與策略」&「溫馨小叮嚀」撰述者：王淑孟
- 中國醫藥大學藥學系畢業
- 臺灣大學推廣教育行政領導班結業
- 曾任臺北市政府衛生局第四科技正、臺北市立聯合醫院藥劑部科主任、衛生署「校園正確用藥教育計畫」中央輔導委員
- 現任臺北地方法院等家事調解委員、臺灣士林地院檢察署「性騷擾申訴處理調查小組暨性別平等專案小組」委員、更生保護會士林分會輔導員、衛福部社區暨職場毒品防治計畫協同主持人

親愛的老伴，讓我們好好說再見！

引言

「夫妻本是同林鳥，大難來時各自飛。」本案看似如此，結局又不盡然如此！這就是人心光輝的所在。

結褵三十七年的夫妻，先生國強在短短時間內，將七百多萬的退休金幾乎揮霍殆盡。新仇舊恨終於讓太太秀麗忍無可忍，在暮年時節決定過自己的人生，不再牽連先生的賭債和外遇。如何顧及兩老的安養？消除彼此累積已久的積恨，達成共識？看似無解。然而在調解委員、法官精確掌握雙方的情緒和需求下，竟然峰迴路轉！

案情概述

國強和秀麗結婚三十七年，十多年前秀麗從公職退休，專職管家，除了日常家務，秀麗參加了社區大學的合唱、插花、瑜伽課程，生活忙碌而充實，國強則自顧自地過日子，兩人平順度日。直到一年前，國強於某國營事業小主管退休，領到一筆七百多萬元的退休金，沒想到只幾個月光景，國強揮霍無度、所剩無幾。

國強年輕時風流倜儻、瀟灑幽默，父親小有資產，自己又有穩定公家機關的工作，積極追求美麗的秀麗，交往半年後，在家人朋友的祝福下步入禮堂。國強從小家境優渥，茶來伸手、飯來張口，雖然是個玩世不恭的公子哥兒，但是覺得男人有責任養家，有了老婆的鐵飯碗做後盾，更樂得每個月的薪水都交給秀麗打理，婚後三年，接著生了兩個女兒。漸漸地，喜愛交際的國強常常應酬晚歸，國強總是說業務繁忙、身心壓力沉重，三天兩頭喝酒打牌，花費很

大。

後來，秀麗發現國強有異性朋友往來，同事間流言蜚語不斷，喝酒唱歌、打牌賭博，國強在外面欠下多筆債務，逼急了就向秀麗求救，秀麗只好把積蓄拿出來替國強還債。至於外面是不是有女人？國強總是辯說只是逢場作戲，勸秀麗不要瞎猜，秀麗想到公婆對她疼愛照顧，為了兩個女兒，一次又一次原諒國強。

幾十年下來，除了公公留給國強兩兄弟一間市中心辦公樓以外，秀麗省吃儉用還買下市區同一條巷子的兩棟大廈各一層房產，一棟自住，一棟收租，兩個女兒也分別找到歸宿自組家庭。

秀麗退休後的月退休金，加上國強在國營事業的收入，經濟上本來應該平穩安定、綽綽有餘。但是，國強外遇風波不斷、吃喝玩樂、賭博打牌，欠債的破洞越來越大，卡債、信貸、地下錢莊、朋友借款，以債養債，每隔幾天就有債主上門，近十年來，秀麗不斷幫國強解決債務；一年之間，竟然可以讓債務多出一千多萬！

夫妻倆一講到錢就翻臉，漸行漸遠，甚至暴力相向，秀麗一方面自我修習佛法，尋求心靈寄託，另一方面仍不放棄試圖改變國強，要求國強和她一起上課修心養性；然而幾年過去，仍沒辦法改變國強。夫妻意見相左、大小衝突不斷，長期累積下來的壓力，致使秀麗罹患憂鬱症，影響日常生活。加上秀麗擔心不知何時會蹦出債主討債、拖垮自己，於是在六年前和兩個女兒商量，向法院聲請夫妻財產分別制，接著再把名下財產自益信託 [1] 給兩個女兒，要求國強確認資產及債務，為自己的婚姻設下停損點。

國強屆齡退休，領到一筆退休金，總算可以不受秀麗牽制、不

---

1. 自益信託：信託就是財產所有人（委託人）將其財產所有權轉移給信任的第三人（受託人），並簽訂契約，要求受託人依雙方所約定的契約內容，管理、處分委託人所託付的財產，之後再將信託財產及管理運用所得的收益交給信託契約指定的受益人。受益人與委託人是同一人，稱為「自益信託」；若不同一人，則稱為「他益信託」。（參閱：金融監督管理委員會銀行局網站 https://www.banking.gov.tw/ch/index.jsp「金融小百科」）

再看秀麗的臉色，可以放肆喝酒唱歌、打牌跳舞。秀麗看在眼裡，勸說無效，國強仍是揮霍度日，卡債、信貸又來了，失望、怨恨像利刃一般，一刀刀刺向秀麗的胸口。秀麗的心在滴血，擔心危及自己和女兒平靜的日子，於是逼著國強把退休金拿出來，陪著他一家一家去還債。

沒想到才剛還完債，一位老朋友氣急敗壞地找上秀麗，抱怨國強欠錢不還。秀麗對國強的改變期望徹底破滅了！她向法院申請離婚。

專業觀點與策略

一、因為兩造已經法院認證夫妻分別財產，子女又已成年，沒有剩餘財產分配及子女監護考量，交付調解，僅就兩人意願釐清，兩廂情願即可。

二、本案共進行一次個別諮詢，兩次雙方會談，幾十年婚姻生活，需要釐清生活需求，整理彼此互動模式，好好說珍重再見：

(1) 個別訪談確認兩方離婚意願，探尋各自生活需求，秀麗離婚意念已決，國強不願離婚，一再強調可以尊重秀麗離婚意願，但希望能分配秀麗名下財產。

(2) 第一次會談確認兩造有意願離婚，重申夫妻分別財產，確認秀麗名下財產自益信託，目前各自名下之財產互不相涉。討論離婚後雙方生活安排：秀麗名下房產三筆，又有月退休金，生活無虞，要求國強遷出現址。

國強認為如果搬出現住秀麗名下的住處，每月生活需求為在臺北市租屋二萬元、日常飲食交際二萬元。秀麗認為婚姻無法繼續是國強的責任，無須再支付任何費用。國強主張結婚三十多年對家庭仍有一定的貢獻，且退休金所剩無幾，又無謀生能力，難以獨立長

期維持生活，同意離婚之條件為由秀麗將名下房產分配一部分（或變賣折現）給國強，照顧安頓其後續生活。

（3）兩造商談就離婚財產分配未達成協議，會談中感受到秀麗對國強賭博欠債、情感出軌仍有怨懟，一直希望國強認錯道歉且誠實告知當前外部負債狀況，時有激烈言語質問國強，而國強託辭辯解不願回應，其間秀麗雖然情緒激動不肯原諒，但是言語中留有情分，擔心國強名下如有財產或現金，極可能快速揮霍或遭人誆騙，似有可能協談離婚後照顧國強之方式。

（4）調解委員見兩方僵持不下，分別向兩方說明離婚訴訟之現實條件，一方面協助秀麗整理幾十年對國強的感情及離婚後生活。秀麗希望經過離婚調解程序讓國強體會，過去幾十年來持家並處理其揮霍財務之實情，務實反省決心改變。另一方面幫助國強瞭解退休後之經濟現實，考慮調整生活型態，縮減開支。努力勸慰雙方放下過去既成事實的爭吵，冷靜思考各自需求，再提下次協商。

（5）第二次雙方會談，除確認兩造有意願離婚，並確認上次會談獲致結論，雙方均無意見。肯定初次會談秀麗和國強都釋出善意，就離婚後如何維持生活進行討論協商。國強因老後生活堪慮，起初嘴硬，認為自己對家庭經濟曾有貢獻，應有權利要求分配財產，言談間又不肯鬆口認錯。

經過調解協談後，國強瞭解過去的荒唐行徑，似有體會秀麗的情份，聽到秀麗願意照顧終老，給予一筆二十萬元安頓金，深受感動，低頭喃喃致謝，秀麗也在看到國強願意量入為出、安穩過日子，感覺如釋重負，激動落淚。調解協談結束，兩方放下前嫌，並達成協議。兩人一再感謝後，國強扶著秀麗的肩膀，一同搭電梯離開。

他們的協議如下：

（1）離婚後兩人各自生活，雙方均可與女兒、女婿、外孫及親

朋好友維持良好關係。

(2) 國強於約定日期前搬離現住房屋，另覓屋居住；秀麗於查看國強確實搬離後，給予新臺幣貳拾萬元臺灣銀行即期支票乙紙。

(3) 考量國強退休無收入，秀麗同意以下方式協助其日常生活：

——國強的父親贈與的辦公樓（持分二分之一）出租所得，不論日後收入租金變動或出租轉換空窗期間，每月五日前由秀麗湊足新臺幣貳萬元整，交由大女兒按月匯入國強銀行帳戶，直至終老。

——秀麗所有房產的維護、修繕、稅金等相關費用，均由秀麗負擔。

——協議自離婚生效之次月五日起執行。

本案協商能夠快速聚焦有幾點策略分享：

(1) 規則設定和鎖定議題來掌握個談和會談的談話主軸，當事人如有離題或情緒語言、動作出現，適時提出對於過去恩怨是非已有目共睹或事實在卷，不再表述，拉回實質（物質）需要面對處理的事件，引導討論。

(2) 觀察分析兩造共同關心的事物或人，以共同點為基礎，拉籠話題聚焦。例如：夫妻已經法院公證辦理分別財產，本已無剩餘財產分配議題，過去先生外遇不斷、賭博、卡債，幾十年依附太太照顧，缺乏生活自理能力及現實感，退休金幾乎揮霍殆盡。言談間感受到太太怨恨先生，會談時言辭犀利、不假辭色，卻也處處留情。發現兩造共同關心已離婚獨居的大女兒，希望協助照顧，由此談起照顧先生餘生計畫。

(3) 先行探索兩造有資源的一方可以提供條件的底線，計畫談判策略。會談前，讓先生自己盤算準備說辭；進入會談時，請先生表述。先生對生活開支缺乏現實感，也不知如何規劃老年生活，說

話吞吐扭捏,讓太太看見可恨又可憐的無助老先生,策略性地和太太以「擠牙膏」方式逐步釋出善意。

(4) 看見訴訟爭議背後的情感需求,協助雙方相互靠近。訴訟終結,可以是重新生活的開始。

心理諮詢觀點

比起其他有未成年子女的離婚案件,國強和秀麗的離婚歷程是相當順利的,因為他們的子女已都成年獨立生活,所要處理的就單純著重在兩人的情緒和需求的議題。調解委員依據嚴謹的架構,精確掌握雙方的情緒和需求議題,是讓此案調解順利成功的重要關鍵。

根據馬特(Bernard Mater, 2000)的說法,夫妻衝突產生的原因是,一方的需求、渴望、動機、利益或價值和另一方不相容。也就是,衝突的雙方彼此都想從對方得到想要獲得的一些事物,但對方卻不答應,而引起情緒上的挫折、沮喪、憤怒,最後產生相互對抗。這些事物可以是物質上的,如財物、金錢等,也可以是精神上的,如同意離婚、道歉、被認同、被尊重等。

更直接地說,衝突的產生是雙方的需求和利益不相容所引發出來的。因此,在調解協商的過程中,如果調解委員無法徹底地掌握衝突雙方的利益與需求,要想讓雙方達成和解協議,是非常不容易的。

在協商過程上,當事者通常將用一個外顯的立場作為解決問題的方法,亦或是不清楚自己的需求,甚至刻意隱藏自己的需求。因此調解委員需用一些特殊技巧,去找到雙方的「需求」是什麼,也才能有效率地建構出協商的程序,而不致迷失或觸礁。總而言之,精確的探索、澄清和確認雙方的「需求」,才可能打開協商之門。

此案中,國強的需求是生活及經濟上的安全感,秀麗的需求是

如何為婚姻設定停損點，保障自己未來的老年生活。在雙方的需求之間，調解委員協助雙方聚焦，找到共識，終於能圓滿分手。

法官觀點

一、法律訴求解析

本件的訴求十分單純，就是離婚：女方堅持離婚，男方堅決反對，各有各的委屈，立場還蠻對立的。其中引人注意者，是長者間的離婚訴訟。為顧及兩老的安養，法官宣導本件如能好聚好散的好處，以及打官司打到底的害處。即刻轉介適合的調解委員，協助他們好聚好散。

二、法官審理方式

本件是長者間之離婚訴訟，除瞭解他們間的法律紛爭外，他們今後的生活安排，以及養老託老等也是法院關注的焦點。

本件女方有很深的信仰修為，適度啟發她的善心與善行，就能在情緒卡關時刻，多為對方著想，及早消除積怨，達成離婚共識，早日擁有新生。

鼓勵雙方開發身邊的助人資源，例如藉助女兒協助男方（即父親）在離婚後，安享晚年，使其於離婚後有所依靠，就願意放手，另過新生。

三、結案成效分享

本件的辦案成效不僅在於協助雙方就離婚訴訟成立調解，同時也在於：這對長者在晚年不得已的狀況下，經由調解委員的悉心協助，卒以好聚好散的方式結束婚姻關係後，不僅免於追悔遺憾，還可彼此祝福。更可貴的是成年的子女能夠協助孝養父母。

> **溫馨小叮嚀**
> ♥ 當愛情已被生活磨耗，身邊這個相守大半輩子的伴侶，只剩下孩子的爸媽的血緣連結。即使不能長相廝守，鄭重謝謝對方曾經愛過、彼此共度的點滴生活，未來不再相互牽涉，仍可以相互扶持、平和度日。

☐「案情概述」、「專業觀點與策略」&「溫馨小叮嚀」撰述者：王淑媛

臺灣臺北地方法院調解委員、臺灣家事調解學會監事

專長領域：家庭暴力、性侵害、性騷擾防治、性別研究、家事事件調解

學歷：
- 中央警察大學刑事警察學系
- 政治大學碩士在職專班公共管理組
- 世新大學性別研究所碩士

重要經歷：
- 內政部家庭暴力及性侵害防治委員會暴力防治組組長
- 警政署刑事警察局國際刑警科警正科員、預防科婦幼組長、宣導組長
- 警政署保安警察第一總隊女警中隊長
- 94 年內政部家庭暴力及性侵害防治有功人士
- 臺東縣性騷擾防治委員會委員
- 臺東縣警察局婦幼警察隊副隊長
- 97 年警政署女警楷模
- 高雄市政府「推動性侵害案件整合性服務團隊方案」諮詢督導委員
- 臺東縣政府家庭暴力高危機個案會議、性侵害案件整合性服務方案外聘督導
- 臺灣婦女團體全國聯合會政策與國際事務部主任
- 臺灣銀領協會秘書長
- 國立中正紀念堂、行政院客家委員會、國家教育研究院、教育部體育署、經濟部能源局、警政署保安警察第一總隊性騷擾申訴評議委員會委員
- 臺灣家族系統排列協會秘書長、家族系統排列師證、德國海寧格科學中心家族系統排列國際營系列 2016 研習證

- 臺灣國家婦女館、教育部性別主流化人才資料庫講師

訂定重要法規及政策：

- 性侵害犯罪加害人登記報到查訪及查閱辦法
- 性侵害案件減少被害人重複陳述作業要點
- 警察機關辦理性侵害案件處理原則
- 警察機關辦理「性侵害案件減少被害人重複陳述作業」實施計畫
- 性侵害加害人檔案資料管理及使用辦法修正
- 警察機關辦理性侵害案件詢問筆錄範本
- 內政部推動「家庭暴力被害人求助連線系統」試辦實施計畫
- 警察機關處理大陸地區及外籍配偶遭受家庭暴力案件應行注意事項修正
- 編撰「性侵害案件減少被害人重複陳述作業工作手冊」
- 編撰「兒童、智能障礙者性侵害案件偵訊輔助器材使用手冊」
- 「看見背後的真相」智能障礙者性侵害案件詢（訊）問影音教材製作顧問

一切，不只是偶然

引言

相愛容易相處難，在婚姻中這個讓人百感交集的考驗與無奈，往往
也就是性格的試金石和磨練。看似最明顯、最核心的外遇三角關
係，是夫妻關係崩解的肇始者？還是長期家庭關係裡，盤根錯節
的各種三角關係下，不得已結出的苦果？不同的人會有不同的發
展的。但，能為子女的成長和福祉，負起責任的父母，緣雖盡，情
依然可以美好地延續下去。

案情概述

　　高跟鞋的聲音由遠而近，映入眼簾的是有著中等身材，穿著淺
藍橫條襯衫搭配黑色套裝的亞玲，深邃的眼睛卻有著嚴肅而稍嫌蒼
白的面孔。調解室的氣氛有些凝重，削瘦的政宏低著頭坐在沙發上
不發一語，斜對而坐的亞玲偶爾飄向丈夫政宏身影的眼神，盡是憤
怒與不滿，兩人的眼睛從進門就沒有交會過。

　　當初朋友介紹兩人認識時，一個是科技新貴，一個是公司業務
專員。在家排行老大的亞玲，家庭小康，擔任公務員的父母對她寵
愛有加，家裡有任何決定都會徵詢她的想法和意見；而身為長子的
政宏，個性看似有些內向，其實很有想法，自小即懂得自我規畫，
從沒讓父母操過心，大學畢業即順利進入科技公司上班。在適婚年
齡的壓力以及家人的催促下，孝順的政宏（本案的聲請人）為配合
父母希望他與亞玲（本案相對人）聯姻的期望，竟放棄相交甚篤的
伴侶，交往不到半年就和亞玲成婚了。

　　亞玲嚮往的是夫妻共組的小家庭；婚後與公婆、小叔同住，讓她感到處處掣肘。結婚沒多久，她就不斷要求政宏搬出婆家，而政宏的回應總是：「剛結婚，經濟狀況不穩定，能省則省；父母日漸年長，身為長子理應照應父母、弟妹」等，讓亞玲失望與不滿，雖然住在婆家讓她頗感困擾，但因新婚不久夫妻相處尚稱和諧，為了不讓先生太過為難，只好忍耐再忍耐。

　　隨著時間流逝，政宏的態度一直未做任何改變，讓滿懷希望的亞玲越來越難以忍受，漸漸開始在態度上表現出心中的不滿，甚至在懷兒子文翰時，即以高漲情緒表達不順其意的言行，對待公婆的態度也顯得較以往冷淡許多，在與親友互動的場合表現出的也是不屑與冷漠，讓政宏在家人及親友面前極為難堪。

　　長子出生後，政宏對亞玲的作風已越來越難以忍受，尤其對父母講話的態度，多是無禮且冷漠，雖與亞玲多次溝通，仍舊無法改變亞玲的做法。在一次與岳父互動時，曾表達想要與亞玲離婚的念頭，岳父勸他要忍耐，並言及岳母個性也是如此，他也好好地過了幾十年，事情過了就會沒事，溫文不太說話的政宏，表面上似乎聽進岳父的規勸，實則心裡已另有打算。

　　家庭氣氛雖不睦，但在兒子文翰七歲時仍生下女兒文芯，或許是父母關係不佳的影響，女兒文芯出生沒幾個月就發現免疫功能出現問題，這對於平日爭執不斷的夫妻而言，女兒的健康問題更讓彼此關係雪上加霜。

　　二〇〇五年時，結婚已邁入第十一年的亞玲，再也無法忍受政宏以得過且過的心態面對居住問題；即以婆家居住環境不佳、對孩子健康不利為由，自行帶兩個孩子搬回娘家附近居住。亞玲個性耿直，無論對先生或他人都是採直話直說的態度，不論對方是誰，「你應該……」對她而言是理所當然的用詞，此次處理搬家方式也是如此，政宏雖然不滿但也無奈。亞玲離家這段時間，政宏與孩子

只有在年節時團聚共度，平日，除了偶爾電話聯繫，幾乎沒與孩子面對面互動過。

兒女文翰、文芯沉靜而不多話，外表看來都較同齡孩子早熟而懂事，尤其正面臨升學壓力的文翰，處在爭吵不休的家庭氣氛，總讓他心情低落，對爸爸用外遇逃避現實，媽媽強勢外表下的心痛情緒，他只能不斷爭取好成績，讓媽媽感到些許安慰，他多希望爸媽的關係能回到從前。

在科技公司上班的政宏，因工作能力佳，得到公司賞識升任為主管，因此也常會有出差的機會。在一次赴外地接洽業務時，認識了當時負責接待的曉佩，曉佩的溫柔相較於亞玲的強勢，讓當時的政宏心裡倍感溫暖，因此開始尋找各種機會與理由出差，名為出差實則找機會與曉佩見面，也因此有了親密關係，在小女兒文芯出生後的三個月，曉佩也為他生下兒子小凱。

政宏希望能盡早結束與亞玲的婚姻關係，但以他對亞玲個性的瞭解，她一定不會善罷干休。政宏心想，乾脆來個先斬後奏，以木已成舟的外遇結果讓亞玲不得不接受事實，最後勢必會提出離婚的訴求。

二○一○年三月，政宏將外遇所生的兒子小凱戶籍遷入住處；巧的是，這年八月亞玲為了女兒文芯的學籍，到戶政事務所申請戶籍謄本，發現戶籍裡竟然憑空多了個與女兒同年的小男孩，而父親欄的名字竟是自己的先生。被蒙在鼓裡整整七年的亞玲，忍住怒氣電話求證政宏與親友，證實不但公婆早已知道此事，政宏更將外遇所生的兒子接回住處照顧，甚至只要有假期必帶小男孩與外遇對象共聚。

怒不可遏的亞玲按捺不住情緒，當下開車到政宏辦公室質問，但政宏在接到亞玲責問電話時，已清楚知道後續必有狀況，便向公司請假回家。

外遇事件中，政宏不但沒道歉且毫無悔意，讓身心受創的亞玲久久無法平息內心洶湧的怒氣；在與律師商量策略後，向法院提告政宏傷害罪及通姦罪，最後判決兩項罪名均獲成立。政宏認為外遇事件已受到法律懲處，隨即向法院提出調解離婚，初步達成的共識內容包括：雙方同意離婚、政宏月付給子女生活費、子女醫療費用、保險費等等，另需付亞玲精神賠償費，看似已解決兩人緊繃的關係。

但沒隔多久，亞玲即提出，除以上所列，也要一家人共同居住在一起，理由是兒女需要爸爸；而且一再聲明絕不離婚，認為離婚是順了政宏想與外遇結婚的意圖，並要求政宏必須將她及孩子接回共同生活；而政宏的允諾卻是「願意接兒女回來照顧，並負責所有生活所需，但不願意與亞玲共同生活」。

調解過程兩人各有堅持，尤其是針對亞玲提出的條件近乎達成共識時，亞玲又會語帶諷刺、氣勢凌人地數落政宏；而政宏則是不說話、不回應、卻也不讓步。兩人最終只在孩子照顧計畫上取得某些共識，如：生活費的支付、平日補習接送、年節互動的安排等。

自法官開庭後，政宏只要時間許可都會開車到學校接兒子回亞玲住處，父子很少交談，大多是兒子有金錢需求時才開口。這期間亞玲常以高漲的情緒對政宏提出無理又讓他失尊嚴的要求，甚至以孩子作為要脅政宏的手段，讓政宏無所適從。

政宏原想藉由外遇事件徹底解除與亞玲的婚姻關係，結果不但問題沒解決，也讓事件更增複雜與困擾，三個孩子更是深受其害，除了不能擁有完整的家庭幸福，對心靈的傷害更是無法彌補的遺憾。

專業觀點與策略

兩人個性差異極大，認識及交往時間短，不能相互體諒對方的

需求，柔軟度或彈性均感不足，亞玲較沒耐心，說話不留餘地；政宏則凡事不做正面回應，也極少與太太溝通，終使兩人漸行漸遠。

政宏看似溫文儒雅，不正面反駁太太高漲情緒下的會談決議，實則在婚姻關係上已毫無眷念，積極想要切斷夫妻關係。政宏的外遇事件讓亞玲的自尊重創，在亞玲情緒尚未撫平前，要談離婚勢必困難。

協助政宏體諒並瞭解亞玲非理性情緒背後的因素與善意，如何好聚好散，讓孩子不要成為父母衝突下的情緒犧牲品，至關重要。

夫妻關係雖無法繼續，仍應放下情緒做合作父母，父子關係是影響孩子未來人格發展的重要關鍵之一，如何和將成年的孩子互動維持親情是重點。政宏要珍惜接送時間，在車上多與孩子互動、交談，瞭解孩子的學業壓力、交友，分享自己的學習經驗。

孩子的照顧計畫能否實踐，除了讓政宏明白親情對孩子未來人格發展的影響，同時亞玲也須調整自己的情緒，理智面對已存在的事實，唯有放下怨懟才能讓自己平和、健康地往前邁進。

心理諮詢觀點

曾經聽過一位心理學家說過：「外遇，是夫妻之間最深沉的共謀」。這句話太深沉難懂，比較直白的說法是：「外遇，是夫妻關係裡推力和拉力交互作用的結果。」這對伴侶，對共同參與彩繪的關係圖像，或多或少都是有責任的。從這個角度來說，外遇對象——也就是第三者（通常是人，有時是工作或其他活動）——是平衡已經失衡的家庭系統的砝碼。

亞玲與政宏，相遇之初門當戶對條件匹配，彼此也有好感，有因緣共組家庭。曾幾何時，兩人之間的伴侶關係卻被「外遇事件」打到了進退維谷的境地。他們是怎麼走到這個地步的？

他們的社經背景看似白雪公主與白馬王子般速配，實際狀況則是，走在一起之後才知問題沒那麼簡單。身為長子的政宏與排行老大的亞玲攜手進入家庭後，「誰是老大」成了這個家庭裡的大挑戰。

從「Bowen 系統理論」中手足序位與伴侶關係動力的角度來看，這不是理想的伴侶組合。因為，在原生家庭二、三十年的成長經驗中，性格獨立、自主、有主見的兩個人聚在一起，個性使然的作為所造成的碰撞，其衝擊自然不小。儘管，亞玲基於傳統文化要求的壓力下，暫時隱忍，畢竟還是有底線。隨著歲月流轉，兩人沒有進行有效的溝通，事情沒有得到解決，衝突漸升，情緒卻沒有出口之時，決裂的狀況發生了。

是不是在原生家庭裡排行老大的兩個個體的婚姻，就注定不會有好的結局？也不是。老大與老大的婚姻組合也有美滿的案例，在這種美滿婚姻圖像中，兩位在原生家庭裡排行老大的伴侶，自我分化比較成熟，有較高的自我覺察力及反思能力，能夠正向溝通解決問題，因此比較有機會經營出和諧的婚姻關係。

對照之下，亞玲與政宏，兩個自以為是如此獨立自主的個體，婚前交往互動與瞭解不足，對於想要的「婚姻圖像」沒有探討，沒有對話。結婚之後，亞玲進入政宏的家，對亞玲的衝擊很大，雖然有新婚的甜蜜，陌生而複雜的大家庭系統動力，卻打得亞玲暈頭轉向；而政宏沒有看到，或者，政宏先看到的是父母，他選擇扮演的首要角色是長子。長時間之後，亞玲的情緒系統主宰了理智系統，原來隱忍的互動模式，再也不忍了。

最後，亞玲帶著兩個孩子與政宏分居，政宏在婚姻系統之外尋求伴侶之愛，兒子文翰以爭取好成績來緩和父母的夫妻衝突，文芯以身體的疾病來連結水火不容的父母。這家人多苦啊。表面上，政宏外遇的三角關係是婚姻走上決裂的主因，事實上，這個家庭中可以看到許多三角關係的現象，一個個的三角關係糾纏在一起，成了

難解的連鎖三角習題。

包文談到家庭系統動力中的三角關係（triangle）現象，在他的理論中，三角關係是家庭情緒系統中的三方，所謂三方指涉三個個人，或是兩個個人及一個議題。包文曾指出，三角關係猶如家庭的分子（molecules），是家庭的基本構造基塊（blocks），雖然這個詞經常被簡稱為三角化（trianglize），但它其實比一個三角概念（triad）還複雜。

基本上，三角化的過程，相關人等在意識層面並非有意為之，這個現象的形成大多是潛意識的。

看看這個家庭。文芯出生前，亞玲和政宏的關係已經相當不好，在這樣強烈衝突情緒的動力下，文芯以健康問題，讓父母將彼此緊張關係的注意力轉移到共同照顧她的身體上，進而緩解父母的衝突。

這樣的三角化，是文芯被捲入緊張父母關係的模式，她以這樣的方式愛父母。文翰則以努力爭取好成績來緩解父母的衝突；本來，努力爭取好成績是好事，但是在這個三角化的動力下，這份愛（努力）是多麼的沉重啊。

這個家庭裡，浮在最表面的三角關係的三方，是亞玲、政宏及曉佩。這個三角化的起因，是由於政宏和亞玲兩個人無法承受夫妻關係中強烈的衝突情緒，因而政宏拉進了曉佩來追求伴侶之愛，緩解在夫妻系統中難受的狀態，時間久了，不針對問題溝通處理，最後走上了伴侶關係決裂的境地。

而在這個核心家庭出現的這三種三角化的歷程，都是出自於「愛」，只是為了追求夫妻之愛和渴望親子之愛，付出的代價太大了。還有，之前的婆媳（公媳）與兒子（政宏）的三角關係，後來小凱的加入，也會出現另外的三角關係，一連串的三角關係，更增加了這個家庭的牽連糾葛。

一切，不只是偶然

091

　　明明當初有愛，父母也都愛著孩子，但每個成員卻陷入持續的痛苦中，顯然，愛被卡住了。亞玲與政宏被困住了，困在這僵固的婚姻關係裡，苦苦無法掙脫。這裡，需要和解。和解之道是反思、關照與重新連結。如果這兩位主角，可以回到自我，覺察自己，看到自己的樣子、接受自己、關照自己，才有機會看到對方，調整位置、重新對話。不論這段婚姻的未來是否持續，如果他們能夠調整位置，朝這個方向移動，進一步對話，找到解決方案，如此，愛才可能流動，三個孩子才有機會適性發展，他們的心靈也才得以自由，身心得以安定。

法官觀點

一、法律訴求解析

　　本件是由男方提出離婚調解，附帶請求探視兒子與女兒。女方堅絕反對離婚，隨即提出履行同居的請求。

　　當男方在法庭表達，是否可由女方配合把孩子帶到自己的父母家裡、由他單獨探視，女方不要在場時，即刻引起女方的大力反彈，並清楚表明，孩子必須由她陪伴，否則男方不可能在她的視線之外與孩子們單獨溝通互動。

　　猶記雙方當時在法庭對峙的狀態，男方態度低調氣勢較弱，女方則情緒高漲得理不饒人。

二、法官審理方式

　　開庭前閱卷得知，在本件提起前，女方已向法院提告男方妨害家庭與損害賠償等件，男方不僅受到刑罰，並應賠償女方精神上的損害數十萬元。

　　筆者評估雙方在此情緒氣勢不對等的狀況下，不適合調解，然而在這節骨眼上女方卻把孩子緊緊拉在身邊，阻礙父子女的會面交

往，嚴重剝奪孩子的親權，卻渾然不覺，這是即刻需要釐清與改善的。

為要保障孩子們的最佳利益，筆者轉介調解委員，各別為雙方及其子女提供心理諮詢服務，一則同理情緒，二則釐清思緒，並倡導合作親職之重要，三則傾聽孩子們的心聲。

經過調解委員數次提供諮詢後，得知雙方分居已久，多年前，男方在外已與他人育有一子，此為女方以外眾所周知的秘密。當女方意外發現此一嚴酷現實時，曾態度卑微地想與男方和好未果，悲而生憤就接二連三地向法院提告，雙方關係已到谷底，難以挽回。孩子們雖同情母親，卻並不排斥與父親會面交往。經由調解委員的協助，相對人與子女們曾在法院相見。女方在會談時常出爾反爾，而且在協助子女與男方會面的狀況不甚順利，眼看就只能回歸裁判了。

為了打破僵局，落實子女的最佳利益，筆者決定配合雙方及孩子們的時間，於假日在法院為雙方提供諮詢，並規劃中午期間由筆者招待全家人在法院附近餐館便餐，以利觀察家人互動情況，順道安排父親與子女的會面交往。

當天上午由聲請人先到法院的調解室，筆者先從關懷他的現況開始，逐漸瞭解到雙方的家庭關係過從甚密。聲請人極為孝順，自幼發憤圖強成績優異，大學畢業後，得到收入豐厚的工作，大大改善原生家庭的生活。後為配合父母與相對人聯姻的期望，竟放棄自己相交甚篤的伴侶，與相對人成婚。婚後與相對人共育一男一女。聲請人除工作外，還積極投資生財。相對人除工作外，全心照顧家庭，尤其女兒生重病時，曾攜帶兒女長期回娘家生活，聲請人則在週末與妻兒女在娘家共聚。後聲請人因投資失利，想尋求妻子娘家的金援遭拒，失望及身心受挫之際，因而有了婚外情並育有一子，以為就此可以擺脫婚姻；不料，反遭相對人提告，不僅受刑，且經濟困頓，不但無法給付子女的扶養費用，還需償還相對人的精神損

害賠償費用數十萬元，實在苦不堪言。一心想尋求法院協助，能與相對人離婚，還能順利探視孩子。當我問到他最欣賞感謝相對人之處，他毫不猶豫回答：她是一位非常稱職又有愛心的好母親。

經筆者仔細聆聽聲請人的心聲後，突然感悟到相對人因為欣賞聲請人的孝順與本身條件的優越，即使在他發生婚外情後，仍想與聲請人重修舊好維持家庭，即使被拒，還是如前地好好照顧子女，等待他回心轉意。當我把以上的發現分享給聲請人時，誠懇地告訴他，唯有能對妻子的苦心將心比心，才能誠心地向妻子表達抱歉與感謝之情，至少先從孩子父母的關係做起，彼此間的關係才能有轉機，他想成立離婚的調解，需等待時機而動。他表達感謝之意後，即先撤回離婚調解的聲請。

結束了早上四個小時的諮詢後，在接近下午兩點鐘時，相對人帶了女兒前來，並說兒子因要補習無法來院，聲請人難掩失望之情。午餐時間，女兒還表現不願與父親共餐之舉，我就把相對人請到一旁，請她安撫女兒，她點頭答應，午餐順利完成。飯後我觀察到女兒欣然與父親一同外出。

下午近三小時半的諮詢時間內，我從讚嘆相對人在遭逢家庭巨變之際還能正常工作，並照顧子女說起，漸次瞭解她對他的仰慕之情、即使知道他在婚前已有知心女友，還是滿懷信心地與他結成連理。她很後悔在他投資失利之際沒即時伸援，後雖改變初衷已無法挽回。我分享他對她的母職非常讚許與感謝，以及對自己的脫序行為深感抱歉，會先撤回對離婚調解的聲請。

當她聽到以上的表述，情緒很顯然地放鬆許多。我也深度同理她對丈夫深厚的情義以及她對家庭的貢獻，至於他們的婚姻關係，還請她仔細考慮後再做決定，她對我的認同非常感動，當下表明她願意撤回履行同居的聲請，並鼓勵孩子們與父親單獨會面交往，她不再插手干預，我鼓勵她是否可以把損害賠償的金額轉化成子女的

扶養費用？她願意將該部分的金額轉換成前欠的子女扶養費用，至於今後的扶養費用，只需依照一般法定扶養費用即可。

與女方會談結束後，男方也將女兒交託給女方，很顯然地，父女會面順利愉快。

三、結案成效分享

本件離婚與履行同居事件如不能成立調解，法院就得以裁判方式結案。就離婚事件而言，因男方有妨害家庭情事在前，離婚之訴將遭駁回；法院雖會附帶裁判子女應與男方會面交往，男方並應依法給付子女扶養費用，然而，裁判後親子會面是否順利，就難有把握。

至於女方所請求的履行事件，因男方無不履行同居的正當理由，女方雖會得到勝訴，然男方不會回家，女方依法也不能強制履行。這種以裁判的最終結果，雖法院忙了一場，然對雙方家庭沒能達到徹底解決紛爭的效果，就會留下遺憾。

筆者為補救以上的不足，才會以裁判之外的方式處理本件，不僅引領調解委員為雙方及其子女提供諮詢服務，以確實瞭解家庭的生態與動力關係，還親自在調解委員所努力的基礎下加碼關心他們，協助發現並傳遞彼此的亮點，讓他們能夠看到彼此的善意，終能顧全子女的利益而能做合作的父母。這就是本件結案的主要成效。

至於離婚訴訟既經男方撤回，已無需審理，至少他們經由法院的處理，較能瞭解彼此的想法與善意，對他們以後是離是和，也能立下較為理性的商談空間，這也是本件結案的另一成效。

溫馨小叮嚀

♥ 夫妻雖緣盡，父母情未了，這種「緣盡情未了」需要彼此放下情緒，才能真正面對問題，也才能理性處理已存在的傷害。

☐「案情概述」、「專業觀點與策略」&「溫馨小叮嚀」撰述者：張龍珍
- 臺灣臺北地方法院家事法庭調解委員 12 年
- 國中小教師年資 30 年

暮春——尋找自我

引言

法院不只是「以理論法」的地方！在這個「公說公有理、婆說婆有理」的訴訟裡，法官和調解委員「以情論法」，協助當事人看到彼此的生命軌跡，看到彼此心中的欲求和委屈，並協助當事人各自面對「自我發展」的生命議題。這個故事提供了很好的省思。這對銀髮夫妻結束了四十五年的夫妻關係之後，若能以純然的父親和母親的角色進行連結，心靈可以更自在。

案情概述

淑月焦躁地說「我已經忍了幾十年了，再也無法忍下去了」，中等身高、白淨圓潤的外貌，歲月顯然未在她六十歲的臉龐留下刻痕。淑月悠悠地敘說起往事。

「我十五歲就結婚了，其實那時只有十四足歲」，淑月強調著說。原來淑月和清水結婚時，清水已二十六歲；新娘卻只有十五歲，兩人相差十一歲。身為長女的淑月在十一歲時，唯一的哥哥因意外事故死亡，所以，雙方家長談好讓清水在淑月十五歲時招贅到吳家，兩人生的第二個兒子從父姓陳。兩人婚後生下二子二女，次子從父姓，也已經四十歲了，四個子女都已經成家立業，而且孩子對父母都很孝順，分別給父、母兩人每月各一萬元生活費。

清水除了耕種祖傳的農田外，平日是以打零工來維持家庭生計，既不識字，也沒有像淑月一樣再去唸補校，每天工作後的晚餐，都要喝酒。除了抽菸喝酒的壞習慣外，更常常罵淑月；淑月現

在只有過年時才回山上。但難得見面，清水仍是粗魯罵人，也會打電話質問和要求淑月回家看他。

淑月說起兩人的婚姻生活，時而低頭拭淚、時而咬牙切齒！淑月除操持家務、照顧孩子，也曾到成衣廠、電子公司上班賺錢貼補家用。在家裡時，總被先生用時短時長的難堪字眼咒罵和嘮叨著，甚至幾次動粗打她。終於，淑月受不了清水的粗魯、咒罵和打她的事，十多年前獨自搬離開家，和女兒同住市區，還去念了補校、學習日文、和鋼琴彈奏，最近還考上技術學院夜間部日文系。淑月說「我家的人不是大學畢業，就是有高中學歷，不像他那麼粗魯、沒有家教、品格差」、「我認為人的內涵十分重要」、「先生雖然要我回家，但卻對我不好，這個婚姻已經沒有意義，他卻堅持不願意離婚，但是我們爭吵不斷，我沒辦法才來提婚姻無效的訴訟，因為結婚時我才十四歲，未成年啊！」

淑月說：「幾十年來常常被先生以『幾字經』咒罵，心理上屈辱不平」，淑月的媽媽在世時曾問淑月對清水的評價，淑月真實地給了不及格的成績，媽媽還為此向淑月道歉！因此，淑月是「一心一意想離開，這個婚姻使我的人生痛苦、沒有意義」、「十年、二十年、三十年、四十年都過去了，能這樣繼續下去嗎？」、「也思考很久！這人生我哪甘心？」

終於，兒子回應說「不參與父母間的問題」，女兒也傳簡訊說她「不干預，但希望媽媽追求快樂」。淑月擦擦汗水接著說：「我一輩子沒有進過法院，也不懂！很擔心、很害怕，但是委員願意讓我慢慢說、慢慢想，我很感謝！對離婚這事我的意志很堅定」，也認為「不必維持表面的假象」。

「我已經七十一歲了，也不想再來這裡！」清水表情略顯緊張而嚴肅，簡略又小聲地用臺語回應著，外表看起來比同年齡的人顯得蒼老，臉和身材都很削瘦、皮膚略微黝黑，他在六兄弟中排行

第三。清水說到自己雖然入贅吳家，但陳家現在兄弟只有三人還在世，三兄弟中除了老么在市區忙著建築業以外，老五還生病（罹癌），而且自己是三人中最年長的，所以，只能靠自己祭拜陳家祖先了！清水回想這四十五年，辛勤努力地耕種和工作養大孩子，雖不富裕但也不缺吃、穿！吳、陳兩家的祖先都一樣地看待、一樣地照料祭拜，唯一嗜好只有工作後的晚餐喝一點小酒，怎麼就弄得夫妻分居兩地十多年，「太太一直不肯回家，任由我孤單地和大兒子住山上，和負擔起祭祖拜拜、照顧祖墳的所有事情。像我這樣不會賭、不會嫖、會照顧家庭和小孩的先生，怎會落得要被離婚的下場呢？天下有這道理嗎？我的冤屈要向誰說呢？」

後來調解委員邀請清水與太太會談溝通問題時，清水卻表達不願意會談，但是清水用臺語簡要地說：「算了！我同意離婚！」

當法官邀請雙方說話時，清水激動地用臺語說：「看她要怎麼處理祖先墳墓和牌位啦！最好是各家的自己拜啦！」、「我的條件只要山上老房子不賣掉」，法官仔細詢問和處理雙方財產，就這樣他們同意結束四十五年的婚姻！

法庭結束後，淑月步出法庭發現竟已下起濛濛的春雨，她望著人行道旁的盛開著各色花朵，心中有說不出的輕鬆感覺，腳步不自覺地輕快起來！

專業觀點與策略

(1) 耐心聆聽當事人的生命故事，要非常接納當事人每一次會談的狀態，讓當事人可以慢慢說、慢慢想、慢慢釐清、慢慢討論，使當事人能自己思考和做出決定，調解室中只要當事人願意，什麼都可以諮詢，心理輔導背景的委員同理、接納、尊重案主，敘事之中當事人自我發覺、自我省思、自我分析釐清，當然調解委員對輔

導諮商的保密、中立等等倫理也是極為重要的要求。

(2) 協助當事人以理性、平靜心情分析婚姻生活，彼此相處、溝通的狀況，再以各種狀況盱衡雙方，協助雙方看看現況、思考未來，並以正向又有利於雙方的方向去做思考和選擇。

(3) 這對夫妻分居十多年，兩人的婚姻早已名存實亡，當事人和兒女其實是心知肚明，因此，雙方在第二次談話即同意離婚，實是兩人十多年間互動，已明瞭婚姻的的確確已經無法挽回了。因此相對人願意立即同意離婚，迅速清理戰場止血，希望不要再進法院以獲得平靜的晚年生活！

(4) 雙方長達四十五年婚姻，雖是基於現實需要和父母之命，但其間也共同生活和生養子女，婚姻結合之前沒有愛情基礎，婚姻中亦未萌生愛情，更沒有經營出兩人的愛與情分，終至對子女和家庭的責任完了，婚姻也完了！亦即兩人婚姻生活中，沒有兩人世界的相處和經營，生活中的一切只有子女和柴米油鹽的現實，兩人的摩擦與嫌隙日增，再加上口語上指謫、批評、咒罵……，終至再也無法忍受而距離更遠了。

(5) 男方似乎不懂配偶之求新、求變、求上進，反而困守在工作、貧苦的山間和祖先傳統等，堅持留在山上而不新、不變、不上進，加上兒女在都市的資源和支持態度，配偶的求去已成定局了！

(6) 對於婚姻現況，或決定未來婚姻的形式，每個人均有其不同考量，本案之女士不願意再以分居形式維持婚姻，且堅決要結束婚姻。除了兩人生活觀念、背景差異極大之外，先生在婚姻生活上，一直以傳統男尊女卑，個性上沒有耐心、頑固、僵化的大男人對待太太。太太在六十歲以後的歲月，想要勇敢地為自己而活，讓自己海闊天空生活的決心，實在非常強大，真是不能小覷！

心理諮詢觀點

近年來，許多國家的離婚族群，都出現「銀髮離婚」（grey divorce）的現象。淑月和清水的故事就屬其一。

美國有研究人員利用社會調查機構 General Social Survey 於一九九四、二〇〇二及二〇一二年，就市民對離婚態度取向的數據進行分析，此分析研究把隨機抽樣的受訪者分為多個年齡層，再問他們是否同意離婚是解決婚姻危機的最佳方法。談到銀髮族群的離婚議題時，研究人員認為，越來越多年長人士同意離婚屬可接受的解決方案，是由於他們傾向不再被一生一世的婚姻價值觀規範。研究人員相信，隨着年長人士更接受離異，未來「銀髮離婚」的數字將繼續上升。原因之一是，價值觀隨著時代的演進更迭，人們相信自己一個人過可以更開心。這些提出離婚的長者認為，離婚不是丟臉的事，也沒有必要為了另一個人犧牲自己未來的幸福，最重要是活得開心和隨性。

另一個原因是，醫療保健也隨著時代的演進，人們的壽命預期可活得更長，於是想把握下半場人生重塑生活的想望逐漸提升。我們也可以看到，周遭部分年長人士步入退休階段後，與結婚多年的伴侶有更多相處時間，卻發現二人相處不如想像般如意，因此決意離婚，開展新生活。

淑月和清水結婚之初，背負著各自的原生家庭的任務，走進婚姻。辛苦一輩子，完成了原生「家庭」的任務，她在進入耳順之年時，勇敢追求自我。對淑月而言，這不是幾天或幾週短時間之內所做出的衝動決定，這是她長時間自我成長，自覺之後所訂下的理性目標。她的外出工作，讓她有機會接觸家庭以外的世界；她的繼續學習，給了自己機會思考自我的定位和生命的意義。因此，她的自我圖像越來越清晰。自我圖像對人們來說具有極大的重要性。

　　人生而具有自我意識，會為自我勾勒自我圖像，並盡可能貼近這幅圖像去行事為人。當淑月的自我意象越來越清楚時，她的自信也隨之增強，因而，她有勇氣在耳順之年，提出了結束夫妻伴侶束縛的訴求，為自己爭取自主的空間。

　　相對的，清水處在自我成長發展曲線的另一端。清水接受了父母之命入贅當吳家的女婿，保住了陳家命脈也延續了吳家的香火；他深居山上守住了一方田地，日出而作、日落而息，努力耕種，和淑月一起養大了子女；長年來，他從不間斷地照料著陳、吳兩家先人的牌位和墳地。清水的人生故事就是這樣按照原生家庭和淑月的原生家庭所安排的人生劇本上演著；在這個舞台上，幾乎不見他自我發展的軌跡或影子。

　　但，他是一個「人」，一個活生生的人啊！他有屬於個人的感覺、情緒和需求。不過，這個自我圖像沒有被探索與澄清，似乎，他也不清楚自己是怎麼回事。到頭來，成長經驗和個人內在系統的交互作用下，其因應事情的方法就是直覺反應式模式。也因此，在自覺意識不足的情況下，心情起伏的時候抽抽菸、喝喝小酒，親密關係衝突時對著老婆發脾氣。清水和淑月兩人的伴侶關係隨著時序更迭漸行漸遠之後，這個婚姻故事有了這樣的一個結局。

　　子女的不介入和尊重，給了淑月和清水處理婚姻關係的空間。淑月勇敢前行，得到了她想要的自我空間；面對被要求離婚，清水雖然有情緒，但他面對現實，成全了淑月的訴求。

　　這對銀髮夫妻結束了夫妻關係之後，內在若能真正和解，假以時日，兩人在家人關係裡以純然的父親和母親的角色進行連結，心靈應該感到更自在。

法官觀點

一、法律訴求解析

本件女方最初是請求確認雙方間的婚姻無效,[2] 其目的是想透過單方的請求即可盡快地結束彼此間多年以來有名無實的婚姻關係。[3] 其實,本件請求於法不合,筆者本可依法駁回她的請求,即可結案。[4] 然經開庭審理後發現雙方間的婚姻關係可以透過離婚來解消,建議女方改變訴之聲明為離婚。

由於本件雙方的年事已高,他們的孩子也早已長大成人,所以本件就是單純的離婚與剩餘財產的分配,至於如何協助他們可以好散離婚,是本件的關鍵。

二、法官審理方式

開庭時看到雙方關係十分疏離,雖女方在庭上已表達急於解消婚姻關係之情,然男方看似仍有遲疑之色;當下想要協助雙方好散不很容易。原想開發雙方身邊的助人資源,請他們的子女共同協助父母離婚後的安養,可惜子女們未能積極參與。

對法院而言,雖專以裁判解消雙方婚姻關係並非難事,然裁判後有輸有贏,敗訴者一旦不服還可上訴救濟,如此一來一往所花費的時間與勞力不說,還更惡化彼此間之嫌怨對峙關係,有形無形造成家庭關係的裂痕,影響家人身心至鉅,另為顧及男方的安養,實令筆者不敢逕以裁判結案。

---

2. 參酌民法第 980 條規定:男女未滿十八歲者,不得結婚。
3. 女方本想提出確認婚姻無效之訴可以單方面的請求即可解消婚姻關係。
4. 參酌民法第 989 條規定:結婚違反第九百八十條之規定者,當事人或其法定代理人得向法院請求撤銷之。但當事人已達該條所定年齡或已懷胎者,不得請求撤銷。本件雙方早已達法定的結婚年齡,並已育有成年子女二人,既已符合本條但書規定,即無法請求撤銷婚姻關係。

　　為要避免裁判結案所造成的後遺症，就須以裁判外的方式協助雙方好散，然而如何善了這段先天不足又後天失調、並還糾葛了長達四十五年的婚姻關係，則需多費苦心。

　　筆者除當庭宣說以裁判解消婚姻關係的缺失，以及好散離婚較可滿足雙方客製化的需求，並對他們的處境表達關懷之意，同理他們要消化情緒、轉換心意需要時間，會耐心等待外，旋即委請兩位調解委員分別為雙方提供心理諮詢服務，藉由同理情緒、釐清思緒，並從中穿梭傳達彼此的善意。

　　他們在調解委員們愛心耐心的引導以及啟發與陪伴下，逐漸轉變心意。再加上筆者在開庭時適時分析法律的現實層面，雙方醞釀了一段時間後，終能跨出前所未有的人生一大步：努力看到彼此對家庭的付出與貢獻。男方終於願意點頭好散離婚，女方也盡量滿足男方在離婚後的生活需求。

三、結案成效分享

　　本件的結案成效在於法院成功轉換原先不合法為合法的請求，[5]再經由法院工作團隊間的密切合作，終能協助雙方好散離婚，並兼顧了雙方安養的需求。

溫馨小叮嚀

♥ 沒有哪對夫妻的相處模式是一定對的，也沒有哪一對夫妻的相處模式一定不對；但一定要每一個人都努力和負責地去適應對方。但是當你要對方適應你、做一個符合你要的配偶時，夫妻的危機瞬間即來到眼前！

---

5. 法院先為聲請人解釋法律的規定，經聲請人變更本件為離婚之請求。

☐「案情概述」、「專業觀點與諮詢」&「溫馨小叮嚀」撰述者：許明珠

- 輔仁大學歷史系畢業
- 國立政治大學教育與心理研究所輔導組四十學分班結業
- 擔任臺灣臺北地方法院家事法庭調解委員 12 年
- 教職生涯 29 年，任教於國民中學，擔任導師、輔導老師、註冊組及教學組長、教務及總務主任……等職務

原來都是因為沒有愛

引言

男女案主對家庭與子女的付出，在愛情的天秤下，讀者心中自有一把尺。大偉覺得自己只是一匹種馬，美玉結婚只是為了要有小孩；婚姻之路是回不去了。對於年幼無知的子女在經歷父母親離婚時會產生恐懼、害怕與思念另一方父母親的多元心情，離婚的夫妻若能體會孩子可能經歷上述的各種情緒，那麼就能更稱職的扮演合作父母，將子女的傷害減到最低。祝願孩子們都能身心健康的成長。

案情概述

美玉身材修長，衣著樸實，口語表達清晰流暢，從小認真課業，一路讀到研究所，畢業後任職公立高中。小時候看到父母感情不睦、吵吵鬧鬧，覺得婚姻不值得期待；工作後兩個哥哥都已結婚離家，自己住在家裡與媽媽做伴，日子過得很安穩。不知不覺發現同學、同事都結婚了；雖然有些人婚姻不和諧離婚，但因為收入穩定，有能力獨自撫養孩子，生活很有重心。美玉動了結婚的念頭，經由朋友介紹認識大偉。

大偉是化工學士，在竹科工作，身材高，長相斯文，工作穩定，最重要的是，大偉也願意婚後有孩子。兩人交往時，大偉住新竹，美玉在臺北，平日以電話或視訊聯繫，假日才有機會見面，兩人交往一段時間就步入禮堂了。

婚後美玉先是住婆家，大偉依舊是週末才回家，大偉的三個姊姊們則是經常出入娘家，美玉在婆家有如要面對四位婆婆，深感生

活不適應，就以上班不方便為由搬回娘家，週末才住回婆家，與大偉兩人過著典型的「週末夫妻」生活。對於美玉不善做家事，平日住回娘家，又沒有懷孕的意思，婆婆頗為不高興，覺得美玉是個不盡責的媳婦。

　　大偉因此辭去新竹的工作住回臺北，希望能與美玉共同生活，然而辭去工作容易，重新找工作並不順利，大偉因此賦閒一段時間，好不容易找到差強人意的工作。

　　美玉晚婚，婚後兩年無法順利受孕，擔心高齡產婦對母子健康不利，於是提出「人工受孕」，大偉認為不急，也沒有錢支付昂貴的相關費用。美玉覺得大偉不體貼且毫無擔當，於是表明願意自己負擔費用，大偉才答應配合完成受孕手術。

　　美玉懷孕後，因通車勞累，即以工作地點靠近娘家為由搬回娘家。女兒小珍出生後美玉順理成章在娘家坐月子，大偉為了幫忙照顧美玉母女，也只好住進岳家。

　　大偉在家是媽寶，茶來伸手、飯來張口，住進岳家總是待在房間裡「玩電腦」；美玉覺得自己因坐月子無法分擔家事，大偉不應袖手旁觀。且小珍罹患異位性皮膚炎，從小難帶，美玉和媽媽母女兩人忙著照顧小珍，大偉對孩子沒耐心，幫不上什麼忙。

　　大偉因為住進岳家飽受親友笑謔，假日帶著妻女和岳父母出遊就會被說成「入贅」，大偉覺得不舒服，因此美玉提議買房自組小家庭。大偉覺得母親家房子寬敞可住，加上目前沒有足夠積蓄，買房壓力太大；美玉則認為婆家離上班地點太遠。雙方遲遲無法達成共識。

　　美玉為了增加收入，下班後兼職家教工作，女兒由大偉獨力照料，為此大偉經常抱怨，美玉覺得大偉非但不體諒她的辛勞，照料小珍也不盡心，對大偉十分失望！

　　一年多後，兒子小明出生，美玉安排將小明交給母親照顧、小

珍由婆婆照顧；但小珍不習慣祖母的照料，經常哭鬧，大偉只好常回家幫忙，夫妻兩人幾乎是分居狀態。

　　兩人自此常為生活費、家務分擔、子女照顧等事發生口角。一次大偉聲色俱厲說：「寧願把錢拿去養別人也不要養妳，什麼都不會，沒家教！」還想拿刀攻擊美玉，被母親與姊姊勸阻，就摔椅子洩憤。還有一次，全家逛百貨公司，小明和小珍看到玩具吵著要買，美玉勸不住，小明坐在地上又哭又鬧，美玉忙著安撫小珍，希望大偉幫忙安撫小明，不料大偉卻站在一邊破口大罵：「當什麼媽媽，一點都不會教孩子！」大偉完全不理會越哭越凶的小明已經引來許多路人注目。回家路上兩人又起口角，大偉不顧一雙稚齡子女，一邊大罵髒話一邊超速行駛做撞車狀，導致兩個孩子驚嚇不已，做了好幾天惡夢。

　　美玉任教的學校與婆家一南一北相距甚遠，美玉一直希望自組小家庭到外面住，多次和大偉商量，買一個靠近任教處所的房子，大偉認為臺北市房價太高，且父母的房子夠用，買房子負擔太重，不要自找麻煩，除非美玉自費購屋。美玉則認為購屋是兩個人的事，應共同承擔，且要求購屋要以自己的名字登記。最後兩人達成協議先租屋，地點折衷選在兩家的中間點。

　　雙薪家庭沒有長輩的協助是很辛苦的，特別是子女年幼的時候。美玉和大偉仍經常為了家事與照顧孩子的分工，或家庭支出由誰買單而爭吵，大偉覺得美玉深受岳母影響，較為強勢；而岳父母長期分房也成為他們的婚姻生活模式，覺得自己的婚姻生活有名無實。美玉對大偉有事相求時，大偉常以房事作為交換，讓美玉對房事產生排斥感，兩人的互動也因而漸行漸遠。美玉受不了大偉的我行我素，多次爭吵後就帶著孩子住回娘家，大偉本以為美玉氣消了就會回來，等了三個月不見美玉返回。租約到期，大偉就退租搬回父母的家了。

　　小珍三歲，美玉安排小珍就讀娘家附近的幼兒園，由外祖父母幫忙接送上下學，大偉則不再出現岳家。美玉覺得大偉應分擔孩子的學費和生活費，兩人為此再起爭執，大偉認為美玉住回婆家自然沒有這些問題。

　　美玉覺得大偉易怒，無法控制自己的情緒，不適合和孩子相處。自己有能力獨自照顧孩子，大偉只要分擔教養費即可。大偉則覺得自己好像只是個種馬，美玉結婚只是為了要有小孩。雖然如此，孩子既已出生，大偉不想離婚，只希望美玉能回心轉意，重新共同生活。

　　美玉與大偉為了相同的事情反覆爭執，沒有共識，自然也無法獲得結論。美玉常常覺得「自己做得要死要活，也沒被看到！」，尤其痛心大偉無視於她的付出與感受。看著婆婆任勞任怨地照顧中風的公公，卻被公公視為理所當然，毫無感謝之意。美玉驚覺大偉是以公公為榜樣？當婆婆對美玉說：「大偉對妳已經夠好了！」，美玉覺得被侮辱與踐踏。頻繁的爭吵使兩人之間的感情一分一分的減退，美玉對維繫婚姻感覺無比疲累，美玉下定決心結束婚姻。

　　經過半年四次的調解，兩人衝突大且歧見甚多，美玉堅持離婚，同意子女由雙方共同監護，基於手足不分離的原則，由美玉擔任主要照顧者。

　　大偉認為自己沒有外遇，也沒有家暴，堅持不肯離婚，他認為自己與兒子互動較親密，願意承擔照顧責任。其間大偉為挽回婚姻也曾答應看房買房，美玉也不再堅持買在臺北，但是卻遲遲未見大偉後續動作，令美玉不再期待。雙方對離婚沒有共識，調解至此難以突破，法官因本案兩名子女尚年幼，雙方需先完成「子女照顧計畫」，進而安排美玉與大偉接受親職課程與婚姻諮商。

專業觀點與策略

這個案件看似簡單，實則體現許多年輕夫妻的家庭問題。

首先，男女主角說是經過戀愛交往才結婚，但是以「電子情人」的方式，雙方缺乏足夠的互動，彼此的婚姻觀與價值觀仍在摸索階段便匆匆步入婚姻。加上美玉平日住回原生家庭，夫妻仍延續分隔兩地的生活，成為典型的「假日夫妻」。

婚前認識不足，婚後初期又缺乏相處與溝通，美玉從小處於父母關係失和的生活中，看見父親對母親的口語暴力，與不負責家計的行為，對父親由愛生恨，與父親關係疏離，不知不覺帶著原生家庭中的夫妻相處模式，進入自己的婚姻生活。美玉自認把握時間生孩子是智慧的，僅滿足個人主觀的需求，忽略大偉「種馬」的感受，其無奈與難堪的心情難以名狀，夫妻關係之冰冷可見一般。

由於這個案子涉及兩個年幼子女，法官除了安排婚姻諮商外，要求兩造參加親職課程，在審理及安排調解上非常用心，特地為本案帶領兩次團督，提供調解策略，並進行庭上調解，延長調解時間，促使兩造落實親子會面交往。調解中訂定照顧計畫時，把握「子女的最大權益」原則，畢竟當父母失和、子女由一方擔任主要照顧者時，子女常會為了向主要照顧者「輸誠」，而有意無意甚至刻意疏離乃至敵對非主要照顧者。協助美玉與大偉在訂定「子女照顧計畫」時，特地送兩人《父母離婚後──孩子走過的內心路》一書，請他們回去參閱，期待兩人能深入瞭解孩子需要父母共同照顧的心聲，把孩子的利益放在最優先考量。

美玉是教育人員，對自己獨力教養子女十分自信，認為靠自己就可教育好孩子，所以特別與之溝通，為了突破美玉對教養孩子的迷思，在最後一次的調解中，運用「家族系統排列」協助美玉探索家庭成員間的動力狀態，嘗試調整被擾亂的家庭系統，以期降低父

母離婚對子女造成的傷害。調解委員引導美玉以人偶排出每位家人的位置並說出每位家人心中的話，當說到小明的心情時，排列圖中，小明是唯一完全看不到大偉的成員，調解委員試問：「此時小明的感覺？」美玉回答：「小明自出生以來就習慣爸爸只在週末出現，他對爸爸沒有感覺！」再問：「您覺得小明帶著對爸爸沒有感覺的成長會是？」美玉當場崩潰大哭，生氣地拒絕再進行下去。經過調解委員疏導情緒後，美玉深深表達歉意與感謝。離婚對大人來說是「一個終點」，對小孩來說卻是「一個不確定的開始」；美玉透過這樣的協助，終於能從孩子的立場來看待父母的角色，主動積極地協助大偉順利進行親子會面。

當父母陷於離婚訴訟中，未成年的孩子所承受的壓力絕不亞於父母，甚至有過之，倘若沒有及時給予適當的輔導，未成年子女的心理發展會受到極大的傷害，未成年子女在經歷父母親離婚時會產生以下的情緒：

(1) 父母離婚令孩子非常恐懼、害怕。

(2) 父母離婚令孩子傷心和思念另一方父母親。

(3) 父母離婚令孩子煩惱、擔心。

(4) 父母離婚令孩子感到被拒絕。

(5) 父母離婚令孩子感到孤單、寂寞。

(6) 父母離婚令孩子對雙方父母親的忠誠度產生衝突。

(7) 父母離婚令孩子憤怒。

(8) 父母離婚令孩子自責。

漫長的訴訟過程，美玉能順利地讓大偉進行每週的親子活動，願意與大偉做「合作的父母，共同照顧孩子」。大偉對過去的言行表示歉意，也對美玉辛苦照顧與教養子女表達謝意，希望能與美玉繼續維持婚姻關係。美玉對於婚姻中飽受大偉的嘲諷式言語難以釋懷，對於婚姻中的權利義務也覺得無力和無心承擔。經過分居這段

時間，心情上和生活上已趨於平靜，對大偉已無期待。

當美玉和大偉能體會孩子可能經歷過上述的各種情緒，那麼就能更稱職地扮演「合作父母」，把離婚對孩子的傷害降至最低。

大偉最終瞭解並接受美玉的感受和心情，兩人達成離婚協議。看著他們平靜地步出會談室的背影，祝福他們更有智慧地處理婚姻和親子關係。

心理諮詢觀點

關係的發展是一個動態的歷程，美玉與大偉從各自的「我」朝向「我們」的伴侶旅程，遇到了極大的困難，無法再繼續前行，因而，結束了婚姻關係。

家族系統理論大師包文（1971）曾經說過：「婚姻關係中雙方相互承諾，兩個人……融合成一個情緒共同體。這些他們用來處理情緒上磨合的各種機制，構成了他們的生活型態，同時也導致未來即將面對的各種問題。夫妻因應磨合上的不適，有各種各樣的方法，最普遍的一種就是在情緒上跟對方保持距離……，除了情緒上保持距離……還有三個重要方式：婚姻衝突、夫妻其中一方生病或失去功能，以及將問題投射到孩子身上。」

美玉，在原生家庭中是有兩個哥哥的么女（也是獨生女）；大偉，在原生家庭是有三個姊姊的么兒（也是獨生子），這兩個帶著原生家庭備受照顧的「自我」生命風格的人，經由姻緣這偉大力量的運作，結為夫妻伴侶，要承擔家庭責任發揮家庭功能，是件極具挑戰的事情。過程中，兩人雖曾做過努力，終究進展有限，沒能成就圓滿的「我們」圖像。從「Bowen 系統理論」的觀點看，原則上，有妹妹的長兄與有哥哥的么妹是最理想的伴侶組合，因為身為老大的先生習慣照顧妹妹、承擔責任與做決定，身為么妹的太太習

慣扮演被照顧者，也習慣追隨兄長，因此，成長的經驗在伴侶關係磨合發展階段，很自然地互補配合，因此較順利地成就相對圓滿的伴侶關係。對照之下，老么與老么的結合，家庭運作及相處上困難度就很大，就如美玉與大偉這對伴侶。

　　當然，婚姻關係中，手足的配對組合並不一定都會複製原生家庭的經驗。自我分化比較成熟的人，在選擇伴侶進入婚姻關係時，就比較不容易受到原生家庭養成的習慣所左右。自我分化越成熟的人，不易被情緒支配，較能分清也能兼具理智與感情，較能兼顧個體與群體，也比較能夠發展出理想的關係。

　　在這個故事裡，美玉從小耳濡目染不怎麼圓滿的父母伴侶關係，這個經驗建構了她對於婚姻的認知，原來不對婚姻抱持希望，後來只是因為「年齡不小了」，姻緣也到了，就進入這關係中；同樣的，大偉也處在類似的歷程中。包文提過，人們傾向於與自我分化程度相同的人結婚。美玉和大偉這兩個不夠成熟的人，自我分化程度差不多，有緣相互吸引進而交往。過程中，對於理想婚姻伴侶關係的圖像，沒有太多的探索與覺察，進入親密關係後，遇到接連不斷的困難也是可以預期的。

　　美玉與大偉，因為緣起結成伴侶，因為緣滅結束婚姻。過程中，牽連糾葛、衝突不斷，雖然歷經痛苦，在調解委員和法官的協助下，總算達成離婚共識。兩人的夫妻關係已然劃上休止符，他們身為孩子父母的角色則需要繼續扮演。在合作照顧孩子方面，美玉和大偉各有自己的功課，需要尊重彼此，需要看到及肯定對方身為孩子父母的角色。這一輩子的合作父母角色與功課，除了親職知識和技能外，更需要有允許彼此以愛跟孩子連結的空間，父母之愛才能源源不絕流向兩個孩子，滋潤孩子的生命。倘能如此，小珍與小明未來才有機會擁有較圓滿的人生。

法官觀點

一、法律訴求解析

本件是一對年輕夫妻間的訴訟官司。具有經濟實力的女方，在驚覺年紀漸長，想找伴侶成家的現實考量下，無意間遇到了外貌不錯的男方，就倉促決定了婚事。婚後，才發現兩人對婚姻生活的期待大不相同。加上婚後遠距溝通不良的生活，導致婚姻關係漸次失調而不自覺；又執意以人工生殖方式，養育了一兒一女，就更助長了家庭生活上的諸多困境，經數年努力，女方發現夫妻的情感關係仍難改善後，斷然決定向法院請求離婚，附帶請求兩個子女的親權由她單獨承擔，男方應按月給付子女法定的扶養費用。男方則表達他在婚姻關係存續中並無錯失，堅拒離婚，同意給付子女的撫養費用，並請求規律地探視子女。

本件女方在法律上的離婚請求權看似薄弱些，男方在法律上的立場，並非毫無可取之處。若直接進入審判程序，對雙方都有不利。因為官司的輸贏，不僅難以改變夫妻的情感關係，反而更加惡化親子關係，這是法院最要小心避免與防範的。

女方請求單獨親權是本件最值得重視的議題，看來孩子因父母間的失和，已長期缺乏父親的照顧與關愛，需要儘快處理。

二、法官審理方式

本件最值得重視之處在於：男方與子女的親子關係需要盡速確實改善。筆者儘速定期，在開庭時先請他們表達訴求，以及現實生活上有何需要協助之處。女方表達堅持離婚並主張單獨親權。男方表達自己沒有外遇，也沒有家庭暴力，不願離婚，希望能順利看到兒女。女方則表達男方無法提供她及子女的家庭生活，長期都沒有給付子女扶養費用，堅持離婚。

筆者於聆聽後隨即表達關懷之意，接著就宣導好聚好散的優

勢，以及裁判離婚的不足。請他們仔細考慮何去何從？尤其在每次開庭時都會提醒他們，在分居或離婚後，必須學習如何用合作的方式照顧他們所摯愛的兒女。法官會為他們選任適當的調解委員協助他們，務請他們耐心學習。

筆者所確定的調解方向在於離婚部分是好聚好散，親職部分則是合作照顧，而非女方所堅持的單獨親權。看到他們的情緒需要同理，思緒需要釐清，接著把握機會示範並協助雙方學習有效的溝通方式，以上這些都由調解委員以心理諮詢方式分別與子女及父母會談。

本件的調解委員為了協助他們突破合作親職的瓶頸，特地提供家庭系統排列的快速諮商技術，盡心盡力。調解委員承擔了程序監理人的角色，發揮程序監理人的功能，對本件有極大的付出與貢獻，法官沒有向父母請求給付程序監理人的報酬。

猶記這對夫妻在調解過程中，不論是調整關係時，或是學習合作親職時，都花費很多的時間，行政作業上需就調解部分先行結案，由法官進行審判程序。

筆者看到雙方還需假以時日才能消化所學、整理情緒，以及落實合作父母親職的新局面，就不急著直接進入審判程序，反倒以調解委員先前為雙方及子女所做的諮詢為基礎，親自在法庭試行調解。

由先前調解委員所提供的諮詢專業服務得知，女方頗有實力，又有娘家的助力，自以人工生殖女兒時，即已負起小家庭的重擔。長期下來，由於雙方溝通不良，以致她的用心與努力，無法被男方及其家人所認可，在心灰意冷下，又直覺男方無法跟著她一起經營他們的家。自以為憑著她的愛心與實力，就可以完全承擔親職，孩子們並不需要父親，就像她不需要丈夫一樣。此點是在筆者自行調解之時最需突破之處。

每次開調解庭時，筆者都會關心並鼓勵他們在日常生活中，確

實落實之前成立的探視方式。當遇有困難時，就協助他們要以子女為念，就可疏通卡住的想法與方法，這樣來回幾次開庭及調整後，他們的關係確實因為照顧孩子，有了很好的改善，他們終於成為了合作父母，我當庭表達由衷的感佩之情。

在此之後，筆者再確認雙方是否於實現合作親職時，有改善夫妻關係之機會？女方表達她只是配合男方做好合作父母，男方雖然表達不捨，然也無法突破現狀，不過確實很感謝女方照顧好孩子，並配合他規律地探視子女，已大大改善親子關係。

法官在開庭調解時，特地表達婚姻關係不是做對做錯的問題。為人父母的雙方如果沒有緣分繼續做夫妻，還可做合作父母，彼此還有很深厚的關係。

法官隨即個別引導女方，以誠摯的心感謝男方，一起成立了家庭，對家庭有很大的貢獻，只因為她個人的生涯規劃，想過自己的生活，請求男方成全她，她會非常感謝。在子女成年前，非得到他的同意，不會替孩子更改姓氏，以後還會繼續配合男方做好合作父母，這樣，男方比較願意成全她離婚的請求。

法官隨後也個別告知男方，即使本件法官的裁判是不准許離婚，女方也不可能就此回到他的身邊，這點他應可感覺到。就先穩住了現在的優勢，改善了原本不能溝通的困境，也可做個好父親，其他更進的一步的關係，以後還有機會繼續努力。

雙方回去思考後，終於在法官的調解之下達成了以下的共識：

(1) 兩造同意離婚。

(2) 子女親權由女方擔任。

(3) 子女扶養費由男方每月各給七千五百元，健保費也由男方負擔。

(4) 會面交往依照原先協議的方式（略）。

(5) 兩造均拋棄剩餘財產分配請求權。

三、結案成效分享

結案的成效：化解了夫妻間無效的訴訟，穩固了失散的父子女關係。

溫馨小叮嚀

♥ 每個孩子天生就享有父愛與母愛的權利，為了子女人格健全發展，離婚夫妻要積極安排子女與沒有同住的一方穩定而持續地交往。

☐「案情概述」、「專業觀點與策略」&「溫馨小叮嚀」撰述者：許惠寶

- 臺灣臺北地方法院家事法庭調解委員 11 年
- 衛生福利部安心專線兼任輔導員 3 年：提供全國民眾面對生活、學業、工作或其他事件造成情緒困擾、壓力或自殺問題。陪伴民眾度過心理低潮的危機，並肩負自殺危機處理、聯繫警察機關進行緊急救援的任務
- 臺北市家庭教育中心諮詢志工：民國八十年至今。擔任中心 4128185 諮詢專線之推廣服務，提供臺北市民家庭教育及相關問題之電話諮詢
- 臺北市立教育大學四十學分班輔導組
- 臺北市國小教師、輔導組長，年資共計 33 年

爸爸的一顆巧克力糖

引言

這是一件聲請履行離婚協議的案子。離婚,表示夫妻婚姻關係的崩解、一個甜蜜家庭的解離;分手的夫妻如何學習當合作的父母?如何跳脫自我中心的角度,而試著貼近孩子,以孩子的角度來看待未來?在未來的日子陪伴孩子成長,不在孩子成長的歷程中成為缺席的父親或母親?孩子的需求不多,他在意的是那一份溫馨、貼心,充滿著愛的親情,雖然只是一顆小小的巧克力糖,卻含著濃濃父愛的禮物。親子之間愛的流動,是支撐孩子穩健成長的基石。

案情概述

　　臺北地方法院午後熾熱的陽光,讓焦躁的心,更平添了幾分的波動,聲請人小梅來到調解室,報到後,在長椅上摟著九歲的兒子坐下,一面安撫孩子的情緒,也一面調整自己的心情。

　　一進調解室,小男孩和媽媽黏得很緊。進入調解的開始,調解委員先對當事人能準時出席表示感謝和敬佩她的用心,將調解委員的專業背景作簡短的介紹,說明了保密原則和調解程序等開場的談話,為了讓當事人瞭解當合作父母對孩子身心發展的重要性,和當事人一起讀了一遍「孩子的十大權利」,媽媽也瞭解在兒子成長的生命過程中,媽媽不是唯一能陪伴他的親人,他也需要爸爸角色學習正向模範。這時孩子的情緒也穩定了下來。在和聲請人諮詢之前,先安頓好孩子,再請聲請人敘述她的故事和問題的重點。

　　聲請人小梅滿腹辛酸地談起故事的原委。相對人大明的職業是

開「臺北—高雄」間的長途巴士司機，為了遷就先生的工作作息，兩人搬到高雄居住，開始前幾年還有甜蜜快樂的生活，但因為先生臺北、高雄兩邊跑，有時候會在臺北過夜，兩人的感情生活因此有了一些變化，單純的兩人世界有了第三者的介入。在大吵一架之後，民國一〇〇年一月小梅搬回臺北居住，同年三月兩人辦理了離婚手續。後來大明於民國一〇〇年十一月再婚，次年二月生了一個女兒，住在新北市。

離婚後，相對人每月支付一萬六千元的扶養費，也會打電話給小梅和小孩。但隔年六月之後，就不再支付扶養費也沒有電話聯絡，後來協調每月改付八千元的撫養費，結果也沒有做到。單單靠她一個人在電子工廠上班的微薄薪水，難以支付每月房租七千元和孩子安親班約八千元的家庭經濟開銷，有時甚至需要變賣金飾以支付家裡的生活所需。

小男孩在小學三年級時，發現有注意力不足過動的症狀（ADHD），需服用藥物控制，好幫助他改善學習狀況。平常喜歡打棒球，但在學校下課時間，通常一個人在校園走來走去，玩伴很少。放學後，上安親班補英文、數學到晚上八、九點，等媽媽接他回家，母子兩人相依為命，感情上的依附很深。在談話中，媽媽流露出對生命的不甘心、對孩子的不捨，和對前夫的怨懟。

接著和孩子做個別諮詢，孩子表現得很活潑不怕生，來來去去地走到白板前，在白板上畫上幾條曲線，有模有樣地扮演著氣象播報員，有很強的表現欲，和調解委員很快地熟稔而打成一片。但當觸及家人，或在家裡及學校的生活時，就不願多說，他畫了一個大巨人把一個小孩逼到角落，後來又把那個小孩吃掉，當他述說著這個故事時，似乎反映著一種不安、恐懼和無助的心情。

第一次調解時，相對人沒來，過了兩個月再做第二次調解，當事人都來了，法官安排了三位調解委員，先對三位當事人做個別諮

詢，然後再安排一起會談調解。

在個別諮詢中，聲請人說到家中經濟的困難，健保費從一○一年八月到一○二年三月共計九千多元沒有繳納，後來申請了貸款可以分期繳納，心裡一直擔心健保卡被停卡，連孩子生病都不敢帶去醫院診所看病，只能到藥房買成藥來吃。家裡沒有錢，孩子很想學溜冰，每次接孩子回家路過溜冰鞋店，就吵著要學溜冰，一次又一次地拒絕孩子的要求，說家裡沒有錢的時候，眼眶充滿淚水。現在只希望相對人能趕快支付扶養費，讓她付清健保卡的欠費，可以安心地帶孩子去看病。

大明再婚後四個月，就添了一位女兒，待業在家有一段時間了，最近要照顧生病住院的丈母娘，生活經濟也不寬裕，面對目前的問題，心中也有些說不出的苦。

在安排會面調解時，小梅累積了過去對大明的怨和恨，也帶著擔心和不信任的情緒，這些情緒也影響著孩子。小梅拒絕和大明會談，也拒絕讓孩子和爸爸會談，她擔心會談中大明會用語言傷害她和孩子，影響孩子的心情及學習情緒。

為此，再次讓小梅瞭解諮詢提供協助的功能，閱讀瞭解孩子的十大權利，認清孩子目前的困境，不只是物質的不足，也呈現出心理上需求不足的行為問題。請她相信調解委員們的專業，當個合作的父母，能讓一個解離的家庭，建構成孩子兩個新的家庭，不只幫助兩個大人，也一起為孩子舖一條健康有希望的未來之路。

小梅同意了會談，調解委員請她先和孩子打招呼，讓孩子在等一下的親子會談中有個心理準備，也不破壞原來母子之間同盟的信任關係。

夫妻會談時，小梅的眼神不願直視大明，調解委員讓大明主動表達了對不起，和感謝小梅在照顧孩子中的付出和用心之後，她僵硬的身體放軟了一些，但還是不願意答應現在就讓孩子跟爸爸會

面。調解委員說了一個真實的案例，讓小梅瞭解如果拒絕讓孩子和爸爸建立關係，孩子長大後會把這份缺憾怪罪到母親，而且在人格成長上造成不可修復的傷害。說完之後讓孩子的爸爸和媽媽再一次朗讀「孩子的十大權利」和「對孩子的十大傷害」後，此時小梅的想法有了一些改變，她同意進行親子會談。

調解委員提議爸爸帶一份小禮物送給久未見面的孩子，原來沒有準備的大明一時間手足無措不知怎麼辦才好？調解委員從背包裡拿出一顆巧克力糖果權充見面禮物，這顆巧克力糖後來成為父子間情感流動的最佳觸媒與橋樑。

父子會面一開始，孩子緊緊地躲在媽媽的懷裡，躲避著不願正視爸爸。爸爸在引導下一邊跟孩子說「這些日子爸爸其實很想念、關心著你」，一邊把巧克力糖遞給孩子說「臨時匆忙間只能送這顆巧克力糖，下次會準備一份禮物送給你」。孩子聽了偷偷瞄了一下，達到了會談破冰的功能，在時間的限制下，結束會談。爸爸離開後，孩子把那顆巧克力糖打開來吃，媽媽看見了臉上也露出笑容。調解委員從孩子的動作和媽媽的笑容，那有如從長夜中露臉出來的太陽，看見了未來調解的曙光。

專業觀點與策略

人與人相處、關係的維繫，感情的流動是很重要地推力。合作父母的原動力來自心繫情牽、血脈相連的孩子。

當兩人世界的甜蜜的愛已不再，在心中蔓延與糾結的唯有恨與怨懟。孩子雖然也會成為雙方情緒的出口，但孩子確實是兩人愛的結晶，讓孩子自在地與父母任一方接觸交往，兩人糾結與封閉的心鎖，就被奇蹟式地打開、冰釋。它化解了僵化的想法和態度。孩子能和父母維持良好的互動關係時，父母將更樂意付出，為孩子提供

更多的資源。

心理諮詢觀點

調解室裡，最後親子會談的畫面多麼動人，所有的人，除了這對父母和孩子之外，包括調解委員們，都深深地被當下的氣氛觸動了，每個人的心靈都自在起來。被憤恨和怨懟深埋已久的愛，流動了。

大明和兒子的連結中斷許久，小梅在其中扮演了守門員的角色。小梅拒絕大明與兒子見面，是因為怨恨大明背叛婚姻使然，兒子無辜卻必須承受這樣的苦果。常聽人說，恨的力量比愛來得大，在這裡，小梅對大明的恨，卡住了大明與兒子之間愛的流動。在調解室內，委員分享阿杰的故事，把小梅心中的防衛大門敲開了。阿杰的故事是這樣的：

阿杰是一位研究機構的高級研究員，身高 178 公分，長得很帥，在家排行老二，有一個哥哥和一個妹妹。他有美國長春藤名校的博士學位，五十歲出頭，擁有高富帥的三高條件，卻未婚。

他家是一個中產階級的家庭，住在臺北，父親在南部一家企業擔任總經理的職務，收入頗豐，母親是全職的家庭主婦。平日，母親照顧著他們兄妹三人，父親在南部工作，只有在週末假日回到臺北，全家才得以相聚。

高一時，父親外遇，母親發現了，爸媽大吵了一架。之後，爸爸依舊週末回臺北，但是媽媽從此沒有給爸爸好臉色，兩人也常爭吵。那段日子，他覺得爸爸不應該背叛媽媽，覺得媽媽很可憐，選擇跟媽媽站在一起，不理爸爸。有時爸爸休假回臺北會開車送他到學校，在車裡，他也不跟爸爸講話。日子就在這樣的氛圍中過去。

　　阿杰順利唸完大學，出國留學，拿了博士學位回臺，進入一家研究機構工作。那時，爸爸已經退休回到臺北，哥哥和妹妹也已成家，家裡就剩下爸媽兩人。家裡雖然只有爸媽兩人，他們卻不太說話，一點小事媽媽就會碎碎唸，爸爸不回應，越來越沉默。為了逃避家中讓人窒息的氣氛，阿杰選擇在外租屋，只有假日回家與父母團聚。媽媽由於家務勞動，身體維持得還好，退休後的爸爸身體卻退化得很快。後來罹癌生病了，媽媽會照顧他，態度卻不好，充滿著情緒。週末回家，吃飯時，每當看到媽媽將飯碗重重地放在爸爸前面時，阿杰好難過，覺得爸爸好可憐，媽媽不應該這樣對爸爸。

　　不到兩年，爸爸終於不敵病魔，離開了人世。自此，阿杰就不太回家，不太理會媽媽，因為他認為，如果媽媽對爸爸好一點，爸爸也不會這麼早就離開。他內心裡，對媽媽有許多的情緒。

　　有人問阿杰，條件這麼好，為何遲遲不婚？他回應，除了沒有機緣之外，自己對婚姻及家庭的感覺，多少受到父母的影響。

　　阿杰的父母，沒有因為外遇事件離婚或上法庭。從結構上看，他的原生家庭仍然是一個完整的家，然而，父母的伴侶議題的動力，卻影響阿杰至今，即使他已經五十多歲了。

　　小梅聽了阿杰的故事，領會到其中的道理，接受調解委員的建議，把門打開，讓大明和兒子會面。這是一個很好的決定，也是一個有智慧的決定，因為，這個決定不但重建了兒子跟父親（大明）的連結，也給自己機會放下心中對大明的情緒。當然，改變需要時間，不過，一旦開啟，愛的流動便可展開。

　　這個案例，有爭執、有衝突的雙方都帶著高昂的情緒來到家事法庭，進入到調解室內。「孩子的十大權利」和「十大風險」是將分歧的爭執聚焦在孩子議題的很好工具，是化解雙方衝突的最好媒材。在諮詢中，這兩項工具可以引導雙方成為合作父母的意願，成

為共同努力尋求達成協議的途徑，而爸爸的一顆巧克力糖，巧妙地、溫柔地啟動了父子間親情之愛的流動。

小梅和大明是幸運的，他倆來到家事法庭，有機會得到法官與調解委員的引導與協助。一般而言，法庭是評定是非，對雙方當事人的爭議事件作出判決的殿堂；在庭內，常常看到的畫面是，當事人和代理律師們都各自從法律的觀點進行攻防，每個人的心靈由於防衛機轉的作用，都拿出最有力的資料及方法來攻擊對方。家事法庭的調解機制，轉個彎，從調整家人關係位置切入，催化系統中愛的能量，引導受苦的當事人在茫茫黑夜中找到出口，看到光明的前景。的確，法庭之內是有春天。

法官觀點

一、法律訴求解析

本件聲請人訴求相對人應依照原先約定的離婚協議，給付孩子的扶養費用，至為單純，相對人完全承認應該如數給付，只因他再婚後發生財務困難，以致一時無法照給。本件如果依法裁判，聲請人將獲得勝訴，然是否能依據裁判確實得到這些扶養費用，就另當別論了。

二、法官審理方式

為補救以上裁判結案的不足，因而在審理本件時，筆者不會僅著重在扶養費的給付方面，還會觀察孩子的父母（即本件的聲請人與相對人）在離婚後照顧孩子的狀況，以及孩子自父母離婚後與父母親關係的發展，這些需要由筆者轉介調解委員提供心理諮詢專業服務，讓雙方理性表達意見後才能充分瞭解全貌，再決定本件是否發生了情勢變更，以協助雙方解決本件的爭議。

開庭時，筆者先關心孩子的狀況，並告知父母在離婚後，合作

親職的重要性。由於聲請人對相對人有很深的誤解，因而影響了孩子對父親的印象，所以法官特別為這個家庭轉介了三位調解委員，分別提供專業服務：一是協助他們建立正確的親職觀念，二是指導他們以正向態度相互溝通，三是傾聽孩子的心聲並協助父子會面交流。雙方從理解如何成為合作父母外，調解委員們也協助他們真正落實了父子會面交往，重新修復父子關係。

本件因以上的審理方式，以及調解委員們發揮關鍵性的專業功能；加上筆者發現相對人在離婚後發生經濟窘境，暫時無法如約給付，遂替母子轉介相關的中低戶收入補助資訊，以資運用，雙方因而達成了調解，以階段性的方式給付孩子的扶養費用。

筆者當庭婉言告知雙方，就孩子而言，不論你們離婚與否，兩位是他永遠的父母，除非經濟狀況允許，不能在不利前婚姻的孩子的狀況下，再婚或再生孩子，以免剝奪孩子的權益，務請他們留意。

三、結案成效分享

本件的辦案成效既不在於迅速完成裁判，也不在於即時成立調解。本件結案的成效是能協助雙方掌握爭議事件的根本，就是「孩子的父母在離婚後，正確認知到該如何照顧子女；為了教養子女，如何以正面方式溝通，協助孩子在父母離婚後受到最小的衝擊」。雙方有了以上的學習，今後再遇到照顧子女的困境時，就能本著正向的認識與溝通，自行化解紛爭。

溫馨小叮嚀

♥ 孩子是父母之間愛的小天使：因為愛而誕生，也需要愛滋養他的成長。

♥ 正如朱熹的詩：「半畝方塘一鑑開，天光雲彩共徘徊，問渠哪得清如許？為有源頭活水來。」父母親的愛就是孩子生命的源頭活水。

◻「案情概述」、「專業觀點與策略」&「溫馨小叮嚀」撰述者：陳修丰
- 臺灣臺北地方法院家事庭調解委員 10 年
- 中國文化大學兒童青少年福利碩士
- 臺灣家族系統排列協會排列執行師
- 國小教師退休
- 社工師

放手，因為愛

引言

如何平衡「自我實現」與「家庭責任」，是本案的核心議題。離婚聲請人的先生是個追求理想而忽略經濟現實、無法照顧妻小需要的藝術家，以致於聲請人在婚姻中身心俱疲，無法繼續婚姻生活。更甚者，聲請人在絕望之餘，決定一刀兩斷的離婚訴訟條件，讓父子之間的關係岌岌可危，甚至影響到兒子未來的依附發展……。不是不愛了，只是當愛成為難以負荷的重擔、無法繼續愛下去時，該如何放手呢？

案情概述

從事藝術創作工作的亦飛離婚一年後，在往新加坡的飛機上，邂逅了婉蕎。婉蕎雖然大亦飛四歲，但是兩人外貌、氣質卻十分登對；認識三年後，兩人在婉蕎四十歲那年踏上紅毯。

婉蕎婚後懷孕，於是結束了新加坡的工作，專心當個家庭主婦。兩人居住在距離婉蕎娘家不遠的大廈，這是婉蕎娘家提供的房子；婉蕎是獨生女，父母、兄長備加關愛，出資了三百萬，協助亦飛創立藝術創意公司。

但亦飛是個追求理想卻忽略經濟現實的人，常拒絕理念不同的案子，公司苦撐了三年，血本無歸地結束營業。公司結束之後，亦飛的工作並不穩定，屢因執著於追求理想與東家意見相左，因而辭職自己接案工作；但收入少又不穩定，婉蕎只好請求娘家協助。

曾有固定薪資的講師職缺等著亦飛，但亦飛認為與理想不合、

不願任職；甚至還拒絕了畫廊、藝術學院的演講邀請，夫妻常因此吵架。吵架後，婉蕎就帶著兒子回娘家住幾天。由於沒有收入，一家子生活開銷多靠娘家接濟。幾年下來讓婉蕎認為亦飛只會空談，不再相信亦飛會幫助負責家裡的經濟。

兩年前，婉蕎接到討債公司的電話，原來是亦飛又積欠了約一百萬元的債務。想起婚前已經幫亦飛清償過一次卡債，婚後亦飛不僅沒有負責支付家裡的開銷，卻又積欠了債務，因此與亦飛再次針鋒相對。事後，雖然亦飛家人賣掉了彰化的農地幫亦飛還債，但這次的事讓婉蕎活在擔憂之中，深怕亦飛又會偷偷欠下債務，影響婉蕎跟兒子的安全，也擔心家裡的經濟來源，這些壓力讓婉蕎得到了憂鬱症。

婉蕎跟亦飛討論搬家，住到娘家在郊區的另一間房子，然後將現在的大廈出租，讓娘家有較高的房租收益，來舒緩娘家接濟他們一家三口的經濟負擔。亦飛覺得市區生活機能比較好，小孩就學或他要工作也比較方便，拒絕搬到郊區，這事傳到婉蕎的家人耳中，婉蕎家人紛紛批評亦飛不事生產又不懂得體諒。

兒子小東，聰明活潑，婉蕎對兒子的發展學習盡心盡力。但夫妻倆常因為小東教養上的差異產生爭執，如安排小東上潛能開發課、小提琴課的決定。甚或孩子回南部探視爺爺奶奶，也會是吵架的導火線。

去年初，亦飛懷疑婉蕎交了男朋友。在夜裡追問一則關懷婉蕎的簡訊，這個署名阿邦的人到底和婉蕎有什麼關係？婉蕎希望等天明，小東上安親班後再說，亦飛情緒激動，撞破婉蕎上鎖的房門，婉蕎緊緊抱著受到驚嚇的兒子，兩人蜷縮在床上。當晚夫妻大吵一架後，婉蕎帶著兒子回到娘家居住。之後，亦飛未曾打過電話或到婉蕎娘家看小孩，不聞不問地態度讓婉蕎決定離婚。

去年四月，婉蕎向亦飛提議離婚，亦飛希望能給他半年的時間

再努力看看，屆時還是沒有好轉，會同意簽字離婚的。半年後，亦飛的工作並未穩定下來，但也不願意談離婚的事，婉蕎因此向法院聲請離婚，婉蕎希望亦飛能履行去年同意離婚的承諾；並給付這一年半來孩子的撫養費，也要求償還娘家投資公司的錢，小東改從母姓，由婉蕎監護。

專業觀點與策略

■觀點

(1) 本案歷經四次調解，調解成立。

(2) 第一次調解時，家屬要求陪同婉蕎進入調解室，顯示親屬對婉蕎的關心與涉入。

(3) 從婉蕎對亦飛的要求「償還投資、兒子改從母姓」來看，婉蕎很不滿亦飛的不守信、不負責。

(4) 夫妻緊張的關係中，孩子的權益被忽視，甚至被婉蕎當成個人財產；但兩人都深愛著兒子。

(5) 亦飛懷疑婉蕎的離婚原因是有了第三者，以及受岳母、舅子影響所致。

(6) 亦飛存在被背叛及無法探視兒子的負面情緒，無法正確接收到婉蕎要離婚的原因。

(7) 亦飛心中還愛著婉蕎，不願面對離婚議題。

(8) 亦飛對經濟現實感較薄弱。

■策略

(1) 簡短向婉蕎家屬說明，為求公平，謹同意雙方當事人進入調解室，調解委員並保證雙方當事人能獲得公平的對待，任何一方如有被迫情事，保有隨時要求先中止會談的權利。

(2) 短暫舒緩雙方對婚姻生活的不舒服情緒，讓雙方談談關於離婚的想法，並瞭解雙方是否願意離婚。

(3) 亦飛與婉蕎已經將兒子捲入父母的緊張關係中，除了肯定雙方為兒子的付出及關心，優先考慮子女最佳利益，協助雙方瞭解孩子的十大權利，以及婚訟過程中孩子可能遭遇情緒、情感、行為上的危機（焦慮、沮喪、悲傷、害怕、恐懼、憤怒等負面情緒危機；因為分別對父母親忠誠而產生的情感矛盾危機；以及社交、學習、行為方面退步危機），降低小東在雙親的緊張關係中的傷害。

(4) 以孩子的十大權利，鬆動婉蕎不讓亦飛與兒子見面的想法；協助亦飛與婉蕎討論小東與亦飛會面的時間，降低了亦飛對婉蕎的不滿情緒。

(5) 讓亦飛聽到婉蕎真切的說出：離婚是自己的決定，無第三者，跟別人無關後，亦飛開始接受對方想離婚的原因：亦飛沒有辦法放棄追求理想，也無法照顧到妻小的需求，但這段婚姻的確已經讓婉蕎身心俱疲。

(6) 說明交付裁判可能拉長問題解決的期程，如屆時不服裁判再上訴，處理時間可能更久，裁判也可能更惡化彼此情感，鼓勵雙方能對話達成協議。

(7) 與婉蕎討論：對亦飛提出的要求中，哪些是亦飛有能力做到的？

(8) 與亦飛討論：為了婉蕎、孩子，亦飛能做些什麼？

(9) 最後，亦飛願意離婚，同時慷慨地表示願意負擔小東所有的費用，但亦飛經濟來源仍未穩定。

(10) 引導婉蕎看到亦飛的經濟情形，提醒亦飛須訂定切合實際可執行的養育費用分擔協議，才能使小東照顧計畫穩定執行。

心理諮詢觀點

婉喬和亦飛因愛而結合，也因愛而分手。前者的愛燦爛多彩迷人，沒有生活現實的牽連糾葛；後者的愛清楚理性沉著，有著滋養家庭生命持續發展的能量。

婉喬和亦飛是幸運的，他們在這個家庭生命發展階段面臨重大挑戰時，遇到了法官和調解委員。怎麼說幸運？在這個故事中，法官和調解委員協助兩人處理婚姻議題時，都將重點放在孩子的最佳利益上，這是身處對立衝突中雙方的共識，理由是「他們都愛孩子」。如果沒有法官和調解委員的協助，這股愛無法順利地流向孩子。進入法庭之前，兩人分居已超過一年時間，這段時間裡，母子連結黏著，愛太多；父子連結中斷，愛太少。若是長此以往下去，年幼兒子的發展是令人堪憂的。尤其是與父母的依附連結、依附發展出問題，未來孩子就相對會缺乏愛的能力。

人類最主要的直覺不是性，也不是侵略，而是連結。一位英國精神科醫師約翰・鮑比（John Bowlby）曾說，人們天生就是要愛少數幾個重要的人，這些人會支持與保護我們走過人生的風雨。這少數幾個重要的人中，最重要的就是父親和母親。循著鮑比的觀點，後來傑夫・辛普森（Jeff Simpson）團隊的研究歸納出：人類幼時與父母或重要他人的連結經驗，會發展出三種不同的依附連結型態，這三種依附連結型態為：安全型、焦慮型和逃避型。

安全型的人對於親密和需要別人都能感到自在，不會過度擔憂被背叛或遺棄。這類型之人的行為表達是：「我知道我需要你，你也需要我。這沒關係，事實上，這是很美好的事。因此，讓我們盡量向彼此伸出雙手，更貼近彼此。」

焦慮型的人，情緒較強烈，容易擔憂被拋棄，因而習慣性尋求親密（黏人），以證明自己是被愛的。這類型的人傳遞的訊息是：

「你會在我身邊支持我嗎？你會嗎？表現給我看。我無法確定，再表現一次給我看。」

逃避型的人，通常會淡化情緒，以保護自己不被別人傷害或依賴別人。他們的態度是：「我不需要你在身邊支持，不論你做什麼，我都很好。」

常言說「相愛容易相處難」，但那是在迷霧中沒有道理的愛。家人相處中應是有愛，那是清楚地生活節奏中有道理的愛，是滋養成員生命發展的源泉。婉蕎和亦飛和解離婚後，他們的兒子在清楚的生活節奏中，得以自在地與父母連結，安全型依附連結模式的發展自是可期，愛的能力亦會增長。

法官觀點

一、法律訴求解析

本件女方的訴求有五：請求離婚、兒子由她單獨親權、改成母姓、男方應給付前欠子女之扶養費用，以及娘家出資協助開設公司的款項。

從女方的訴求看來，她不僅想以本訴與男方一刀兩斷，甚且切割兒子與父親的親情關係，這種狀況如果不即刻扭轉，對子女造成的損害是難以想像，絕對不容輕忽。

二、法官審理方式

在初次開庭時，筆者先表達關懷雙方及子女之意，隨即宣說了裁判離婚會對本件所產生的不利影響，以及好散離婚對他們及子女所可減少的傷害，尤其重要的是確切學習做孩子的合作父母，才能使他們所摯愛的兒子在當前的危機中受到最小的衝擊，他們聽聞後感覺似乎被電到了一般，都點頭表達願意接受法院的指導與協助。

為詳細瞭解雙方的家庭生態與權力動力關係，筆者特地委請調

解委員們為他們提供心理諮詢服務，在同理情緒、釐清思緒後，再為他們講述離婚後如何成為合作父母。

筆者經由調解委員所提供的專業服務得知，女方在婚後三年內不僅傾囊相助男方拓展事業，還一身擔起生育子女及經營家庭之重責大任。然因雙方缺乏經營婚姻的能力，長久互動關係不良，在理想與現實的拉扯下，男方感受不到尊重，女方感受不到踏實，彼此漸生嫌隙。直到男方事業失敗與經濟受挫之際，彼此關係益趨緊張。當男方誤會女方外遇，還未經澄清之前，雙方即生衝突，驚慌失措之際，女方帶同孩子依附娘家。從此雙方互不聯絡達一年之久，期間男方亦未前往探視兒子。女方在向法院起訴之前，曾向男方提議和平分手，男方請求寬限半年後再作商議。惟半年時間倏忽即過，女方未見男方履約，失望之餘逐向法院起訴。

由於委員的善巧啟發與引導，女方對男方娓娓說出因為尊重他追求理想，獨自承擔照顧家庭，現已身心俱疲無法再繼續這段婚姻，這是她不得已的決定，希望他能體諒；為了兒子的健全發展，她願意跟他做合作父母……。當男方聽到女方這段真切的表述後，逐漸鬆動不願離婚的想法。

因看雙方分居時日已久，難以重修舊好，便引導他們先聚焦於如何學習成為孩子的合作父母，並陪伴他們落實在日常生活之中。期待雙方學習以孩子為中心的互動方式後，一則可以減少負面對立之勢，二則較能體察大勢已去的現實，可為之後好散離婚預做準備。

為此，先轉介調解委員們為他們提供心理諮詢服務，在他們情緒穩定、思緒清楚時，先為他們宣導兒童的十大權利，再分享孩子在父母分手過程中可能遭遇到的心理壓力，使他們能確切認識到所摯愛兒子的需求時，就不會把兒子當成婚姻經營所得的財產，只想爭取所謂的監護權而剝奪了他的父子親情。

由於孩子在父母分居前多由女方照護，他與父親的關係本不甚

密切，又在父母分居後缺乏與父親聯絡互動，這些的生疏感都會影響孩子對父親的認知。在調解委員的引導下，男方在領受到女方真心協助恢復親子關係的善意後，放手離婚就容易多了。

爾後，筆者通知雙方偕同兒子到庭。開庭時，筆者先單獨與兒子見面，他看起來有些緊張，筆者先從關心他的現況開始，知道他現在正常上學，還有學習課外的才藝活動，問及他與父親見面的狀況，他說沒有問題，剛才也和父親說過話。筆者告訴他不會請他作證，也不會要他選擇跟誰同住，請他放心，果然，他的身體放鬆許多，講起話來也自在很多，他表達喜歡住在目前的居住環境，也願意與父親見面過夜。筆者還告訴他父母不論是離是合，「他們永遠是你的爸媽，永遠都愛著你，你也可以像以前一樣的愛著他們」，他點點頭表達同意，隨後請他到庭外等候。父母雙方到庭後，告訴他們孩子的狀況還不錯，願意與父親見面過夜，請他們放心。

最後，筆者宣說了裁判離婚會對本件所產生的不利影響，以及好散離婚對他們及子女所可減少的傷害，尤其重要的是要確切落實做孩子的合作父母，才能使他們摯愛的兒子在當前的危機中受到最小的衝擊。接著讚許他們能在日常生活中成為兒子的合作父母，凡事能為子女的利益考量，成為照顧兒子的最佳合夥人。看到雙方氣氛融洽，就協助他們在法庭上成立調解，雙方同意好散離婚。兒子由女方負主要照顧之責，雖男方勇於負擔兒子的扶養費用，女方也在務實的狀況下，與男方訂立照顧子女的合作計畫表，內容包括男方探視的方式及給付扶養費等。

由於調解條件還有一些不確定因素，筆者提醒他們除了離婚部分現在簽字後就發生與裁判同等的效力外，其他事項都屬非訟性質，萬一以後發生爭議，還是可到法院請求救濟。

三、結案成效分享
本件結案的成效在於雙方終於成為合作照顧兒子的最佳合夥

人。女方對男方其他的請求均予以撤回。此外，雙方同意離婚，兒子由女方負主要照顧責任，男方與兒子會面交往以及給付扶養費等，均詳見雙方所定之子女照顧計畫表，雙方並拋棄剩餘財產分配請求權。

溫馨小叮嚀

♥ 自我理想的實現與家庭責任對任何人來說都是重要的，此二者輕重的拿捏十分重要，過之或不及，常是二者相互影響或毀壞的原因。

♥ 孩子是獨立的生命個體，而非父母專屬財產。

♥ 被背叛的情緒往往是男性說不出口的憤怒，也常導致當事人無法理性思考，甚至為反對而反對。

♥ 看到婚姻讓他（她）身心煎熬，如果關係已無法修復，即便我還愛他（她），放手也是一種愛。

☐「案情概述」、「專業觀點與策略」&「溫馨小叮嚀」撰述者：陳啟中
- 臺灣臺北地方法院家事法庭調解委員 101 年至 108 年
- 職業軍人（心理輔導官、教官）80 年至 101 年

盼不回的愛

引言

雖然千言萬語說不出口，但明昭篤定的信念是：「願永遠守住愛的承諾與妳攜手到老，每天朝夕相處，過著神仙伴侶生活……」。只是，萬萬沒想到，十二年後摯愛的亞亞竟要離他而去！

在兩人無聲的世界裡，彼此少了溝通。亞亞為了孩子，知道自己是無法活在只有愛情的時空裡，孩子終究要父母的教養才能長大；未來孩子要如何獨立過生活，父母的身教是重要的。

調解委員需高度同理二人無聲的世界裡，各自內在的需求為何？除了不斷地小心求證外，無法以一般的口吻來瞭解聽障者脆弱的內心世界，只能以時間及包容換取兩造的信任，才能開啟對話的空間以達到有效溝通。法官睿智，請明昭的父親出庭，最後，大家以孩子的利益為考量，才有圓滿和諧的雙方協議。

案情概述

「亞亞如果堅持要離婚，我就將小豪的監護權全部都給她，我要去投胎重新做人……」明昭使出全身的力量，激動地一個字一個字用寫或用手比劃著，就是為了努力表達已一個多月沒看到心愛的亞亞。明昭不安焦慮的情緒，彌漫著會談室。

明昭第一次到法院，內心的惶恐表現無疑，明昭只能用比手劃腳及用寫的方式與人溝通，也不太敢正視調解委員。明昭原以為到法院就可以見到心愛的亞亞，所以明昭也帶著愛子小豪到會談室，希望亞亞見到小豪會心軟回家。這一次，亞亞並沒有到法院。

　　沒見到亞亞的明昭，在會談室內顯得非常落寞。明昭難過地表示深愛著亞亞，亞亞為何無緣無故離家出走，沒有遵守婚前諾言？讓明昭到處找不到人……；到法院聲請離婚又避不見面，明昭百思不解，自己到底做錯了什麼事？

　　明昭內心痛苦萬分，有苦難言，字裡行間一再透露出「如果堅持要離婚，自己就要去投胎重新做人，要將小豪監護權全部交給亞亞」的決心。明昭從小就失去聽覺，常用書寫及不熟練的手語表達其內心的感受及想法。

　　明昭與亞亞結婚十二年來，與父母住在同棟的樓上樓下，生活單純，有個愛的寶貝小豪，已覺得非常幸福美滿；而且亞亞在家是不需要做任何家事，也不用去賺錢養家，為何還要離家出走呢？「十二年來我忍受家人的指責，說我將亞亞寵壞了，從不讓亞亞做家事。而今她卻到法院提離婚，內心真的很痛苦，實在活不下去了」，這是明昭的心聲。

　　明昭陳述：自小就被父母認為是沒有什麼功能的人，也讓父母覺得很丟臉，所以從小幾乎都待在家裡，沒什麼朋友。直到認識亞亞後，明昭的世界完全改變了，有了新的人生，能夠每天與亞亞朝夕相處，就覺得很開心、很滿足，人生別無所求。明昭說：「亞亞在婚前苦苦哀求我，要我好好照顧她，同時遵守亞亞所寫的誓言管教她，難道她忘了嗎？結婚後，我們有了小豪，她就完全變心了；她不愛我了，經常跑到外面去交朋友跳舞、沉迷在網咖，不願意回家，還要我去找她、帶她回家，她才要回家。然而這次我真的找不到她了，她一直避不見面。加上最近天氣變了，我擔心她在外會冷，還帶了棉被給她，可否請委員幫我拿給她？」明昭無奈地重複書寫著，並重申自己是一個信守承諾的人，也一直愛著亞亞，從沒變過。

　　穿著純樸的亞亞，在父親的陪同下進入會談室。談到婚姻時，

難過地流著淚，竭盡所能用唇語道出十幾年來的辛酸婚姻路，表示「十幾年來真的受夠了」，亞亞一字一字地說出。

「在婚前，完全不知明昭沒有工作的意願及能力，雖然和公婆住在同棟大樓的樓上樓下，彼此有照應是還不錯。剛結婚時，都是我樓上樓下跑，去跟婆婆拿錢買飯來吃，拿久了公婆的臉色也不好看，實在也拿不下去了。要明昭去跟他的父母拿錢，他都不願去，讓我夾在中間很難挨。最後明昭逼我，要我將結婚的金飾拿去變賣。沒想到十萬元一下就被明昭揮霍光了。他買了大電視及電腦，從此之後每天沉迷在網路遊戲中足不出戶，有時還要小豪陪他玩通宵，甚至不讓小豪去上學，要小豪在家繼續陪他打電腦遊戲。一個做爸爸的為了玩電腦遊戲，不讓自己的孩子去上學，這是很離譜的事。小豪五年級，是很重要的階段，他需要到學校去跟同學多互動、一起玩。在家，我們無法跟他多互動交流，或多說什麼。」

亞亞落著淚持續地說：「我們經常為了錢及小豪上學的事吵架。也因為沒錢，我想辦法去外面找工作，上班賺錢養家。明昭卻認為我在外面交男朋友，到我上班的地方去鬧，不讓我工作又強行將我帶回家，說是要保護我，怕我在外被騙。我不回家就在大庭廣眾之下打我，最後我受不了這種生活，就跑回娘家。父親知道我這麼辛苦地過婚姻生活，堅持要我離婚，不要再繼續回去過暴力的生活。我從小就聽力受損，要找工作本就困難，還好父親讓我學習讀唇語，才勉強有老闆願意僱用我，現在，之前工作的地方都已經被明昭鬧到老闆不敢再僱用我了，我真的受不了。」

「明昭要將孩子給我，以目前的情況來說，我根本沒經濟能力養育小豪，而且我也不能讓年邁的父親養我一輩子！所以我要想辦法再去找工作賺錢、存錢。小豪五年級了，爺爺奶奶有房子又可供他吃住、照顧他，讓他好好讀書，會比我現在什麼都沒有要來得好，我也較放心。小豪一直都是我在照顧，他是家中長子，也很懂

事，爺爺奶奶很疼他，我相信爺爺奶奶不可能像明昭所說地將小豪給我，那都是明昭自己想的。」亞亞的父親在旁附和，並表達親家公決不可能讓小豪跟著亞亞過苦日子的。

明昭終於如願看到亞亞了，但亞亞却害怕地站在父親旁邊，明昭也不敢太過於靠近亞亞，明昭盼著亞亞能儘快回家，小豪還在家裡等著媽媽呢。

亞亞表示不可能再回到那恐怖的家了，希望能透過法院協議離婚，讓自己可以安心地找個穩定工作過下半輩子，不要再過暴力的婚姻生活，十幾年來夠苦了。

明昭激動地哀求亞亞回家帶小豪走，願將小豪監護權全部交給亞亞，自己就要去投胎重新做人。此時亞亞的父親也激動地站出來說：「你怎麼那麼不負責任啊？那我女兒呢？我辛辛苦苦獨立把她養大，一個好端端的人嫁給你，卻被你打得全身是傷，我怎麼忍心再讓我女兒回去，讓你再繼續打呢？而且我女兒現在也沒有經濟能力，如何養小豪？你這麼不負責任、也不去工作，把放棄小豪掛在嘴巴上，然後要將小豪交給我們？你這父親是怎麼當的？」

為了讓明昭和亞亞好好溝通，調解委員請激動的岳父到會談室外等候。

明昭持續請求亞亞回家。亞亞表示不會再回婆家，堅持要離婚，並對著明昭說：「你願意出去賺錢養家嗎？不然小豪的未來怎麼辦？你不能一直待在家裡永遠伸手跟你的父母拿錢吧！難道小豪未來也不用外出唸書工作，一輩子跟你一樣在家嗎？」

明昭陳述：「我們不需要賺錢養小豪啊！我父母會養我們啊！雖然我父母覺得我沒什麼功能，是他們把我生成這樣，也不是我能決定的，而且我父母也知道不會有老闆僱用我的，所以我去找工作也找不到。這妳不用擔心啊！」亞亞覺得明昭太異想天開了，而且明昭現在是透過小豪去找爺爺奶奶拿錢，他在家可輕輕鬆鬆過日

子，每天玩線上遊戲就好了。「這樣的生活你自己去過吧」，亞亞道出她的最後心聲。

明昭堅持不離婚，亞亞堅持要離婚，最後交由法院裁決這個僵局。明昭天天盼望著亞亞回家，却不知，再也盼不回亞亞的愛了……。

專業觀點與策略

縱有堅固的愛情，沒有了麵包，愛情終將破滅……。

明昭、亞亞雙方從小就聽不到外界的聲音，能夠相知相惜在一起，本是件非常不容易的事；明昭認為父母從未看好自己，也覺明昭讓其丟臉，而亞亞願意嫁給明昭，讓明昭有了幸福的依靠，也承諾好好照顧亞亞。每天能跟亞亞和兒子小豪朝夕相處，對明昭來說，此生就心滿意足了。殊不知亞亞在婚姻中，成了麵包的轉運站，每天三餐亞亞要跟公婆伸手要錢，是件痛苦的事，所以捍衛愛情的明昭，無法感受到每天為麵包拚命的亞亞的苦，最後雙方為自己的理念而各自分飛。

在聽不到的世界裡，有很多事是常人無法理解與體會的，而經驗豐富、心思細膩的法官，特別找到會手語的調解委員進行個別會談及雙方會談。

(1) 與明昭進行個別會談時，見到很低落的明昭，手上還提了一袋棉被，也得知明昭未曾學過手語，所以過程中需要很有耐心與同理其被父母忽略長大的歷程。經與明昭確認後，同意用手寫方式進行，而在跟明昭溝通時，需釐清、確認、再確認，一來一往的互動下引導明昭正視面對調解委員，以降低明昭的猜疑及失去亞亞的萬般痛苦，同時安撫明昭在雙方會談可見到亞亞，不用擔心亞亞不見了。

(2) 與亞亞個別會談中，得知亞亞自小母親過世，父親賺錢養亞亞與妹妹，也養成亞亞獨立的個性，亞亞不但會簡單的手語，父親也讓亞亞學唇語，所以在溝通上只要慢慢說，仔細聽，還是可以讓亞亞抒發十幾年來的痛苦。亞亞清楚知道要先離開被家暴及被控制的環境，才能賺錢養活自己，再存錢扶養小豪。

(3) 在個別會談穩定各自的情緒後，亞亞希望父親陪同一起雙方會談。進入會談室時，看得出來明昭心情是好的，但岳父在亞亞旁邊，明昭行為舉止有些拘謹。剛開始會談時，岳父緩緩開口跟明昭說：「養女兒這麼大都捨不得打她，你怎可以打她呢？」明昭低頭不語，調解委員確認明昭是否懂岳父的意思？亞亞隨口表示明昭懂，不然他不會低頭。調解委員請明昭表達自己的想法，明昭一再請求亞亞回家，並說小豪在等媽媽回家。亞亞堅定陳述不會再回那個家，否則大家都會活不下去。明昭表示亞亞如不回家，願放棄小豪監護權。經歷近四小時的雙方會談，明昭的說詞很堅定，最後激怒岳父，便帶著亞亞回家了。

法官開庭請明昭父子、亞亞父女到庭後，再進行雙方會談。

(1) 公公對亞亞致歉。亞亞在父親陪同下表示要離婚去賺錢，明昭與亞亞協議離婚。

(2) 亞亞表示目前完全沒有經濟能力可支付小豪的扶養費。給亞亞一年的時間，再以所賺的薪資，按比例支付小豪的扶養費到十八歲。

(3) 小豪與明昭同住，小豪與亞亞的會面交往先以週六為主，會請妹妹（非聽障）當聯絡窗口，跟公公約交付地點。

(4) 視亞亞經濟狀況及時間，允許彈性調整。

法官的明智策略促成雙方再次會談成立，明昭沒有工作能力，經濟也全仰賴父母，在父親陪同會談之際，讓明昭回歸現實而不再堅持己見，且小豪的最佳利益是祖父母能給予穩定的生活照顧及就

學，同時週六可跟媽媽會面，相信小豪在雙方合作父母的照顧下，未來必定是幸福美滿的。

心理諮詢觀點

這對夫妻在調解室內述說出的婚姻故事，是兩個迥然不同的版本。

他倆看到的婚姻圖像不同，對於一個「家」的期待不同。雖說共同生活了十二年，明昭和亞亞彼此不知對方的需求，即使對同一件事情的看法，都可以有南轅北轍的差距。可見，兩人之間互動與溝通有多麼困難啊，其中，明昭的議題更是巨大。

明昭和亞亞都是聽覺障礙的人士，先天上在人際溝通時就處於相當不利的位置，明昭尤其嚴重，亞亞還可藉由助聽器與人溝通。這對伴侶在生理上有這麼大的障礙，再加上心理上開放程度不同，要彼此瞭解建立共識，困難度就更高了。

明昭因為極重度聽覺障礙，讓父母從小對他特別「同理」（過度同理），認為他生理上有限制，因而不要求他，甚至認為他是一個沒有什麼功能的人；事事都替他做，提供他所有生活上的需求。在這樣的背景下，明昭的自我概念和他的家庭圖像，可以想像是多麼地扭曲。

看看明昭今日的圖像，可以看到「自我應驗預言」的威力。

「自我應驗預言」（self-fulfilling prophecy）是指一個人對於他人的期望，往往成為被期望的人自我實現的預言，也就是一個人期望他人成功，他人就會成功；相反的，期望他人失敗，他人就會失敗，所以也稱之為期望理論。「自我應驗預言」是一九四八年莫頓（R. K. Merton）在《The Antioch Review》期刊發表名為「The self-fulfilling prophecy」的文章而來，其目的在解釋一個人

的信念或期望，不管正確與否，都會影響到一個情境的結果或一個人（或團體）的行為表現。另外，我們耳熟能詳的「比馬龍效應」（Pygmalion Effect，源自於希臘神話）也寓意著相同的自我應驗預言威力。以此觀點，明昭父母對他的「期望」是，自小因為明昭生理上的障礙而認為他沒有什麼能力，就在這樣封閉的情境中長年形塑之下，今日，明昭會有如此失功能的樣貌，也就不意外了。

亞亞比較正向些，雖然，她一樣也有著聽覺障礙的限制，但心胸相對開放，在生活的場域中比較積極參與，給了自我發展的機會，因此，功能較好。只是因著姻緣，她的生命與明昭的生命有了深度的連結。他們有了小豪這個孩子，即使能夠如亞亞所願，結束與明昭的夫妻關係，他倆仍然有無法結束的身分連結，這個身分就是小豪的爸爸與媽媽。

結束婚姻關係，以純然的父母關係連結，這個歷程還有不小的挑戰。其中，明昭以死相逼為策略，想留住婚姻，而亞亞無法再回到關係裡，這點糾結拉鋸，短時間內只能藉由法律程序處理了。

不管明昭和亞亞的婚姻故事的結局是分是合，小豪在這個家庭系統裡承接著父母的情緒，並且扮演著父母之間以及父親和祖父母之間的橋樑，也擔負著其中的責任（例如，向爺爺奶奶要生活費、陪爸爸玩電腦遊戲、要媽媽不要離婚等）。看起來，在這個家庭裡面，小豪這個唯一的小孩成了唯一的「大人」。從某個角度來看，小豪過早面對人生的大議題，也許可以鍛鍊他在相關議題方面的能力，但在系統的牽連糾葛中，難保不會發展出「變了形」的身心狀態。小豪的成長發展，仍著實讓人擔心哪！

法官觀點

一、法律訴求解析

本件雙方都是聽障人士，由於當時法院尚無專業的手語通譯，開庭問話及記錄時，都需大費周章。女方請求好散離婚與探視兒子，男方則是要求女方盡快返家生活，若女方堅持離婚，就請女方把孩子帶回扶養，自己要重新投胎。

看到這種狀況，筆者不敢掉以輕心，先則當庭表達關懷之意，並勸諭男方有話好說，將會轉介專業的調解委員聆聽他們的心聲，協助他們化解紛爭。穩定他們不安的情緒後，即刻轉介懂得觀察手語的調解委員，為他們提供心理諮詢專業服務，一則瞭解他們的家庭生態環境與權力動力關係，二則協助他們正向有效地溝通，學習做合作父母。

二、法官審理方式

經由諮詢得知，因價值觀念與生活習慣之重大差異，雙方的婚姻早在數年前就已無法正常運作，如果情況不變，夫妻重修舊好的可能性是微乎其微。由於男方在婚姻關係存續中，曾數次對女方施暴，法院據此判准離婚是輕而易舉。惟女方即使可以順利離婚，然因現無能力扶養兒子，離婚後是否能順利探視兒子尚屬未定，夾在中間的兒子應會非常為難，應關注其身心發展，免於受到不利的影響。

瞭解雙方在身體上有特殊需求，在經營婚姻生活上難免不易。由於對離合的看法與情緒上的落差甚大，即使擅長手語的調解委員在為他們提供心理諮詢專業服務時，仍是煞費周章。委員非常用心地同理各自的情緒，釐清他們的思緒後，引導他們針對議題對話。然因他們各自的成長環境與後天的學習狀況差異太大，能夠達到共識的部分不多。

　　筆者接著調解委員所提供諮詢服務的基礎下，通知男方偕同兒子及父母到庭，也通知女方偕同父親到庭。開庭時，筆者先個別與兒子見面，他看起來有些緊張，先從關心他的現況開始，知道他現在正常上學……，看來日常作息還很正常。告訴他不會請他作證，也不會要他選擇跟誰同住，請他放心，果然，他的身體放鬆許多，講起話來也自在很多，他表達喜歡住在目前的居住環境，也希望媽媽能回家共同生活。筆者告訴他，「父母是否離婚是大人的事，不論他們是離是合，他們永遠是你的爸媽，永遠都愛著你，你也可以像以前一樣地愛著他們」，他點點頭表達同意後，就請他到庭外等候。

　　隨後請女方及其父親到庭，告訴他們孩子的狀況還不錯，請他們放心，他們告訴筆者，剛在庭外有見過面，也有說過話，筆者也就放心很多，看來彼此的關係還可疏通。筆者先同理她在婚姻關係中所遭受到的辛苦，如能早來請求救濟，就少受些辛苦，還好現在終於來了。婚姻既是她自己的決定，就必須為此負責，如果只是一昧指責他方，就無法好散。想要好散的最好做法，一方面感謝他對婚姻的貢獻，另一方面對自己的求去表示歉意。尤其重要的是，要感謝公婆多年來對他們小家庭的支持與關照，特別要感謝他們對兒子的提拔。談後請他們到庭外等著。

　　接著我請男方一家人一起出庭，首先為雙方的小家庭感謝兩位長輩長久以來的拉拔與關照，著實不易。「只是孩子們長大了，應該讓他為自己的小家庭自食其力，才能領略其中的甘美。現在他們想改變他們的婚姻生活，務請兩位多加支持。即使他們分開了，但永遠是您們孫子的父母，一直都要共同合作照顧您們的孫子，還請您們繼續多加關照」。

　　其後，同理男方對夫妻之情的忠誠，然而夫妻感情是雙方面的交流，不是一意孤行，真正的愛是要能關照對方的感受。「既然你無法認同女方對婚姻生活的期待已久，且曾施暴強迫她依照你的方

式生活，因而造成了婚姻破綻，雖你心有不捨，看來已是無法扭轉。不如好散，才可能為了你們的兒子繼續做合作父母，值得仔細考慮」。

最後，筆者請女方及其父親一同到庭，隨即宣說了裁判離婚會對本件所產生的不利影響，以及好散離婚對他們及子女可減少的傷害。尤其重要的是，確切學習做孩子的合作父母，才能使他們摯愛的兒子，在當前的危機中受到最小的衝擊。並且請女方當庭表達她對公婆的關照，以及男方為家庭的付出深表感謝之情，對自己想過新的生活表達抱歉之意，同時希望能與男方做合作父母，共同扶養兒子成人。

看到雙方氣氛融洽，筆者就協助他們在法庭上成立調解，雙方同意好散離婚。兒子由男方負主要照顧之責，女方探視的方式（先以週六為主，請非聽障的妹妹當聯絡窗口，與公公約定交付地點）與扶養費的給付（女方於一年後，以所賺的薪資按比例支付兒子的扶養費），都有彈性的約定。

由於現在的和解條件還有一些不確定的因素，筆者提醒他們除了離婚部分現在簽字後就發生與裁判同等的效力外，其他事項都屬非訟的性質，萬一以後又發生了爭議，還是可到法院請求救濟。

最後，請雙方的兒子入庭，告訴他父母達成和解，他可以規律地與母親維持關係，他也鬆了一口氣。由於有家人陪伴出庭，本次開庭及做成和解筆錄就容易並順利許多。雙方及兒子在和解筆錄上簽名後，大家一起走出法庭。我們也大大地鬆了一口氣。

三、結案成效分享

本件在於能夠發揮法院團隊的功能，並結合雙方家人的資源，以協助這個開始蛻變的小家庭能走向光明的前程。雖然夫妻離婚了，但是兩家都能以這個未成年子女的成長發展為中心，繼續努力生活，這些就是本件的結案成效。

溫馨小叮嚀

♥ 相對人活在自己的世界裡不與外界互動溝通，又不需工作賺錢養家，「茶來伸手、飯來張口」，看起來似乎過著令人羨慕的皇宮般生活，其實內心是很苦的。因此在諮詢時，需要有高度的同理及耐心引導其願意書寫表達，雖個性固著仍本著尊重的態度，讓相對人重複寫出其心中的意圖。

♥ 調解委員針對相對人的「不恰當的意圖」，立即向法官報告，思考對策並謹慎處遇，與聲請人溝通，願意與相對人進行雙方會談。

♥ 以孩子最佳利益為核心，請父親陪同相對人出庭，穩定其思緒，以理性態度達成雙方協議，讓孩子在和諧的環境下成長茁壯。

□「案情概述」、「專業觀點與策略」&「溫馨小叮嚀」撰述者：陳梅芳
- 臺灣臺北地方法院家事法庭調解委員 12 年（程序監理人）
- 中華民國社區諮商學會常務理事、心理諮詢員
- 社團法人家族系統排列協會常務理事、排列師
- 蘭馨婦幼中心副執行長
- 中華民國晴天社會福利協會主任
- 士林／新北地檢署觀護佐理

沒有交集的兩個圓

引言

星空下多少婚姻與家庭，因著瞭解與失望而破碎？生活裡細瑣的紛爭，可能是壓垮婚姻的最後一根稻草。

威宇喪偶、艾莉離婚，各自都有婚生子女。他們認識半年，就倉卒地完成重組家庭。對彼此都有期待，沒有說清楚，也沒有好好再經營彼此的關係，總以為對方是朵解語花會自然懂。面對婚姻關係已無法挽回的現實，那首〈兩個環〉，響在好深好深的夜裡。

小小兩個環　　圈住我和你
就從今天起　　主裡相合一
小小兩個環　　圈住我和你
就從基督裡　　讓主愛顯明
愛情不求自己的益處
愛是接納全部的你
愛是忘記受傷的記憶

案情概述

威宇下班後興沖沖趕去和艾莉約會，看到艾莉愁容滿面，原來是為小乖走丟很是傷心。威宇二話不說陪著艾莉大街小巷尋找愛犬，直找到第二天清晨五點，總算找到小乖。艾莉看到小乖安全地回到身邊，放心地笑了！天亮了威宇未作休息即去上班，讓艾莉好生感動，心想：「這麼體貼又愛狗的男士，應是託付終身的對

象！」，和威宇交往半年後就結婚。

艾莉之前曾結束一段婚姻，獨自帶著兩個兒子同住，沒想到大兒子卻因病過世，這讓艾莉難過地常常到墓園陪伴愛子。後經友人介紹認識現任丈夫威宇，他因喪偶，亦獨自扶養兩個孩子。彼此交往過程中，他頗能體諒、也小心呵護著她。尤其是艾莉養的三隻寵物狗更是他們的共同焦點，比如一起遛狗、一起幫狗狗洗澡，讓艾莉覺得找到真愛，生命再一次活過來。就這樣他們進入教堂，接受弟兄姊妹的祝福。

威宇喪偶之後，覺得無法給兩個孩子更多母愛，心中十分不捨，尤其小兒子才剛升上國中，亟需媽媽的陪伴與照顧，而大女兒目前狀況不好，這讓他很掛心。經友人介紹認識艾莉，看到艾莉是那麼亮麗、熱情又有自信，既充滿愛心、喜歡做公益，又鍾愛狗仔，心想：「艾莉那麼愛狗狗，一定也能愛我的孩子，可以弭補孩子失去母親的缺憾。」因此，決定進入婚姻。他因著愛對方，也買了一間較大的房子，以方便艾莉照顧狗狗。

婚後，艾莉不用上班，在家照顧丈夫的小孩和自己的兒子，也努力表現當一個賢妻良母，丈夫下班回來吃過晚餐就關心兒子的功課，和艾莉的兒子較少互動，就這樣夫妻倆過著平淡的生活。有一次，丈夫青春期的小兒子，在浴室的洗臉盆裡尿尿，艾莉覺得噁心，希望他不要再做，但小兒子不搭理她，先生一回家，艾莉就急著告知此事，原以為先生會糾正孩子的問題，沒想到先生竟然不相信她，堅持他的兒子絕不會如此。這讓艾莉深受委屈與打擊，深感繼母難為！

威宇心想：「艾莉怎麼常告小兒子的狀，她不是很有愛心嗎？而且她鮮少去探視關心他的大女兒，原本以為結婚後，可以放心將兩個孩子交給艾莉，補足孩子缺少的母愛。怎會是這樣呢？」威宇好生失望。

　　婚前艾莉以為威宇很有錢，因為他說有幾棟房子。婚後才知房子的地段普通，威宇又很節儉，節儉到小氣的地步，譬如請他出資幫助娘家、帶父親去高檔的飯店喝下午茶，丈夫總是說「要省著點，在家用餐就好，賺錢不容易呀！小狗狗的花用可不少，何況還有房貸要付」。

　　艾莉本身也有營收，當先生給的錢不夠花用時，就拿錢出來貼補。只是艾莉覺得威宇的錢就是要拿出來家用，這不是天經地義的事嗎？為此常有爭執，艾莉心想：「婚前柔情似水、百般取悅她的威宇，婚後怎麼會是在金錢上斤斤計較？」心裡不禁嘀咕：「威宇的心中金錢是擺第一、第二是孩子，我總是排在最後！」、「我要第一！我要威宇把我擺第一位！」艾莉在心中吶喊著。

　　威宇為了艾莉老是吵著要他支付一些額外支出而不高興，甚至認為：「艾莉怎麼老是在挖我的錢？不會替這個家著想。我也快到退休年紀，總要為退休後全家的經濟規劃規劃。」但是他和艾莉沒交集，一碰這個話題，艾莉就沒完沒了，威宇為了家和只能隱忍著生悶氣。

　　艾莉覺得威宇對於狗有著醋意，常說：「妳愛狗比愛我更多，凡事你都先想到狗狗，我們的活動也常受限於狗狗，比如要出國，也要擔心狗寄住在狗旅館不適應而作罷！」對於讓狗在床上這件事，更成為他們爭吵的焦點，艾莉總覺得：「狗狗已經洗乾淨，讓牠們和主人一起睡覺有什麼不可以？威宇也未免小題大作，真是不可理喻，怎會和狗狗吃醋？」威宇心想：「怎麼可以讓狗狗睡在主臥室的床上？難道我在艾莉眼中不如那些狗狗嗎？艾莉到底愛我不愛？若是愛就會替我著想，為何都不能體恤我上班已經夠累了，還要為這些事操心。我們的婚姻怎會變成這樣？」

　　最近威宇和艾莉吵架後，就會收拾衣服準備去住外面。這讓艾莉很生氣，不明白為何要用逃避不溝通的方式傷害彼此？艾莉在

憤怒下摔東西，不巧砸到威宇的額頭流血了，艾莉知道闖禍，但不知怎麼收拾殘局？沒想到威宇竟然到派出所報案作筆錄，還去驗傷。艾莉想：「有這麼嚴重嗎？威宇真是可惡，凡事不溝通、也不聽我說話，還動不動就叫警察，為何叫人稱羨的婚姻，才進入第三年就觸礁？」

有一次，艾莉將已經睡著的威宇搖醒，叫他起來溝通，威宇就是不理會，艾莉忍無可忍，就順手拿筆發狂似的戳威宇的手臂，瞬間他的手臂如同長滿痱子似的佈滿紅點，威宇撫著又腫又痛的手臂去驗傷且又報警。

「為何威宇不能尊重我、關愛我，只是希望他聽聽我的心聲。」艾莉在家中無助地趴在床上哭泣。

威宇去醫院驗傷後走在回家的路上，心想：「我怎麼娶到會家暴的太太？艾莉怎麼會這麼容易暴怒，一不順心就發脾氣，我的工作壓力已經很大，回家只想好好睡個覺也不得安寧。神啊！這個婚姻該怎麼走下去？」

雙方為此曾尋求教會的協助，朋友也建議他們去婚姻諮商，但事情仍不順利，彼此心有千千結。在憤怒下雙方簽了離婚協議書，之後，艾莉卻將協議書撕毀，心想：「憑我的能力一定可以將婚姻維持下去！我不要離婚！」後來威宇到法院聲請保護令，經過調解後，艾莉將心中的想法告訴威宇：「當我不高興發飆時，你什麼話都別說，只要抱抱我就可以。」當下在調解室威宇擁抱她，艾莉破涕為笑，威宇也向法院撤告，兩人願意再給彼此機會，回家重新開始。

好景不常，半年後威宇到法院訴訟離婚。因為艾莉在小兒子面前砸物品，孩子受到驚嚇。此外艾莉會自殘，常在半夜要求威宇起來和她溝通，在在都讓威宇身心俱疲，決定離婚。艾莉在法院表示不願離婚，希望威宇再給彼此機會，她會努力改進。但威宇鐵了心

一定要離婚。艾莉傻眼了：「事情怎會這樣？我們不是要終老嗎？神聖的婚約怎可毀約？」她漲紅著臉，心想：「我不要讓這個男人好過，我要向法院提起離婚之反訴，我要跟他沒完沒了！」

此後，每次出庭和調解，雙方都把握機會，憤怒地交相互罵，數落對方的不是，忍不住地攻擊、指責，音量一次比一次高。艾莉雙手顫抖：「你怎可如此汙衊我，我的自信心被你摧毀，我的價值觀被你搞混，你怎可如此傷害我！」想到婚前自己過的日子是那樣悠閒、愜意，艾莉高分貝地說：「我不甘心就這樣放過你，一定要告到底！」

「如果官司打輸了，我也一定要打到三審！」威宇瞪大眼睛不甘示弱地回應。

有一個禮拜六，當艾莉回到教會參加會友婚禮時，看著新人進場、詩班獻詩、牧師證道，艾莉不由自主地眼淚流個不停，多麼希望自己能停留在三年前，那個眾人祝福他們婚禮的時刻。這時耳邊想起詩歌〈兩個環〉：「小小兩個環，圈住我和你。就從今天起，主裡相合一。小小兩個環，圈住我和你。就從基督裡，讓主愛顯明。愛情不求自己的益處，愛是接納全部的你，愛是忘記受傷的記憶。」聽著柔美又有盼望的歌聲，艾莉向神禱告「主啊！我好想和威宇在主裡合一，但是他放棄了，我真的得要簽下離婚協議嗎？」

最後一次他們在法院調解時，經過調解委員的剖析、釐清觀念以及設定討論議題後，艾莉和威宇放下高昂的情緒，終於願意面對婚姻關係已無法挽回的現實，在理性狀態下，商妥離婚條件，在簽下協議離婚那一刻，艾莉再次向神禱告，尋求內裡的平安，也放下彼此的糾結。走出法院，那是個雲淡風輕的日子，艾莉、威宇各自重整心情，迎向全新的未來！

專業觀點與策略

(1) 雙方當事人認識半年就進入婚姻而且是重組家庭，在在都增加新家人相處的困難度。雙方對彼此都有期待，卻未說清楚，總以為對方會懂，卻未經營彼此的關係，自然彼此的需求無法滿足，也就無力將愛擴及新家人。

(2) 調解委員透過傾聽、同理與當事人建立關係，並引導他們說出需求，讓另一方能清楚知道並做回應。如：一方生氣時，另一方可以怎麼做？當女方說開了，男方懂了也願意去接納對方的情緒，緊接著就撤回保護令的聲請。

(3) 半年後，雙方又因各自需求未被滿足，進而聲請離婚，相對人不想再被拋棄、被忽視，因而提反訴離婚。因著他們的信仰，調解委員因勢利導，請他們藉著信仰尋求愛與饒恕的力量，讓彼此的情緒可以緩和下來，並且能好好照顧自己。調解委員也提醒雙方，聖經的教導是省察自己，不是拿來匡正對方！

最終在法官引領啟發下，點醒雙方正視他們的婚姻現況與彼此的關係，再由調解委員帶領雙方面對議題提出解決方案，而簽下協議書。當事人在情緒高漲時，互相攻擊，無法理性對話，調解委員看到現況說出真相、協助雙方釐清事實和想像、不再幻想、面對現實，是重要的！議題的討論則讓雙方聚焦，不再謾罵和攻擊對方，也讓調解有一線曙光！

心理諮詢觀點

艾莉和威宇面對婚姻走到死胡同的問題，是在法庭訴請離婚案件中常見的案例。原本在結婚禮堂中說「我願意」的場景，換成了法庭上的相互攻防。問題出在哪兒？

　　這個再婚家庭，比起一般家庭系統是複雜多了。一般家庭系統包括「夫妻次系統」、「親子次系統」、「手足次系統」，而艾莉和威宇重組的這個家庭，在親子和手足次系統上有前一段婚姻的既存結構，經由他倆的結合，層次上多了一階，帶來的挑戰相對多，系統動力的運作就更為困難。

　　這段婚姻都是男女主角的第二段婚姻，但似乎雙方在各自的第一段婚姻裡並沒有學習到什麼？看看威宇，一開始他進入這段婚姻的動機是「為兒女找母親，不是為自己找妻子」。同樣的，艾莉是為了「威宇可能是愛屋及烏的狗保母」而與他一起進入了結婚禮堂。帶著這不純然的動機進入伴侶關係，有問題自是意料中的事。

　　弔詭的是，儘管動機「不純」，在伴侶關係中的艾莉和威宇，對另一半都有著親密的需求。這種親密的需求在這對伴侶中，沒有被探索、表達、對話和妥協，因此，僅憑著主觀的直覺共築了這個模糊而僵化的伴侶系統。

　　想像一下，臥房的雙人床本應屬於夫妻的親密天地，卻硬生生地多躺著三條狗，這三條狗成了他們婚姻的「第三者」。從專業的角度來說，這個家庭系統中最重要的夫妻次系統，因為界線（boundary）被侵入（物理環境層面和心理層面）而模糊掉了，家庭動力的運作受到了阻礙，系統中愛的流動自然是無法順暢。

　　艾莉和威宇在他們的婚姻中都懷抱著一個迷思，那就是：「如果他（她）愛我，不用我講，就應該知道我的感覺、我的需求。」這種想當然耳的心智模式，在許多有困擾的伴侶中是常見的狀況，這個迷思當然也在他倆之間畫出了巨大的鴻溝。儘管雙方都帶著善意進入婚姻，這樣的態度卻讓彼此的溝通找不到焦點，所表現出來的只剩下急切的指責。

　　除了沒能清楚地以溫和而堅定的態度表達自己的需求之外，他倆在伴侶溝通上也犯了「主觀歸因」的禁忌。這兩位主角總是自以

為是地解讀對方的心，又不願主動對話澄清，如此日復一日，不到三年，熱力四射、愛主、愛鄰舍、愛老公、愛撒嬌的嬌妻，成了歇斯底里的河東獅，柔情似水、百般取悅太太的紳士，成了小氣鬼。

婚姻是兩個銅板的事，美滿是需要兩人共同努力的；如果關係無法維持，夫妻無法共處，也是雙方共同造成的結果。艾莉和威宇在調解委員的協助之下，實際地面對和接受這個無法存續的伴侶關係的事實，選擇分手，讓彼此在未來的人生旅程，比較有迴旋喘息的空間，未嘗不是一件好事。

法官觀點

一、法律訴求解析

本件是由男方先對女方提出保護令聲請，經筆者審理後，發現本件是偶發事件，相對人（女方）並無施暴的意圖，以後繼續發生暴力的危險性也不大，後經轉介調解委員提供心理諮詢服務後，雙方澄清誤會，希望和好，男方就撤回了本件的聲請。

半年過後男方訴求離婚，女方感覺非常不解與難堪，認為有話好說，為何在家一聲不響，就直接到法院提告離婚？感覺受到羞辱，完全不能接受，情緒非常高漲。女方在不甘示弱之下，也提出了履行同居的請求。

據筆者多年的觀察，由於大部分的國民因為不瞭解家事法庭的運作與功能，以為法庭就是「判生判死」的那一套。因而在發生家事法律紛爭之際，不僅不知如何運用家事法庭的資源，反而非常排斥家事法庭的法律救濟，以致錯失了儘速解決的寶貴時機，影響家庭生活、身心健康甚鉅，實在可惜。本件的女方就是一例。

二、法官審理方式

在尚未進入離婚調解前，雙方曾因溝通不良，發生了肢體上衝

突，男方因而受傷，即刻去醫院驗傷後到警局報案，並向法院聲請保護令。在開庭審理時，女方說男方有好一陣子都不理她，白天先生上班不在家，為爭取跟先生互動，只得在先生睡覺的夜晚，想搖醒他跟自己說話，但先生仍然置之不理，情急之下，才用鉛筆戳先生，好讓他醒來，跟她談話。她承認當晚的情緒有些衝動，就做了不適當的行為，但並無施暴的意圖，以後也不會再做了。筆者在當庭時諭知：「解決家務事需要好好溝通，不能用暴力。」

　　為了避免以後再發生此類事件，筆者即刻轉介調解委員為他們提供心理諮詢服務。期間，他們的態度誠懇，也提出了以後的因應方式；男方在女方誠摯的道歉下，兩人澄清誤會，相約今後要努力維持好的婚姻關係。男方隨即撤回保護令聲請。此部分就落幕了。

　　好景不常，自此之後，他們之間又陸續發生了一連串難以解決的家務紛爭，男方就向法院提出離婚訴訟，女方不甘示弱，隨後也提出了履行同居的請求。在第一次開庭時，我就請他們表達他們的訴求，男方想離，女方想合。而且情緒都非常焦躁。

　　由於本件沒有未成年子女親權酌定的問題，可以直接探索婚姻關係的走向，於是我當庭諭知：看到你們現在非常辛苦，都想盡快脫離苦海。不過，由於兩人想解決的目標方向不同，一旦裁判，就有勝負，要打到三審確定，可能至少要五、六年以上，時間與經濟的花費都很大。不如先試行調解。他們異口同聲表達願意調解！

　　筆者告訴他們，調解的目的在於：藉由法院提供的調解平台，並在調解委員的引導、啟發與陪伴下，可以安全、友善地溝通，述說如何走入這段婚姻關係、對婚姻關係有何期待、乃至發生了什麼狀況，以致不能繼續維持婚姻關係？

　　然而雙方的情緒依然高亢，在調解室裡，一把握住機會，就會大肆攻擊對方，根本無法作理性溝通。調解委員耐心地對他們分別提供心理諮詢，先同理他們的情緒，釐清他們的思緒後，再協助他

們會談，期能避免發洩情緒、負面指責，進而學習相互聆聽，可以有效地溝通。

在調解期間，調解委員用盡各種方法，包括與他們相應的宗教教理，希望能靠近他們的心境，又轉介了適當的資源，陪伴他們度過這一段改變認知、調整生活的艱難時光。

由於調解的行政管考期限已屆，就結束了調解程序。接著由筆者在審判程序中，移付調解，由筆者親自在原先調解的基礎上，繼續引導他們看到婚姻已出現了不可繼續維持的重大事由，對於這些事由，他們能改善嗎？如果不能改善，是否要花費極長的時間、勞力以及費用，對已經發生破綻的婚姻關係，爭個是非對錯？還是儘快找到困境的出口，不要長時間陷落在這樣的痛苦深淵裡。

他們在前面調解委員的調解諮詢基礎下，再經筆者幾番啟發開導，終於漸次放下對彼此的成見，可以好散了。

三、結案成效分享

本件的訴求雖屬單純，然因雙方情緒高漲，經由筆者與調解委員長時間的啟發、開導，以及陪伴之下，女方終究能敞開心胸接受引導，因而平穩了情緒、釐清了思緒，誠實面對破鏡無法重圓的現實，她終於可以放下原先想要重修舊好的迷思，願意與男方離婚，並儘速自男方所出資購置的房屋中遷出。

本件之所以能夠有此成效，首重筆者審理保護令聲請事件的態度與方式。由於法院的審慎處理，在評估不致繼續發生暴力衝突下，不急著核發保護令或是駁回保護令的聲請，而是提供他們冷靜因應的方式，如此以來，不致繼續惡化搖搖欲墜的婚姻關係，利於後續紛爭的處理。

温馨小叮嚀

♥ 怨偶其實是雙方貢獻的結果！進入婚姻的雙方，需要的
是認清自己的需求並將需求讓對方知道，也瞭解對方的
需求。進入婚姻後，可避免因為需求未被滿足而苛責對
方、或是否定自己。

☐「案情概述」、「專業觀點與策略」&「温馨小叮嚀」撰述者：黃素真

- 臺灣臺北地方法院家事法庭調解委員 11 年
- 義務張老師 2 年
- 新北市家庭教育中心輔導員 5 年
- 國立臺北師範大學特殊教育研究所四十學分班
- 國小教師、組長、主任、校長，共計 35 年

把愛找回來

引言

天空是雲淡風輕，美玉心上卻飄著陰霾，二十年的漫漫婚姻路讓她
失去了自己。文雄並不是美玉的首選，個性木訥、不懂體貼，只
是，他近水樓台，加以一時情迷，奉兒女之命而婚。影響婚姻最
重要的關鍵是經濟大權在婆婆手中，生活費要由丈夫向婆婆伸手領
取；而美玉自認不是沒有外出賺錢的工作能力。

在自家店裡工作時，累了或不舒服時，打個瞌睡就會被唸；與男性
顧客多說幾句丈夫就疑東疑西。其後，她專心照顧接踵而至的三個
寶貝，但丈夫的人際關係欠缺圓融，不太會招呼客人，雪上加霜的
是公公因癌症過世；生意越來越差，經濟上的壓力越來越大。另外
孩子們的學習、生活細節與教養問題，排山倒海地迭出狀況，壓得
美玉喘不過氣來，夫妻關係陷入谷底。

案情概述

完成提交訴狀和三千元的裁判費後，美玉踏出法院大門，迎接
她的是雲淡風輕，中秋剛過的涼爽撲面而來，讓美玉有輕鬆的感
覺，剛進法院時的忐忑不安降低不少。

美玉家境清貧，高職畢業就踏入職場，進入一家小型批發公
司，試用三個月後，老闆很賞識她，正式錄用同時也調高薪水，美
玉心存感激，格外認真努力工作。

美玉外貌姣好，身材健美，能力強，老闆在外開拓客源，美玉
負責打點店面，接待客戶，她口齒清晰、反應快，處事很有效率，

生意蒸蒸日上，很受老闆的信任。老闆的獨子文雄，年紀略長美玉幾歲，因近水樓臺，接觸機會多，兩人年少無知下不小心懷孕了。

文雄雖然老實但個性木訥固執，不是體貼的人，並非美玉喜歡的類型。是否要結婚？美玉陷入兩難，但老闆喜歡美玉做媳婦，認為可以幫助文雄經營生意，美玉的優點可以彌補兒子的缺點，百般攏絡美玉。

美玉的母親則認為自己的家境不好，生活辛苦，女兒能嫁一個經濟條件不錯的丈夫，生活寬裕也比較有保障，極力鼓勵美玉嫁給文雄。在雙方家長的鼓勵支持下，小倆口步入了結婚禮堂。結婚之初，有公公的支持、疼愛，加上頭胎生了男孩，一家人非常開心，美玉日子過得還算舒心。

因為人丁不旺，美玉很快又連生了兩個孩子，都是女兒，這才打住。照顧三個孩子讓美玉手忙腳亂，無法兼顧做生意；雪上加霜的是公公因癌症過世了。公司經營、開拓客源的事就落到文雄身上，文雄手腕不夠圓融，人際關係不佳，加上競爭者增加，生意越來越差，自然經濟壓力越來越大。

三個小孩漸漸長大，課業及生活作息的問題也越來越多，壓得夫妻喘不過氣，婆婆要求美玉多花時間照顧家庭及小孩，但文雄不擅交際的缺點很難改進，客戶不斷流失，美玉也無法坐視不管，時不時還要介入公司的經營，蠟燭兩頭燒，肩膀上的責任越來越沉重。

家裡的經濟大權完全由婆婆掌握，美玉覺得痛苦萬分。公公在時，她上班還有薪水可領，現在工作照做，家中每個月只有一萬至兩萬元的生活費，文雄要用錢須開口向婆婆拿，美玉認為以自己的工作能力，每個月賺的錢會是現在的二至三倍！拮据的感覺讓美玉非常挫折、沒有尊嚴！文雄不敢跟母親溝通，只能逆來順受，不敢說什麼！

美玉在店裡做生意，難免累了或身體不舒服的時候會打個瞌

睡，就會被文雄碎碎唸，從來沒有一句體貼的話；和男性顧客多講幾句話，文雄就疑東疑西，排山倒海地追問，壓得兩人喘不過氣來，夫妻關係陷入谷底。

「日子大概就是這麼過下去了」美玉想到就覺得悲傷、看不到出路。她常常後悔當初無知聽從母親的話嫁給文雄。美玉心想「只有結束婚姻，趁著還有體力時到外面拚拚看，才可能找出一條生路」！

面對孩子的管教，兩人觀念差距大；從孩子的課業安排、生活習慣及金錢的使用，夫妻常態度不一致、衝突迭起，讓美玉挫折不已。美玉要求生活規律，對孩子的花錢認為當省則省，該用還是要用；文雄則認為賺錢不易，要盡量節省，對太太及孩子常碎念。

夫妻倆常忙著生意無暇照顧孩子，孩子平日生活多由婆婆照顧，孩子的生活常規不太好，沉迷於電動、不上學，老師打電話來告知，婆婆也管不動。美玉較懂得孩子的心理，比較能管得住孩子，但孩子常會仗著祖母的疼愛，不聽美玉的管教，無法獲得婆婆及先生的支持與尊重，美玉心灰意冷。

大兒子是私校高三生，面臨升學的壓力，也遇到生涯選擇上的難題。對電腦有興趣，想要讀大學的資訊科系，但文雄希望兒子唸企業管理科系，可以幫家裡的忙。父子因未來的生涯方向而鬧得不愉快，美玉常在父子之間緩頰打圓場。此外，大兒子患有過動症，在學習過程中，因為注意力不集中、無法專心看書，成績幾乎都是吊車尾。又因為過動症中衝動的特質，從小學起就是老師們的頭痛人物。雖然現在長大了，但仍然有情緒問題，做事也欠考慮。

大女兒是國中輟生。國二時在網路上交了男友，有一天突然離家出走，到處找不到。三個月後大女兒打電話給學校的輔導老師尋求援助，老師帶著女兒返家：女兒未婚懷孕了！男朋友因吸毒被警察抓走、入獄服刑。文雄夫婦雖然很生氣，但也只能先放下自

己的情緒，只求女兒能安全回到家就好。

　　大女兒回來後一直哭，話非常地少，父母與女兒的溝通有很多困難；文雄與大女兒的關係極為疏離。另外，女兒一直堅持要把小孩生下來，父母極力反對，因為女兒不過是國三學生；生下小孩後，大女兒的未來升學、孩子的照顧，都是很大的問題。為此文雄和美玉困擾不已。

　　小女兒多愁善感，個性內向。上了國一之後成為同學霸凌的對象，言語上羞辱她、作業簿被亂丟、在人際關係上排擠她。小女兒也就更加退縮，甚至手腕上有多處美工刀自傷的痕跡。對父母的「吵著離婚」，小女兒的情緒起伏更加劇烈，常常表示不要去學校，整個人無精打采，也不想吃飯，常一人關在房間裡不願意跟父母溝通。美玉懷疑小女兒有憂鬱症的傾向。

　　美玉的挫折太多！公司經營每況愈下，經濟被婆婆控制，三個孩子都不省心，夫妻吵架爭執無一日無之，十多年忙碌不堪的生活都是為了兒女、丈夫、公婆和自己的家人，毫無自我可言。美玉無意繼續這樣的生活，對文雄也早已完全不抱希望，決定離婚，跟文雄提過多次。文雄也苦惱，但是兩人從一開始就沒有交集，文雄固執呆板只會嚴詞拒絕，但是又拿不出辦法寬慰美玉。

　　大兒子從小看著父母親衝突，對於父母親可能離婚，沒有表達什麼意見，態度冷漠。大女兒曾向媽媽表示若父母離婚，希望和媽媽住；小女兒可能年紀小，和哥哥一樣沒有明顯的反應。

　　美玉思前想後，她已近四十歲，沒有時間可以浪費，三個孩子跟著父親和祖母生活，很安全，她終於決定離家在外租屋居住，並積極找工作，展開新的人生。

　　文雄面對妻子的出走，尊嚴受創、非常憤怒，他認為太太要對家裡有個交代，不可以說走就走，把孩子的問題都丟給他，因此是不可能同意離婚的。文雄與母親在孩子面前謾罵，想挽回一點面

子，也拒絕美玉返家探視孩子或與孩子通訊聯絡。三個孩子面對家變，手足無措，不知該如何與父親互動溝通，只能選擇沉默。美玉在安頓好生活後，決定進法院解決這段不愉快的婚姻。

專業觀點與策略

這件離婚訴訟並不算複雜，雙方在財產上沒有爭議，但三個未成年子女的照顧教育是大問題，因為三個孩子各有各的問題，而且都不是小問題，諮詢調解多次，都無法徹底解決。

調解委員的工作不在勸合也不在勸離，是離、是合都是當事人自主決定，調解委員的職責在協助兩造「好散離婚」。在確定離婚之前，調解委員最重要的原則就是維護未成年子女的最佳利益，由於三個孩子的問題各不相同，須分別考量和安排，這是此案最困難的部分。

首先，針對離婚的議題，協助文雄看到並面對當年美玉因家貧和他結婚時的勉強。兩人儘管共同生活十餘年也生了三個孩子，仍無法培養夫妻感情，反而因子女管教觀念不一致和經濟壓力，造成彼此的隔閡、漸行漸遠。婚姻過程中過多的辛苦和無奈，美玉對他已毫無感情，兩人的婚姻已死亡了。

美玉多次提出離婚，文雄顯然不理解妻子的苦悶和絕望，又拿不出改善方案，夫妻關係持續惡化，美玉只好離家出走，用行動證明自己無意繼續維持婚姻，文雄怨懟生悶氣，還是拿不出辦法解決夫妻之間的矛盾和衝突。最終，美玉選擇走進法院，婚姻還能維持下去嗎？文雄無語。

文雄一直認為自己是負責任的丈夫，沒有壞習慣、不亂花錢。若同意離婚，就好像承認自己做了什麼壞事才被太太離掉，認為尊嚴受損。此外，照顧三個孩子也讓文雄覺得非常吃力，美玉離家

後，家裡氣氛消沉，孩子跟他的互動極少，而且冷淡，他自然歸咎美玉。

文雄從未打過官司，為了離婚第一次走進法院，覺得顏面掃地，打死不離，經過多次調解和個別諮詢，文雄始終堅持原意，承審法官雖苦心開導也不得要領，孩子的照顧養育不能因父母的僵局而停止，最終為孩子的照顧選派程序監理人協助處理。

三個孩子的教養問題很多而且複雜，承審法官首先要求兩人接受親職教育課程，由於文雄親職的能力較不足，協助其增能及增加信心，針對過動症、憂鬱症、霸凌和自我傷害等提點具體做法，讓他知道如何有效地處理突發狀況。

由於雙方長期爭執，無可避免對三個孩子產生負面影響，兒子的冷漠、大女兒的離家懷孕和小女兒的內向膽小，多少都和父母關係惡化有關，所幸雙方都是有責任感的父母，對孩子的問題都很關心，對調解委員、程序監理人的提點都能接受，表示願意盡力教養孩子。以往吵吵鬧鬧對孩子造成的傷害，兩人有所覺悟、亦都能接受「合作父母」的訴求，真是難能可貴。

程序監理人則針對三個孩子問題的特殊性，透過多次個談、會談充分討論，讓兩人表達看法。美玉表明因為工作尚不穩定，經濟上較有問題，並非一走了之、放棄三個孩子的照顧責任。她瞭解文雄照顧三個孩子的困難，兩人幾經協調後，老大、老三由文雄照顧，美玉負擔部分扶養費；為安定孩子情緒，美玉定期返家與孩子相處。老二則與美玉共住，並協助照顧外孫。

會談中，美玉配合文雄的要求釋出善意，實現合作父母共同管教照顧孩子的決心，文雄心頭負擔大大減輕。兩人從最初的劍拔弩張，在程序監理人和法官的協助下，居然能和平對話，雙方也保證不再抱怨責罵對方，這是過去不曾有的經驗。文雄知道這個婚姻挽救不了，他坦承自己和孩子的關係不好，不知如何和孩子溝通：

「自己肯定是愛孩子的」，但是「孩子是不是能感受到父親是愛他們的，則不能肯定」，太太是目前唯一的浮木，只有太太有能力幫助孩子，既然太太答應關心孩子，幫忙照顧，兩人並且約定為了孩子一起參加親職課程，用最適當的方式教育孩子。最終文雄決定成全美玉，同意離婚。

這個案子有很好的結局，文雄、美玉是幸運的，承審法官用心的調度安排下，用接力賽的方式完成調解和程序監理。想改善孩子的行為，要先改善父母的關係，看到他們放下怨念，以孩子為念、友善互動。愛，已經找回來！

心理諮詢觀點

在這個案例中，調解委員透過調解的結構和歷程，協助當事人面對和處理他們之間的衝突。雖然此案為離婚案件，調解委員卻將孩子權益和照顧列為核心議題之一，為雙方撐起一些對話的空間，是一個非常成功的策略。

當孩子的最佳利益和照顧孩子計畫成為調解會談的重點時，當事人雙方的角色就從夫妻的伴侶角色，轉進到孩子們的父母親的角色。這樣的角色轉換，讓雙方在伴侶關係緊張衝突的防衛心理狀態中，稍微鬆懈下來，這種心理狀態的改變，為雙方提供了可以對話的空間。相較於直接處理夫妻之間的衝突，聚焦在孩子的最佳權益和照顧計畫，更容易找出共識。因為親子天性，不管父親或母親，一定都愛他們的孩子，也一定希望孩子有比較好的發展。當雙方經由對話，能夠建設性且具體地處理因為婚姻衝突所引發的相關議題時，其面對問題的成功經驗，就可以運用到解決其他角色所面對的議題中。

這對夫妻是為離婚的事來到法院，婚姻議題當然是需要面對和

處理的重點。從這個故事中，可以看到伴侶關係已經沒有繼續下去的可能，結束婚姻關係是勢在必行的事。重點在於，相對人（也就是文雄）需要覺知和接受離婚是不可迴避的事；相對的，聲請人（也就是美玉）需要澄清和瞭解用什麼態度和方式讓彼此好聚好散。更重要的是，結束伴侶關係之後，如何扮演合作父母的角色，是雙方要共同努力的地方。

法官觀點

一、法律訴求解析

本件的法律訴求很單純，女方因無法存活在現實的婚姻與家庭關係中，又求離不成，乾脆選擇不告而別。稍事安頓後，就到法院訴請離婚，並希望能探視孩子。男方對此訴求非常火大，並表示「離婚好談，但孩子的問題一大堆，她怎能一走了之，太不負責任了，請她把子女帶走扶養」。女方表達才剛站穩腳步，經濟實力缺乏，對孩子的扶養實在是有心無力。

筆者當時是擔心孩子們受到的衝擊與傷害，他們可能會覺得是「被爸媽拋棄的一群」？

二、法官審理方式

本件雙方的婚姻關係由於先天不足後天失調，早就難以起死回生了。問題是此段婚姻關係結束後，他們的孩子將何去何從？真讓人煞費苦心。不過，解鈴還需繫鈴人！

藉由調解程序，筆者在法庭看到了這些孩子，大兒子對父母婚姻的狀況，保持距離感，不願意涉入太多；大女兒則與母親比較靠近，想跟著母親一同離家。小女兒的問題比較嚴重，想法負面，也不願意表達意見。我對他們表達關懷與鼓勵後，就委由程序監理人同理他們的情緒、瞭解他們的各自需求，並協助他們與父母互動，

表達對父母的想法及期望。

另外，三個孩子又有各自的特殊狀況。

大兒子遇到生涯規劃及過動症的問題。在生涯問題上，建議文雄和美玉能夠接受親職教育訓練，一方面能夠更懂得站在同理的角度，傾聽孩子的需求，一方面也要懂得帶領孩子認識自己的特質、父母的期待及未來工作的社會環境，透過良好溝通，幫助孩子在重大生涯選擇上，做出正確的決定。

而在過動症的問題上，雖然兒子已經是高中，但過動症仍會造成學習及生活的困擾，父母親仍應持續關心及追蹤，必要時也需要尋求專業與醫師協助，並與導師保持聯繫，瞭解孩子在校的狀況。特別是孩子面臨重大升學考試，在壓力情境下，更應關心孩子的學習困境，是不是有力不從心之感。

大女兒讓父母擔心的是未婚生子的狀況。在開庭期間正是大女兒懷孕階段，因為大女兒表達要跟媽媽住在一起，所以有關生下孩子後的照料問題、大女兒的就學問題，以及感情上所受到的創傷，都是媽媽要立即面臨的。美玉表示既然發生了，就要勇於面對解決問題，她會和女兒一起照顧這個孩子，也希望藉由這個過程，能將曾經離家出走、失去的女兒再找回來。

在課業部分，她希望大女兒在生完小孩後，能夠重新回到學校上課，女兒一向對設計很有興趣，她想跟女兒討論是否去念私立高職的服裝設計科？一方面學得一己之長，一方面半工半讀也會有經濟收入，減輕養育小孩的負擔。

小孩的部分，由美玉、保母及大女兒一起輪流照料。美玉也希望藉由大女兒跟自己住的時間，多與女兒溝通聊天，希望母女能聊聊感情與婚姻，二人都是在婚姻及感情路上跌倒的人，除了彼此安慰扶持外，對於未來的感情，也能夠建立正確的觀念和看法。

小女兒因個性內向，又剛好升國一，換了一個陌生的環境，在

學校遭受霸凌，而開始有自傷及憂鬱的傾向。

　　文雄對於如何照顧小女兒，感到極度焦慮，不知道要怎麼做？筆者首先建議重修父女關係的重要，因為所有溝通都開始於信任關係。有時候小女兒不講話，父母也不一定要逼她說話，在旁邊默默陪著她也是一種關心。另外，對於同學對小女兒的霸凌，父母應該要告知校方，制止這樣的行為持續發生，並請輔導室能夠召集相關的輔導專業人員，針對霸凌事件加害者、被害者與旁觀者，都能有完整的心理輔導。

　　最後是處理孩子的自傷及憂鬱問題，孩子用美工刀在手上畫出多道傷痕，一方面父母要持續觀察及關心孩子的傷勢變化，一方面也要與學校導師及輔導教師保持密切聯繫，憂鬱情緒持續發生的話，必要時也要尋求專業及醫師的協助。

　　筆者在開庭時，先肯定他們疼愛孩子的用心與照顧孩子的辛勞後，就開導他們需要瞭解孩子的十大權利，以及學習擔任合作父母的重要。雙方的情緒很高漲，想法又很固著，隨後就委由調解委員同理雙方的情緒，釐清他們的思緒，協助他們有效溝通。程序監理人也隨後協助並代表孩子發聲，讓雙方聽到孩子的呼喚、聽到孩子的需求，學習做合作父母。程序監理人並為孩子尋找相關支持性的輔導管道，儘速調整他們的失序、失能之處。

　　本件由於父母及子女需要花多些時間適應家庭的變故，基於行政管考的時限，需暫時結束調解程序。接著就由筆者在審判程序中繼續試行調解。

　　在多次開庭調解後，雙方同意離婚。大兒子已成年跟著父親住；父親也願意擔任小女兒的主要照顧者，女方每月給付小女兒扶養費五千元，每一週會有一天會回到男方的住所，與小女兒共住一天。大女兒就跟著母親住。筆者為強化雙方的親職能力，建議他們接受親職諮商服務。

三、結案成效分享

本件結案的成效在於，法院願意花費大量的時間與精力，引領調解委員盡心盡力地協助離婚夫妻如何好散？以及如何在離婚後重整失調的親子關係，把對子女的愛找回來？

溫馨小叮嚀

♥ 結婚不是如小說、電影上所描述的那麼浪漫。婚姻生活是要用心經營的，沒有看清楚和想清楚，就不要勉強結婚；沒有能力、意願照顧孩子，就不要勉強生育。

♥ 家庭生活要互相感恩、彼此尊重、互愛對方做基礎，遇到大風大浪才能同心面對。有困難要尋求專家、社區資源協助，更要負責任一起解決。

♥ 每個人都不是天生就會當好人妻人夫的角色，當人父人母更要不斷學習，更重要的要學習情緒控制，遇事不要被情緒擾亂了分寸。

♥ 夫妻因姻緣而生活在一起，緣盡了就要好聚好散，父母子女是血緣關係，做不成夫妻還是要做好父母的角色，這是上天賦予的責任。

□「案情概述」、「專業觀點與策略」&「溫馨小叮嚀」撰述者：楊苑苑
- 臺灣臺北地方法院家事法庭調解委員 11 年
- 國立彰化師範大學輔導學系畢業
- 國民中學導師、組長、主任，年資共計 21 年

放手也是轉機——捍衛家的男人

引言

家庭裡的衝突，看似茶壺裡的風暴，若身歷其境、瞭解真相，就會明白其中的翻騰！三個巴掌，打翻了十七年苦心經營的婚姻與家庭，也翻攪出兩顆無奈苦悶的心靈。

故事的結局，表面上調解圓滿成立，卡住的愛可以再次緩緩流動了。然而，未來是隱藏了深遠議題，無意間為下一代的兩性相處投下震撼彈？或是假以時日，可以再度成為圓滿的家庭生活，不但豐富夫妻兩人的心靈，同時也能滋養兩個孩子的生命發展？這考驗著愛家也愛孩子的當事人的智慧。

案情概述

啟明是個好男人，但陷入疏離、空虛、乏味的婚姻生活，讓麗珠對丈夫不再有感覺，想離婚。啟明感覺老婆不對勁，吃醋、爭吵、打架，讓麗珠終於有了最好的離婚理由「老公與他的家人打我耳光，拿到保護令後就離婚」。

淒風苦雨的深夜，啟明開著大貨車行駛在高速公路上。路上沒有其他的車，好像這條路上只有他一人在黑夜中執行勤務，孤單、鬱卒。他在執勤，老婆卻背著他與另一個男人在線上談情說愛，現在竟提出家暴告訴，吵著要離婚。啟明的心很痛，好想衝往對向車道一死了之！

麗珠四十一歲，高職畢業，獨生女，上有三個哥哥，是工廠作業員，常加班到晚上七、八點，月入約三萬元左右。結婚十七年，

育有一女一子；兩個孩子聽話乖巧，分別就讀高中與國中。麗珠從小目睹父母的衝突與家暴，婚前特別要啟明承諾不會用暴力處理問題。

婚後曾和公婆一起住，公婆會幫忙帶孩子。有時因為家事被責備，讓麗珠覺得委屈，但也只能忍耐。老公偶而會幫她說話，但大都是勸她要忍耐。啟明是一個孝子，有很多地方包容她、讓著她，麗珠也就將委屈忍了下來。

孩子長大了，房子不夠住，在公婆家附近買了婚後第一棟房子，登記在麗珠名下。搬出婆家自組小家庭後，麗珠要求啟明薪水交給她、由她管理家庭的財務；啟明同意，每月僅保留七千元的零用錢。

啟明為了想多賺些錢，早一點還清房貸，改行開大貨車，在冷凍公司擔任夜班司機，月入七萬元。每天工作十二小時，生活日夜顛倒，夫妻因而很難碰面，常一星期講不到話，都是以電話、字條來聯絡。啟明下班回家時，很是疲憊，見到面時卻抱怨沒將家裡打掃乾淨，嘮嘮叨叨的讓麗珠很反感，彼此的關心、安慰、支持越來越少。

工廠領班張先生三十五歲，未婚，常讚美麗珠有效率，二人因工作相處愉快，開始一起吃午餐，偶而一起吃晚餐。張先生有個交往七年的女友，但二人還沒有結婚的打算，張先生喜歡找麗珠談人生、婚姻與家庭，下班後也會在電話中、網路上聊到深夜。二個孩子聽到媽媽與男同事線上聊天，心中不免疑惑。

四十五歲的啟明，高職畢業，是長子，下有一弟一妹。啟明非常重視家庭生活，和父母與兩個弟妹關係都很好，很有大哥的風範。婚後和太太努力經營家庭，認真工作、努力賺錢、省吃儉用，重視子女的教育。在十七年的婚姻生活中，他很感謝太太認真教導子女，二個孩子表現穩定。但麗珠的個性固執倔強，相處上有些辛

苦，也不太喜歡做家事，啟明會叨唸太太，但自己會親力親為。

啟明總是鼓勵自己往家和萬事興的方向去努力。買了房子後，房貸壓力很重，父母體諒啟明與媳婦的生活壓力，不必拿錢回家，孩子放學後可以先去阿公阿媽家吃飯，再回家寫功課，啟明很感謝父母的支持與幫助。二個孩子跟阿公、阿媽也有著很深厚的感情，但麗珠與婆家的相處，總覺得有著距離。

啟明改開夜班貨車已經五年了，工作更辛苦與疲憊，和太太講不上話也碰不到面，精神是苦悶的。啟明為了要讓全家有互動的機會，假日有空就邀太太、孩子戶外踏青、騎腳踏車，或吃大餐，基本上太太不會拒絕，孩子也很配合，兩人仍有親密行為，看似還算正常的夫妻生活。

但五年下來，啟明已感覺夫妻不復以往，當孩子告訴他麗珠在半夜常跟男同事聊天，啟明很不是滋味、氣憤、傷心、失望、難過，接著啟明查到通聯紀錄，確實有曖昧的話語，啟明問麗珠怎麼回事，麗珠說沒事，只是聊天！

兩人終於起了爭執，啟明提高嗓音很生氣的說：「我一想到在又風又雨又冷的半夜裡，在高速公路上開著冷凍車打拼生活時，而妳竟然對我不忠，與別的男人談情說愛，妳太讓我傷心了！太對不起我了！」麗珠也沒好口氣，兩人越吵越兇，姊弟從睡夢中驚醒，感到很害怕，於是弟弟跑去找阿公來勸架，姊姊在家守著。

沒多久，阿公與小叔趕到家裡，啟明說明原委，麗珠被公公責備很不是滋味，與公公吵起來，小叔因為麗珠對父親的惡劣態度，怒斥麗珠；麗珠覺得三個男人聯合欺負她，情緒失控將公公與小叔罵得更難聽，小叔氣極打了麗珠一耳光，麗珠也立刻回小叔一個耳光。混亂中，啟明看到麗珠打小叔一耳光——卻沒有看到小叔先打麗珠——當下失去控制，也打了麗珠一耳光，麗珠大哭起來並打電話報警。

　　兩個孩子嚇壞了，不知如何是好，去拉媽媽的手，但媽媽將孩子的手甩開，姊弟二人哭了起來！當天麗珠在社工的幫助下，對公公、小叔與先生三人提家暴告訴。事後啟明瞭解是弟弟先動手，向麗珠認錯與道歉，請求她原諒，但她不接受任何人的道歉，堅持要以訴訟處理。麗珠告訴啟明說，這個婚姻是被啟明的一巴掌毀了，雖然這是十七年婚姻中第一次動手，不過，麗珠說婚前就告訴啟明，只要啟明動手打她，她就會提離婚。在麗珠堅持下，公公、小叔、啟明都面對他們人生的第一次訴訟。

　　麗珠聲請家暴訴訟後，隨後再提出離婚聲請，法官安排位兩位調解委員，分別為麗珠、啟明提供心理諮詢服務，又為兩個孩子安排了兩位程序監理人，以安穩他們的情緒。希望能提供足夠的資源去解決目前的問題，將可能的傷害減至最低。

專業觀點與策略

　　調解委員看到十七年的婚姻生活中，與婆家的互動有著許多不快樂的經驗，麗珠很不喜歡媳婦這個角色，但都忍了下來，能忍下來的力量來自她想給年幼的孩子一個完整溫馨的家，也看見先生吃苦耐勞，將全部的薪資交給她管理，從沒有質疑過她，夫妻為這個家庭共同努力。

　　但這幾年來，先生忙著打拼賺錢，日夜顛倒，彼此缺少了支持與安慰等精神食糧，兩人關係日漸疏離，加上兩個孩子長大了，進入空巢期的麗珠，內心是空虛的，和領班張先生聊天，成為生活中快樂的來源。

　　調解過程中，麗珠說到離婚，總是以高姿態壓過啟明，她堅持是那一巴掌逼她提出離婚，調解委員看到麗珠的固執，以及她需要的內在精神食糧。

　　啟明原生家庭成員情感很好，事發後他非常擔心會失去婚姻，夾在太太與父母兄弟的情感間，很是為難與痛苦，所幸父親與弟弟很明理地願意向麗珠道歉，希望他們的婚姻能維持下去。在父母與兄弟的支持下，啟明可以沒有後顧之憂地努力挽回自己的婚姻，希望給孩子一個完整的家，也不想去追究太太是否有外遇。

　　啟明知道那一巴掌，表面是為了弟弟，打下去後啟明覺得醋勁全沒了！只想積極地為那一巴掌道歉。調解委員從啟明目前的生活狀況得知：兩人已不溝通，但會為孩子的事情說話，兩人依然有時會睡在一起，也偶而有親密行為。啟明認為二人還有感情，對挽回婚姻是有期待的。兩個孩子的情緒不是很穩定，尤其是兒子，因跑去找阿公勸架結果讓事情更糟糕；看到兒子比以前更乖、更聽話，反而讓啟明有些不安。

　　女兒的程序監理人看到女兒很懂事，希望趕快高中畢業，就可以半工半讀，打工賺錢，減輕父母的負擔，爸爸就不必那麼辛苦做夜班工作了，不希望父母離婚，懷念全家出遊踏青的畫面。兒子的程序監理人看到他與姊姊的感情很好，希望爸爸換工作，不要做夜班工作，很擔心父母會離婚，能和父母一起生活不分開，是他最大的期待。

　　三個月後，麗珠聲請離婚案開調解庭，雙方進入調解，麗珠依然堅持要離婚，她不要當媳婦，如果老公不要離婚，法官也不判離，她會搬離家，開始分居，如果老公答應離婚，家還在，因為她會留在家裡照顧孩子與啟明，過和以前一樣的家庭生活。啟明的訴求是不要離婚，因為他要給孩子一個有爸爸、有媽媽的家，調解委員協助啟明、麗珠看到，二人共同點是期待給孩子一個完整的家，但啟明要的是有婚姻的家庭，而麗珠要的是同居家庭。

　　第一次調解結束前，調解委員讓啟明知道麗珠沒有交男朋友，但麗珠的心已離開啟明，也直接告訴啟明說這婚姻已經死亡了。麗

珠要離婚，需要啟明點頭同意；啟明不答應，將移請法官判決。最後，啟明與麗珠都帶著難看的表情離開法院。

第二次調解時，看見啟明與麗珠坐在一起說話，等候調解委員來到，二人臉上的線條柔和許多，尤其麗珠的心理負擔似乎有些減輕。原來是啟明答應離婚，離婚條件也順利達成協議，二人離婚的事，打算只讓雙方父母知道，不讓孩子知道，房子依然在麗珠名下，不得買賣，將來誰先再婚誰就先離開這個家，二人都再婚後，就做為孩子的家、給孩子住。

啟明依然將薪水全部交給麗珠支配家庭開支，每月有零用錢七千元。他們有夫妻之實，無夫妻之名；麗珠完全不與婆家互動，但不會去影響啟明與孩子跟婆家互動。

聽到啟明的抉擇，詢問他何以同意麗珠的訴求？他說因為愛家、愛孩子，也愛老婆；從以前到現在他最寵愛的人是麗珠。調解委員很期待麗珠會珍惜這位讓人感動的老公，看著他們一起回家的背影，腦海裡呈現出「繞一圈、轉個念，我家依然在」的畫面。

(1) 本案調解成立，兩造達成離婚協議，繼續同居共同照顧未成年孩子，調解成立的關鍵是調解委員看到了雙方的情緒主題，並點了出來，讓雙方彼此瞭解：麗珠沒有外遇對象，但她的心已離開啟明，想藉啟明的一巴掌，拿到保護令讓離婚訴求合理化。與公婆相處不睦、被小叔打不是主要原因。

而啟明打麗珠的那一巴掌，不是為小叔回打回去，而是因為自己的醋勁大發所致。調解委員告訴麗珠，啟明的那一個巴掌確實不應該，但啟明已覺察自己的感受引發了錯誤行為，而深刻反省中，以此做為離婚的理由，可能有些牽強，麗珠理解當即撤銷家暴告訴。

(2) 建議麗珠不要以高姿態的方式和啟明協商離婚，當麗珠姿態放低時，啟明也慢慢接受麗珠的訴求。調解委員私下與啟明溝

通，因夫妻長期互動貧乏，麗珠情緒上需要出口，與領班談話多一些，並不表示有外遇，只是她的心漸行漸遠。當啟明知道麗珠沒有外遇時，吃醋的感覺消失，也較有力氣與麗珠繼續協商。

(3) 啟明的原生家庭支持啟明的決定，沒有介入，是本案成功的另一關鍵。第二次調解順利達成離婚協議，兩人同居一起照顧孩子，生活和以前一樣，為了維持完整的家，啟明自己做了最勇敢的決定，接受一個有實無名的婚姻。

(4) 家暴訴訟期間，拉高了兩造的對立關係，家庭陷入危機之中。如何化危轉安，法官提供兩造諮詢服務，並視需要為孩子安排程序監理人，應是周到的安排，諮詢後的評估也可做為調解時的參考。

心理諮詢觀點

這個故事裡，可以看到「雙重轉移」（或稱雙重錯置）動力發揮作用的影子，看到經過調解委員及法官協助之後，家庭內卡住的愛緩緩流動了，更看得到後續的未竟事宜。

雙重轉移的動力承載著滿滿的能量，深深地影響著人與人之間的關係，尤其是對男女伴侶關係有著深遠的影響。不僅在華人世界，全世界有許多女性承受大量來自男性強勢的對待，她們的命運一直受到雙重轉移動力的影響，但是她們對此並沒有覺察。

麗珠從小目睹父母間的衝突與家暴，這個創傷經驗讓她承接了原本屬於母親對父親的情緒。雖然婚前啟明承諾不會以暴力處理問題，但她是帶著這樣的情緒經驗，進入自己的伴侶關係，承接不屬於自己的情緒，這是第一個錯置。

麗珠與啟明的伴侶生活被生活的任務填得太滿了，疏離的伴侶連結，讓啟明的心處在一個緊張狀態，而麗珠需要反思調整的行

為（常與男同事電話聊天到半夜一兩點），則將伴侶關係的張力推到最高點。啟明的父親及弟弟的加入，讓麗珠更感憤怒，啟明的一巴掌成了壓垮駱駝的最後一根稻草。當然，公公和小叔的勸架變成了責備，麗珠回應的咒罵也承載著滿滿的憤怒，於是，一個巴掌就成了離婚的主因。

麗珠對伴侶的強烈情緒，某種程度上有著兒時承自母親對伴侶的憤怒，本來憤怒情緒的對象是父親，現在投射的對象是啟明。這就是第二個錯置。

如果沒有雙重錯置的動力，十七婚姻生活中，啟明第一次動手的一個巴掌會導致兩人離婚的結果嗎？也許不……。不圓滿的故事結局似乎還帶著些圓滿。在調解委員和法官的協助下，啟明原生家庭的支持和啟明的妥協，兩人在法律上的婚姻關係畫上了句點，但一家人依舊過著麗珠要的：同居家庭生活。

這個結局，表面（法律）上調解圓滿成立，卡住的愛可以緩緩流動了。然，未來還有隱藏的深遠議題，因為這個家庭系統中次系統的界線模糊了。兩個孩子「不知」父母已經離婚，他們想給孩子示範的是什麼樣的伴侶關係？

啟明有清楚的自省，麗珠身上似乎看不到。她與婆家完全不互動，這樣的狀態，她看得到孩子們承襲自父系（啟明）的生命部分嗎？如果無法看到孩子全部的生命樣貌，麗珠與啟明身為父母的愛，如何順暢地流向兩個孩子身上，如何豐富滋養兩個孩子生命的發展？這一點，值得深思啊！

法官觀點

一、法律訴求解析

從事件表面看來，本件是小家庭內的未成年兒子看到父母親發

生爭議，不知所措之際立馬請爺爺援救的事件，不料卻演變成丈夫及其家人與妻子間的家庭暴力聲請，以及夫妻間的離婚事件。

本件家庭暴力之聲請雖涉有言語及肢體衝突，然是否有繼續發生暴力的危險而需核發保護令，是法官所應審酌的。法院通常的做法，就是單純審理保護令事件，至於本次發生的夫妻肢體衝突是否成為離婚的條件，也是法官所應斟酌者。

二、法官審理方式

本件夫家與妻子間之肢體暴力衝突事件，背後涵蓋了彼此間需要澄清的長久誤會。而夫妻間的肢體暴力衝突，不僅反映了丈夫在大家庭與小家庭間的角色定位，還凸顯了婚姻生活早已亮起紅燈、需要審視調整。這些都需要裁判外的處理。

參酌我國家庭暴力防治法的立法目的，固在保護被害人權益，並防治家庭暴力行為，然其最終的目的則在促進家庭和諧。如何藉著審理此類事件的機會，在保護權益、防治暴力之下，更能促進家庭和諧，則是筆者審理家庭暴力保護令事件的一貫原則。

接到此案時，筆者即刻定期傳喚妻子、丈夫、公公、小叔同時到庭表達意見。當筆者調查當天的狀況時，發現夫妻間、妻子與婆家間，確因溝通不良，發生了肢體上的衝突。此外，也看到他們的神情都很疲累不安，丈夫與家人滿懷慚愧抱歉之情。如果只為求得心安，大可核發保護令結案，給丈夫、公公、小叔一個教訓。然而夫妻關係、妻子與婆家的關係一定是雪上加霜，越加惡化。

如果筆者以裁定駁回妻子的保護令聲請，丈夫、公公、小叔的焦慮或許暫可舒緩，然夫妻間以及妻子與婆家間的關係則無由調整，整個家庭都將繼續在混亂與不安之中。筆者因而採用了以下這個裁判以外的做法：

筆者在開庭時諭知：「解決家務事需要好好溝通，不能使用暴力。法官從現在開始監督你們，請你們自制，結案前如有類似事情

發生，應馬上報告法院，我就儘速審理核發保護令。在我決定是否核發保護令之前，先轉介諮詢調解委員，為你們提供心理諮詢服務，讓大家說說自己的委屈與想法，在此之後，我再決定是否核發保護令。」我還特地請他們帶孩子到法院參加諮詢。

他們為想得到法院對自己最有利的處置，就會盡力配合法院的要求。一則會小心防範避免發生衝突，二則在心理諮詢的過程中，接受諮詢人員的引導，可以漸次學習相關的人際溝通方式，可以修整彼此關係。

當筆者再次開庭時，這一家人已在法院接受過數次的心理諮詢服務，在此期間夫妻及妻子與婆家不僅沒有繼續發生任何暴力衝突，甚且還因此次的危機，冰釋了彼此間長久以來的誤會，善意可以互通，彼此的關係也可漸次修復。妻子撤回了本件保護令的聲請。對於撤回聲請事件，我都會提醒他們，在必要時仍可繼續聲請救濟。

對於他們的孩子，筆者委請了程序監理人為他們提供諮詢服務，一則傾聽他們對於父母關係與家庭生活失調的心聲與想法，並予深度同理，進而協助因應的方法。

即使兩人的關係已大大改善，妻子對離婚的聲請仍然非常堅持，一再表示即使在法律上無法取得離婚的裁判，也要分居在外，形同離婚。

為此，我衡量了他們現有的經濟狀況與照顧子女之需求後，在開庭時不止一次誠懇地勸諭他們，夫妻關係重在實質，如果妻子只是不想要有婚姻之名，但兩人相互尊重仍有夫妻之實，也很美好。

假以時日，一旦妻子對於兩人的關係更有信心時，再度結婚並非全無可能。等待了一陣子，丈夫居然願意滿妻子的願，同意與妻子成立調解離婚，過一個共同合作照顧子女的男女同居生活。

本件的調解委員非常盡心盡力地為妻子與夫家、以及夫妻間的

衝突轉危為機，充分為丈夫賦權，使他在得到家人的支持下，做了一個非常有智慧的決定，為了維持一個完整的家，接受一個有實無名的「婚姻」，兩人有夫妻之實，一起照顧孩子，如同以往。

三、結案成效分享

本件的結案成效不在於法院是否核發了保護令，而是在於法院以裁判以外的方式，達到了保護權益、防治暴力，更促進了家庭的和諧。

對於本件法院如果只從家人間發生肢體衝突的表面，調查是否有家庭暴力情事？評估是否有繼續發生的危險？而逕行裁定是否核發保護令者，則結案較速，也無需承擔風險。然而，以本件為例，此法或可保護權益、防治暴力，然對修復夫妻關係，促進家庭和諧，就是雪上加霜，遙不可期。

筆者所採所用的這種裁判以外的做法，就是在審理此類事件時，除依法在開庭時調查家庭暴力曾否發生？有否繼續發生的危險性？以決定是否核發保護令外，最重要者是採取一種監督與教育的機制，不僅由筆者再三重複諭知家庭暴力對家人的重大傷害，以及對家庭關係的嚴重破壞，必須即刻終止，並儘快把這一家人轉介給具有防治家庭暴力專業的調解委員，提供數次的心理諮詢服務，以期達到保護安全、防治暴力，又能促進家庭和諧的成果。

雙方就離婚成立調解在法院簽名時，曾一再地感謝法院與調解委員的協助，並允諾願為其他的當事人分享此次接受諮詢與調解服務後，內心成長的心路歷程。

溫馨小叮嚀

♥「南風又輕輕吹起，吹動著青草地，草浪緩緩推來推去，
 景色真美麗……從這小溪看下去，木屋站在那裡，那是
 我溫暖的家，我住在那裡。」歌詞簡單，意境很美，風
 吹風起，有大有小，沒有風浪的草原，景色不會生動，
 每個家都會被風浪吹動，走過風浪後，家更會有凝聚力。

♥ 知道自己要什麼，勇敢去捍衛，請記住當承受的風浪太
 大、快要不行時，一定要去找專業的助人工作者談談，
 讓自己能在大風浪中再次度過危機。祝福每一對努力的
 夫妻。

□「案情概述」、「專業觀點與策略」&「溫馨小叮嚀」撰述者：趙學萍

- 彰化師大輔導系畢業
- 學校輔導工作 30 年
- 救國團義務張老師 5 年
- 臺灣臺北地方法院家事法庭調解委員 15 年

小媽媽、小爸爸的天空

引言

小孩子常常會期盼快快長大，因為長大了就可以做大人能做的事。只是，大人能做的事卻相對地附帶著責任與義務。想要長大，身心都準備好了嗎？婚姻絕不能視同兒戲，錯愛、愛錯不僅會傷害自己，也會傷害你心愛的人。

案情概述

高中畢業的青少年，熱情洋溢、追尋自由解放。在成為大學新鮮人後，恣意享受著無拘無束的青春浪漫。

面貌姣好、體態纖細、活潑好動的欣怡，成為男同學追求的對象，任性的欣怡也很容易地陷入激情，與交往男友發生性關係。高大壯碩、風流倜儻的志傑與欣怡同為大學同學，他的家境優渥且深得父母寵愛，每天上下學均開著汽車代步，呼朋引伴、出手闊綽。父母多餘的房子成為他的遊樂基地，抽煙、喝酒、打麻將、翹課等作為，背著父母樣樣都來，樂此不疲。

志傑不介意欣怡的交友隨便，對欣怡展開熱烈追求。欣怡做事細心、注重細節，但無主見、單純天真、容易被騙，因此很快地接納志傑為固定男友。志傑告知欣怡性愛之後服用「事後丸」，即可避孕；欣怡配合卻致懷孕且流產一次後，驚覺「事後丸」並無效力且傷身。最終倆人認識不到半年又再度懷孕。欣怡不想傷害孩子與自己，決意生下孩子。雙方父母出面共同解決問題，倆人決定休學並結婚。

　　志傑父母開出條件：負擔欣怡之後的學費、提供房子供倆人成家居住，孩子生下前每月三萬元、孩子生下後每月五萬元，生活費由志傑的母親直接匯入兩人帳戶。

　　孩子生下後，志傑轉學、欣怡則到夜間部繼續學業，兩人帶著孩子改住志傑父母的另一間靠近學校的房子。欣怡白天自行照顧孩子，週一至週五志傑父親下班後接手照顧，週六欣怡需要整天上課，因此由志傑父母幫忙照顧孩子。後來欣怡再度流產需要休養，特別商請週五傍晚由志傑父親將孩子帶往自家照顧，至週日再接回。

　　結婚後兩人共同居住才深入瞭解對方。欣怡喜歡戶外活動、志傑則否。欣怡對志傑生活上的散漫、髒亂頗有微辭。志傑抽煙、喝酒、賭博、生活作息日夜顛倒、呼朋引伴吃喝喧鬧等習性，並不因有了孩子、成為父親、且仍在就學中，而有所節制。

　　讓欣怡更困擾的是「婆婆發現志傑喝酒賭博等作為時，會扣除半額的生活費，以勸戒志傑改善」。志傑不喜歡欣怡結交朋友，尤其是與異性同學交往，但兩人的家卻是兩人同學朋友經常聚會玩樂的窩，兩人也培養了默契，知道如何避開父母的監督。

　　某星期六晚間，欣怡於課程結束後與一男同學一起回到住家。欣怡認為以往亦曾多次邀約同學留宿，且該同學與志傑也熟識；當天返家之前也曾電話聯絡志傑說明，只是尚未說明清楚志傑即掛斷電話。

　　志傑很快回到家門口，發現家門反鎖。欣怡開門後，志傑發現欣怡已更換家居衣服且與男同學單獨在家中。志傑懷疑欣怡有不軌行為，兩人衝突爭吵拉扯。欣怡指稱志傑打她耳光、踹她。志傑對此極力否認。部分爭吵過程被電梯監控錄影，於後續訴訟中被志傑引為證據。

　　當晚，志傑拉欣怡到警察局以通姦報警作成筆錄，警察也進入

他們住家蒐證，但無所獲。至清晨三時，志傑叫了計程車將欣怡由警察局拉至欣怡父母家中談判，志傑的父母也到場，雙方惡言謾罵不歡而散。稍後欣怡欲返回住家拿取衣物時，門卡已被消磁不得其門而入。志傑對該名男同學提「妨礙家庭」告訴，而欣怡於驗傷後對志傑提「家暴、聲請保護令」與「重傷害」之民、刑事訴訟。

由於案發前一天孩子本就已由志傑爸爸帶往自家留宿照顧；事件發生後，彼此有訴訟案件互為攻防，欣怡無法順利探視孩子，幾次與志傑約談會面，均被利用為反證之蒐證而心生恐懼。欣怡為爭取孩子監護權提出離婚訴訟。開庭時，法官指示孩子交由欣怡照顧，志傑得以探視。

經過四個月的分離母女再度相聚。欣怡發覺女兒變得特別黏著她、總是要媽媽抱著。陪伴玩耍時經常停下察看，一沒看到媽媽就哭鬧著叫喊尋找；睡覺也不安穩、常常驚醒。當談論聽到「爸爸」一詞時，即閉口不再言語。欣怡與志傑在交接女兒時並無交談，志傑抱走女兒時，女兒會緊抱媽媽不放；而開車送回女兒時，女兒又緊抱志傑的媽媽，哭鬧著不肯下車。

當女兒在爸爸家、晚間上床睡覺時，久久無法入睡。爺爺關心詢問，女兒總是回答說「要媽媽一起來睡」。兩家大人在小孩子身體不舒服或是身上有傷口瘀青時，除了心痛外，就只有互相指責與批評。

欣怡認為婆婆操控兩人家居生活，而且不順她的心意時極易情緒失控；志傑卻無法居中調解。而苛扣生活費及公婆備有家門鑰匙、自行隨意進入等事件，令欣怡深覺不被尊重。案發事件後，欣怡返回娘家居住，離開四個月以來，體會到與志傑及其家人處理諸多事件之折衝與屈辱，欣怡離婚意願更加堅定。

欣怡認為自己當初就是為了女兒才決定結婚，對女兒有責任感。孩子自小由自己親力照顧，尤其是女孩子由媽媽照顧應更適

宜。目前帶著孩子住在娘家，由兄姊爸媽共同協助照顧孩子，自己仍繼續大學學業，待安定後擬轉學以利就近照顧。願意尊重配合孩子爸爸的探視權。

志傑聲稱欣怡有外遇，有錯在先，目前雖相互提出告訴，還是希望挽回婚姻，願意相信、原諒欣怡，卻對夫妻相處之間種種問題提不出改進之道。如果欣怡堅持離婚，只要欣怡快樂，他也會接受。認為自己父母在照顧女兒上用心甚多，有很好的教育理念，且安排完整的就學計畫，表示會尊重孩子媽媽身為母親的職責和感情，但強烈希望取得監護權。

欣怡覺得志傑繼續對其提通姦之告訴是為證實她行為不檢，以奪取孩子的監護權。雖不承認有外遇事件，但不免心生疑慮。

調解時就志傑探視孩子部分已達成協議，而在簽訂孩子照顧計畫時，志傑要求孩子需就讀於出生就登記之特別優良的幼兒園，否則不付任何扶養費用；並提出為公平起見，該以爸爸家為主要照顧居住地。

一年多的紛紛擾擾，孩子在爸爸家與媽媽家之間移換交接，感受到雙方的纏鬥，孩子的心在滴血，只要求大人不要再吵架了。孩子接收到的威脅感會提升壓力賀爾蒙指數，引發躁鬱症甚或精神分裂。為考量孩子最佳利益，在孩子心理狀態已出現問題時，應盡快就診於兒童心理醫生，以最適合的安排方式為準。雙方及其父母共六個大人均願用合作態度及方式獲取彼此諒解，而此次兒童心理醫生的就診事宜，應交由孩子的父母安排並執行。雙方的長輩將放手不再介入。相關進程由法院列入追蹤。

專業觀點與策略

(1) 引導並傾聽當事人說明事件發生原委，瞭解小夫妻的家庭

生活及與長輩相處時的狀況與感觸。協助釐清對自己身心狀況的掌控、對婚姻家庭生活的認知及規畫、對未來生活的期望與處理能力。

(2) 告知訴訟過程及可能的結果，並分析可能發生的影響。

(3) 年輕貪玩倉促成婚，太早進入婚姻關係是艱鉅的挑戰，尤其沒有經濟能力，還需由父母來擔待。在學學生身分與為人夫、為人妻身分之界限區隔失去分寸。欣怡從懷孕開始繼而經歷決定結婚、生產與照顧孩子的過程，她的心理已確實發生了變化，已成熟昇華為媽媽的角色。而志傑被父母寵慣、生活與習慣依舊糜爛，並未意識到為人夫、為人父應有之作為。婚後大小孩照顧小小孩的窘狀與磨擦，令欣怡認清維繫婚姻生活的困窘。

(4) 志傑雖涉世不深，但自以為是、言詞閃爍、避重就輕，前後多有矛盾，缺少誠懇誠實。口口聲聲愛妻子、婚姻非兒戲，對家庭中諸事卻說不出個所以然，女兒的照顧和教育也完全依賴父母。每次到院其母必定陪同，口若懸河、咄咄逼人，頗有優越感，母子說詞甚為一致。雖表示尊重欣怡的母職，卻處處插手自己的想法和計畫。其母聲稱自己沒有女兒，照顧孫女會如同自己女兒一般。

(5) 志傑與其父母的高姿態，貶傷了欣怡及其家人，雙方權力不對等，進行調解不易，僅存敵對攻防。此外志傑母親的介入，讓志傑淪為達成母親意志的傀儡而且著重「事」的公平，忽略孩子的需求。

(6) 經雙方及雙方長輩會談，瞭解孩子心理狀態亟需兒童心理醫生診療，遵從醫生專業安排。為孩子最佳利益，雙方必須合作。長輩們放手放心，由小爸爸和小媽媽自行面對就診事宜，或許能為孩子找回晴空。

心理諮詢觀點

故事的主角志傑和欣怡，在彼此關係的連結上，帶著多種不同角色的帽子。志傑，是父母的兒子，是欣怡的同學和先生，是欣怡父母的女婿，也是女兒的爸爸。欣怡呢，是自己父母的女兒，是志傑的同學和妻子，是公婆的媳婦，也是女兒的媽媽。他倆有多個角色需要扮演，就他們家庭生命發展的歷程來看，最重要的角色是人夫和人妻、人父和人母；然而事實上，並非如此。這個婚姻遭遇這麼大的挑戰，志傑母親的介入是主要原因之一。

某種程度上來說，志傑可能是人們眼中的媽寶，事實上他就是一個還未成熟的大孩子，事事都還需要依靠父母，尤其是母親。在他的生命中，兒子的角色佔據了他大部分的心靈空間。這種過度依賴的親子關係，在志傑有了自己的核心家庭之後，如果父母和他沒有覺察自己在系統中身分角色的轉變而進行調整，可以想見，對剛剛建立的夫妻關係會造成什麼影響。而今日走上法庭訴請離婚，也是預料之中的事。

調整過度依賴而界線不明的親子關係，具體來說要怎麼做呢？二〇一九年出版的一本新書《適度依賴》中提到三種方式：

一、鼓勵自主行為：就是停止獎賞依賴行為，同時鼓勵自主行為。

二、設下靈活界線：過分黏膩的關係最需要設定界線，這是每個健康關係的基本要素。

三、發展新的反應模式：忽略（也就是消弱）依賴行為，肯定和鼓勵自主行為。

這三種調整關係變化的方法背後，涉及一個重要的概念——界線。界線是一條看不見的線，規範著家庭系統中各次系統之間的連結規則。它給予次系統專屬空間，也告訴家庭成員如何與其他成員

連結。

　　結構學派家族治療大師米紐慶（Salvador Minuchin）以僵化（rigid）和模糊（diffuse）兩個端點所形成的線，來描述界限的性質。關係處在這兩極端位置上的家庭，無法發揮家庭功能。大部分的家庭都位於中間的範圍，不過度僵化也不過於模糊，這代表家庭擁有清楚而具有彈性的界限，讓成員之間在尊重彼此下自在地彼此互動。

　　看看志傑與欣怡結婚之後，與母親的依賴關係依舊，他倆生活在父母的影子之下。父母提供他們生活開支、母親持有他倆住所的鑰匙可隨時進出、母親苛扣生活費以懲戒其不當行為；這些事情顯示，在志傑的核心家庭中，他不是一個人夫和人父，無法承擔這兩個角色的責任，兒子的角色依舊左右著他，他仍然活在過度依賴母親的生活中。

　　欣怡的角色與界線議題也不小。她生為人母之後，依舊玩性不減，人妻和朋友之間的角色不清，界線模湖，因而引發了志傑的醋意。欣怡人妻和人母的角色需要探索與澄清。

　　過猶不及，這個道理在家庭連結互動上也很有道理。過度依賴會造成黏膩模糊的關係，其中的愛會讓人窒息；反之，成員之間彼此不相往來、不予支持，身處疏離關係的成員，沒有愛的滋養，生命也會日漸萎縮。「適度依賴」才能讓所有人際關係變得健康，可以預防很多關係問題，不僅只是親子或婆媳關係。

　　志傑和欣怡過早走進婚姻，小爸爸和小媽媽的成長之路本已艱鉅，婚姻關係裡雙方原生家庭父母的介入，更增加了角色轉換的挑戰。故事的結局不管如何，志傑和欣怡的婚姻關係是否劃下句點，與家人（尤其是父母）的關係如果沒有適度調整，他倆未來漫漫的人生路，依舊充滿許多的挑戰。

法官觀點

一、法律訴求解析

因急於澄清事實，雙方在說不清楚與聽不明白的慌亂狀況下，發生了言語與肢體衝突。為平衡訴訟雙方互告，女方提告家暴與重傷害，男方提告妨害家庭。爾後，女方提出離婚與子女親權請求，男方表達不願離婚，如女方堅持，也想單獨照顧子女。

二、法官審理方式

筆者在開庭時發現雙方會以提告來發洩情緒，趁打官司之便索取婚姻中的所得所失，一旦失去了感情，孩子的「監護權」是他們明顯可以爭取的對象。

為了平穩雙方及長輩們的情緒，筆者轉介了數位委員為他們提供心理諮詢服務，以瞭解這對年輕的父母如何了結這段婚姻關係、雙方家庭的生態與動力關係，以及雙方如何照顧女兒。

從諮詢中獲知兩人都是大學在學學生，交往中女方發現懷孕並堅持生下女兒時，雙方家長才決定為他們舉行婚禮。他們的結合，可說是為了因應女兒的出生的倉促決定。由於婚前並無準備，事後又無經濟基礎，日常所需全靠男方的母親接濟，對女方而言有些尷尬。有時婆婆為了節制男方的行為，三不五時地到他們的居所勘查，還會苛扣他們的生活費用，凡此種種都讓女方的尊嚴受到威脅，苦無解決之道。

在一次女方單獨帶男同學來家住宿，因而引起的言語肢體暴力及之後斡旋談判等，迅速崩解了雙方這段經不起考驗的脆弱關係。

法庭上，筆者力勸雙方要在適當時機宣洩情緒，無益的訴訟不僅對他們解決當前的危機毫無意義，還會破壞彼此的關係，造成審理本件的障礙，最受罪的就是他們所珍愛的女兒。

在第一次開庭時，就對雙方的長輩們表達感謝之意，除非法院

邀請，請他們在庭外支持等候，務必尊重本件的當事人為自己的家
庭負責。我再三強調當今之際，聚焦在離婚與子女親權事件是最上
策，如果他們決定當下仍在本庭外繼續進行其他的民刑事案件，我
會尊重他們的決定，就暫時停止本件的審理，以免裁判發生歧異。

　　非常感謝委員們的盡心盡力，不僅漸次同理了雙方及長輩們的
高漲情緒，他們先後撤回其他的民刑事件。之後，又多次提供諮詢
以瞭解他們為了爭取女兒，在競相提出資源的較勁歷程中，女兒在
交接照顧時已有分離焦慮的情事。

　　在這關鍵時刻，筆者為女兒委請了程序監理人傾聽她的心聲，
發現她的焦慮不安需要及時就醫，以免病情不可收拾。為了籲請父
母及長輩們的高度注意，我特地請他們帶女兒到法庭。當天這位可
愛的孩子，在法庭裡非常黏著女方等的諸多行為，就足以引起父母
及長輩們的警醒。我當庭為這孩子呼籲：務請節制爭取這位可愛的
孩子，她永遠是你們的女兒，不管你們是否離婚。

　　經過這次的法庭經驗後，雙方學習合作父母的力道就快多了，
終於達成好散的共識。調解成立的內容如後：雙方同意離婚。兩造
未成年人子女權利義務之行使與負擔由雙方任之，具體內容詳見照
顧子女計畫表。將來兩造關於子女照顧若有爭議時，協議仍由本院
本庭本股審理。

三、結案成效分享

　　本件是法院以裁判外的特殊方式，引導、鼓勵、陪伴情緒高漲
且家庭生態動力複雜的雙方，經由學習正確面對離婚危機的心態與
方式後，好散離婚又能合作照顧子女的成功案例。

　　他們經過了這次的法庭經驗，對法院建立了信心，萬一以後還
有家庭爭議時，會優先考慮向法院求助，這是本件結案最好的成
效。

溫馨小叮嚀

♥ 婚姻的經營，愛情與麵包同等重要。而且不僅僅是兩個
人的結合與磨合，也包括兩人背後的家族。

♥ 青春年少的激情，在面對現實時易生挫敗。長輩涉入越
多，越易滋生釐不清的糾結。

♥ 每個人都宣稱自己是最「愛」孩子的，但持續進行的
「比較」與「差別心」鬥爭，這種「愛」深深地傷害了孩
子而不自知。

□「案情概述」、「專業觀點與策略」&「溫馨小叮嚀」撰述者：劉綺年

● 臺灣臺北地方法院家事法庭調解委員 10 年
● 國立師範大學教育心理與輔導研究所在職進修班
● 國立中興大學社會學系社會工作組
● 國中教師、組長、主任，共 33 年

夢醒第二春

引言

雯雯認識了婚姻正瀕臨瓦解的小店家老闆俊傑。在短時間的交往下他們結婚了，婚後第二年生下兒子浩浩，依照婚前協議從母姓；雯雯了了結婚生子為自家留後代的願望。

只是俊傑因生意虧損最後關門大吉，在家當家庭煮夫，而俊傑離婚時給了前妻阿霞和兩個孩子的生活費，卻因阿霞的投資失敗，在短時間內血本無歸。

阿霞後來在夜市做小吃攤生意，俊傑也常去幫忙。孩子們的教育費、保險費或偶而的大開銷，完全由雯雯承擔。雯雯除了經濟擔子外，更日復一日地攪在俊傑與前妻頻頻接觸的泥淖中。這個婚姻與雯雯原先的期望落差越來越大，讓雯雯猶豫著要繼續憂鬱地往深淵沉下去？還是斷腕突圍？

案情概述

俊傑是臺北市東區一小巷口的店家老闆，原生家庭有八個兄弟姊妹，他排行老六，有三位哥哥一位弟弟，節日回到父母兄嫂同住的老家時，十分熱鬧和樂。雯雯有三姊妹，大姊因病摘除子宮，二姊已年過四十歲決定不婚；雯雯最小，但也老大不小三十七歲，家人希望她能結婚，為這個家留個後代。雯雯自己也有這個打算。

俊傑因景氣差生意虧損到快撐不下去時，逍遙的太太卻一而再、再而三地與異性友人玩樂，還堂而皇之地解釋只是比較談得來的好朋友而已，俊傑氣憤到數度表達要離婚。雯雯經常到俊傑的店

裡消費與詢問產品，對俊傑頗有好感；店裡同事發現雙方很投緣，於是順勢敲邊鼓幫老闆撮合新的姻緣，舒緩老闆情緒。果真兩人有了進一步的交往。

幾個月之後，妻子阿霞表示願意離婚，要跟兩個孩子一起住，請求俊傑給付孩子生活費四百萬就一刀兩斷。俊傑試探雯雯，雯雯表示「錢再賺就有，給四百萬的孩子生活費後可以無後顧之憂，就給吧」。於是俊傑把身邊僅剩的四百萬存款交給妻子阿霞，兩人辦妥離婚手續；然後就和雯雯結婚，一起租屋居住（有點倉卒成婚）。

俊傑因為店家生意每況愈下，為止住虧損乾脆結束生意，一切歸零，想再觀察與評估下一步要經營的生意類別。在這待業期間很努力地做家庭煮夫。俊傑與雯雯婚後第二年生下一子，名叫浩浩（是俊傑的第三個孩子），並依雙方婚前協議兒子從母姓（給雯雯原生家庭留後）。

話說俊傑的前妻阿霞，拿到四百萬後並沒有安分地存入銀行，而是拿去投資，希望謀取更多利潤。豈料才一年半就投資失敗血本無歸，更連累了幫她擔保的俊傑，使得剛開始投資中古屋買賣的俊傑無法向銀行貸款，所有購屋經費的進與出全賴雯雯帳戶處理，俊傑的生活費也都得向雯雯拿取。

原本阿霞說拿了兩個孩子的生活費四百萬就一刀兩斷、不會再向俊傑要錢的，然而四百萬投資血本無歸，不只這個新家的所有生活費要雯雯負擔，包括跟著阿霞住的老大老二註冊費、健保費、保險費，還有俊傑的生活費，家裡的水電、瓦斯、買菜雜支等，全都由雯雯支付，俊傑總是對雯雯說：「我買賣房屋賺的錢都進你的帳戶呀！」

俊傑只知有賺錢，錢又都進雯雯帳戶，其實次數也不多，而家裡大大小小的生活開銷也完全由雯雯一手處理。有一次俊傑說有一法拍屋案是七十坪的一樓大戶，需要較大資金，雯雯瞭解之後表

示：「你前妻去年買房子時，我用前一個公司的退休金，資助他們一百五十萬。其實我也很希望有自己的房子。現在這個房子我很喜歡，我們買下來自己住吧！」於是夫妻倆決定以雯雯之名買下該戶；當然，裝潢費與每月貸款三萬元，還是雯雯支付，因為雯雯是這個家的經濟總管。

前妻阿霞為了生計，接下一個朋友轉讓的小店攤，從原來在自家樓下的豆花推車攤生意，轉攻到離俊傑雯雯家較近的夜市賣豆花與紅豆湯等甜品，每天白天批進豆花、小湯圓、花生外，就忙著準備紅豆、薑汁、糖水等，傍晚五點開始在夜市賣各式豆花與紅豆湯圓。

阿霞手藝不錯，生意很好，一個人忙不過來，俊傑看在眼裡覺得該去幫忙，為的是關心著自己那與前妻阿霞同住的兩個孩子的溫飽。在客人眼裡，很自然地稱呼他們是老闆與老闆娘。雯雯知道了當然不高興，向俊傑抱怨，要求他不要去幫忙，請他建議阿霞另找幫手，俊傑說：「反正我晚上也沒事，就純粹幫忙而已。」關於客人稱呼他與阿霞為老闆與老闆娘一事，俊傑說：「妳覺得有必要浪費口舌給每天都不一樣的客人解釋嗎？度量不要這麼小嘛！」雯雯生氣又傷心，老公仍繼續與前妻頻繁互動，她的心裡是何等的生氣與鬱卒啊！

個性開朗的阿霞常要俊傑帶紅豆湯圓與豆花給雯雯與浩浩吃，而那兩個懂事的兒女也很疼愛弟弟浩浩，偶而假日兩家一起出遊，兄姊與小弟弟感情和睦，浩浩好喜歡兄姊帶他出遊，雯雯不知道是該高興，還是要繼續壓抑那股莫名的不是滋味。

有一次宜蘭老家拜拜，俊傑帶著雯雯與浩浩回老家，一進家門竟然看見阿霞與妯娌們興高采烈地談笑風生，雯雯非常尷尬地避到樓上房間。大兒子向老爸表示：「因為上次回來時，伯母們表示很久沒有看到媽媽了，所以這次就邀媽媽一起回來。」

　　更離譜的是，四年前婆婆過世時，公公作主將俊傑相對應的孝媳位置印著阿霞的名字，只有給雯雯娘家與雯雯手上的這兩張訃聞，孝媳是印雯雯的名字。雯雯深深覺得「被這一大家子的人都蒙騙了，他們把我看做什麼人？放在哪個位子？俊傑又是跟他們怎麼商議的？」一件又一件令她生氣又難過的事接踵而來，俊傑卻只會表示事先不知情，沒有夫妻一體的同理心與體諒，沒有為她爭名份、沒有安慰、更沒有致歉，真是情何以堪！

　　對阿霞也回宜蘭老家拜拜這件事，俊傑的態度依舊，雯雯只能默默待在房間或到廚房，沒有心情與這一家人聊天，思緒複雜地想：「以後還會有什麼情況？」回到臺北，俊傑仍日復一日地與前妻一起工作、互動頻繁，所有開銷也仍然依賴著雯雯，雯雯心頭的委屈與不平真是滿到爆了！

　　雯雯看著自己婚前已是小資女的存款幾乎花費殆盡，若如俊傑所說「買賣中古屋賺的錢都進妳的帳戶」，存款數字應累積更多才對，但事實卻不是這樣。雯雯生氣地回應：「你只知道買賣房屋有賺錢，你不知道每次買中古屋之後要裝潢、要付稅及大小事務的處理要花錢嗎？家裡電話、水電瓦斯開銷要錢，你的老大老二讀私立學校又花了多少錢，你知道嗎？而你還一直跟我要生活費。」雯雯覺得先生像個空殼，帳進帳出搞不清，卻只會跟她要求要付這個錢那個帳，有付不完的帳坑，財務負擔令她喘不過氣來，生活上也沒有疼惜與關懷的夫妻情；「我不是你的提款機！」身心俱疲得好想逃避的雯雯吶喊著。雯雯一度患了憂鬱症，多次與兒子相擁而泣。

　　漸漸地，她變得懶得跟俊傑說話了，惟一有共識的是一起關心浩浩的功課、作息與行為表現，兩人完全用簡訊你來我往，沒什麼交談。雯雯鐵了心不給俊傑生活費：「他不是每晚去幫忙賣豆花紅豆湯嗎？阿霞也該付一點錢給他呀，為何還要跟我要生活費呢？」

　　俊傑的二姊過世，向雯雯要錢包奠儀，順便索取兩個月的生活費，雯雯堅持不給，俊傑竟然搶走雯雯的手提電腦說要去變賣，甚至跑到雯雯公司去要生活費，雯雯真的氣爆了；一個週末請工人將寬敞的大客廳隔成兩間，雯雯與兒子搬到新隔的小房間睡覺，當時兒子國小六年級。

　　浩浩幾乎都是由俊傑接送上下學，但雯雯較常與浩浩的老師聯絡。老師告知：浩浩有情緒障礙、注意力不集中、人際互動差，臉部長年偏紅是因為血管瘤。浩浩放學後，雯雯常以電話遙控，掌控孩子看電視的類別、時間及做功課，而俊傑則會在旁督導。

　　這天俊傑接浩浩回家，浩浩如往常一樣急著打開電視，聚精會神地盯著電視看、玩著電動；過五點半時電話響起，是媽媽在催浩浩「該關電視去做功課了！」浩浩回答：「好啦，我關了。」事實上浩浩仍目不轉睛地盯著電視節目，且將遙控器握在手上打電動，深怕俊傑拿走而關了電視。

　　俊傑在旁催著「再給你十分鐘一定要關機」，結果五點四十五分、五十五分、六點五分仍未關；俊傑嚴厲地再催促，浩浩不但沒關電視反而對俊傑兇了起來。俊傑說：「不可以對媽媽說謊，又對爸爸這種態度。」浩浩抓緊電視遙控器，臉紅脖子粗地瞪著俊傑，接著右手高舉一副要打俊傑的態勢；俊傑對浩浩的態度非常生氣，不由自主地一巴掌揮了過去，教訓兒子。

　　這突然的一巴掌甩得不輕，在浩浩臉上留下了紅腫的巴掌印。雯雯回家後見狀十分生氣，不理會俊傑的說明，逕自帶著兒子外出去驗傷。一週後，俊傑收到法院通知，是雯雯告俊傑家暴，並提出「暫時保護令」。俊傑非常驚訝、氣憤與痛心：「什麼？有沒有搞清楚？我只是要教訓兒子呀！」兩週後，俊傑也向法院提出離婚訴訟。

　　當我走進調解室時，眼前這對夫妻，男方相貌堂堂、沉著穩

重，女方鬱鬱寡歡、淚眼汪汪地傾訴著男方如何與前妻日日相伴一起工作，將她置之度外，是如何的不被尊重與珍惜。男方提出要女方給他五十萬元就簽訂離婚協議，不就是為了要與前妻再續前緣？但是為了給兒子一個完整的家，雯雯表示「我不願意離婚」。

第二次調解時，男方釋出善意，雙方有著較佳互動而決定撤告不離；在此同時，兩人也應法官交代帶兒子前來，讓程序監理人關照兒子浩浩。

然而再次被通知調解時，竟是女方提出離婚訴訟，且意志堅定非離不可，真是始料未及，雯雯突然頓悟了嗎？幾經諮詢與調解，雯雯情緒穩定、思緒清楚地說明不願再委屈留在這個婚姻裡。

俊傑表示：「目前的房子有人出價四千萬元，我已經向親朋好友借貸很多錢，也還想創業投資中古屋買賣工作，妳母子兩人不必住那麼大的房子，可以賣大房換小屋，我們兩人分帳，可以分別有餘款儲存。請你給付五百萬我才能答應離婚。」（先前只要五十萬，這回變五百萬了！）

雯雯表示：「這是我非常喜歡的房子，兒子漸漸長大也需要有自己的房間，房子不算大，我不要賣。新房子貸款才付完五百萬，還有一千五百萬元未付。我不是你的提款機，實在沒有能力支付五百萬給你，只能依你最初的要求給你五十萬。」這是原先感覺弱勢不願離婚的女方，在有能力理性思考後，提出離婚訴訟後的情況；調解委員感受到她越來越有力量了。

再次的調解除了孩子生活教育的關懷外，雙方也繼續討價還價。調解委員給雙方支持鼓勵，維持著他們的自尊與自信，加上法官開庭適切督促，最後雯雯自行承擔浩浩往後所有的撫養責任，顧及還要與俊傑合作照顧兒子，最後達成協議：「女方雯雯給男方俊傑一百五十萬，雯雯自行承擔浩浩所有撫養費，期望雙方能在較和諧的氣氛下合作照顧兒子，兒子的情緒障礙也能有所改善。」

專業觀點與策略

(1) 早期與男方俊傑個別諮詢時,他數次表達前妻阿霞個性活潑開朗人際關係好,我忍不住問他:「你仍愛著前妻,對嗎?」他不敢點頭也沒搖頭。我想調解委員適時點到為止就好了。

(2) 看到女方淚眼汪汪地敘述著這十五年來的過往,聽到男方是這麼依賴女方全權處理買屋賣屋的錢與家庭收支,我真的質疑男方俊傑第二次婚姻裡是愛著女方,還是愛著她當時豐厚穩定的收入?

(3) 在女方情緒低潮、悲觀無力時給予同理、支持,看著她走出陰霾,有能力理性地去思考與面對問題,釐清自己能給的和該拿的。也看到男方從沒有務實計量錢的進與出、未關心女方的委屈,到能傾聽女方心聲的過程,看到雙方的努力,最後協議離婚,達成雙方想要的結果。

(4) 本案從家暴案至前後更換聲請人的離婚案,雙方從能力不對等至女方非常堅持、堅定的表現,調解加上程序監理人對孩子的關懷,諮詢加調解近十次,加上法官的適時使力,雙方終於在平和氣氛中達成離婚協議,真的欣慰與感恩。

(5) 總結:這篇「夢醒第二春」是女方因工作常到男方店裡而熟識,那時男方對太太數度與異性朋友交往而氣憤填膺到想離婚,正巧女方闖進他的世界。

女方以為可以安安穩穩幸福過婚後日子,豈料男方前妻因為把俊傑給的孩子贍養費拿去投資到血本無歸,做起夜市小吃攤生意需要人手而使男方晚間去幫忙,讓離婚夫妻再次相聚在一個屋簷下,說是關心與前妻一起生活的兩個孩子的生活!

然而新家的購屋貸款與生活支出、男方兩個較大孩子的學費、保險費……,兩個家的經濟重擔全靠女方當事人支撐,她快要扛不下去了,而先生每晚卻幫著前妻一起在夜市賣小吃。女方投進男方

的第二春，承擔著經濟問題大於小倆口的婚姻，她還沒好好享受婚姻的幸福感，卻迎來一籮筐的壓力與重擔，在委屈與難過之後，深深覺察到這不是她想要的婚姻，堅定地站起來決定要離婚。

從女方的慌亂、洩氣、傷心中陪伴引導，女方從不想失去婚姻的無助，到漸漸能站穩腳步理性檢視自己與對方狀況，理出頭緒，知道自己不要名不符實的、沒有愛情溫暖的婚姻，而決定自提離婚。從情緒低潮混亂走到平靜，再進一步勇敢提出離婚，還要面對牽扯不清的財務討論和釐清，最後仍願意從拮据困窘中付出金額，看著女方一步步辛苦又努力的過程，是令人心疼與欣慰的！

心理諮詢觀點

十五年來，雯雯和半個俊傑共譜了不完整的婚姻奏鳴曲，另一半的俊傑仍然留在他的第一段的婚姻樂章裡。

家庭是個有機體，不管你願意與否，都會隨著時空的轉換不斷地成長著。就像一個人的生命發展歷程，從嬰兒期、幼兒期、兒童期、青少年期……到老年期，每個階段都有其需要完成的發展任務；如果每個階段都能克服必須面對的任務危機，就能夠順利地隨著階段的轉換，圓滿一個人的人生。家庭的生命發展週期也是如此，從結婚、小孩出生、孩子上學……，到夫妻邁入老年期，所有的成員需要面對、接受、溝通及處理每個轉換階段的議題，才能真正發揮家庭的功能，健全家庭成員的生命發展。

相對於一般夫妻倆都是第一段婚姻的家庭，俊傑和雯雯的家庭面對更多的挑戰，因為俊傑的第一段婚姻是個重要的變數。雯雯和俊傑面對這個議題，溝通和準備顯然不足，兩人就進入結婚禮堂。對俊傑來說，雖然法律上結束了與前妻的婚姻關係，心理上及實際行動上仍然駐足其中，如何能夠與雯雯經營比較健康的伴侶關係？

　　而雯雯的挑戰是，釐清及確認俊傑是否已經真正結束前一段婚姻，以及深入探索自己將面對的可能問題，如先生與前妻的牽連糾葛、自己在先生原生家庭的位置等。這些結婚時就需要處理的挑戰，一直到浩浩都要小學畢業了，還困擾著這個家庭，讓家庭生命的週期無法順利地轉換和發展。

　　這個家庭故事中，每個人被其中的牽連糾葛困住，深陷於難以承受的苦痛。尤其是雯雯，在這個家庭系統裡，沒有她適當且應有的角色空間，其中的苦可以理解。雯雯是個有能力的人，雖然痛苦，仍果決地以一百五十萬元結束了這個十五年來「不完整」的婚姻關係，讓自己跳出牽連糾葛的泥淖，朝人生的另一階段邁進。

　　浩浩，這個家庭系統中的代罪羔羊，以他的症狀為這個家庭尋求協助。幸運地，雯雯瞭解此點，願意在金額上多付出，降低彼此的衝突，進而，在浩浩的心田裡撐起較大的空間，在往後的日子裡，讓其自在地往來於兩個完整的家，同時享有爸爸和媽媽的愛。

法官觀點

一、法律訴求解析

　　本件是夫妻因情感生變，女方藉著男方管教兒子不當，先向法院對男方聲請暫時保護令時，男方在接獲此一訊息後，情急之下，竟貿然向法院訴請要與女方離婚。女方不甘示弱，隨後即刻提出了離婚的反訴。嗣後男方發覺情事不妙，希望能息事寧人，就撤回起訴，然女方卻堅持提告。本件就改成由女方向男方訴請離婚、並附帶請求酌定子女的親權，以及分配夫妻的剩餘財產。

二、法官審理方式

　　當筆者先後接獲這兩起案件時，就覺察到雙方情緒不穩、思緒不清。女方看似想藉著到法院打官司發洩情緒，想藉著法官來教訓

對方。甚者，他們都聲請法官傳喚兒子作證，這是最令筆者擔心的。

為瞭解本件親子間是否有家庭暴力情事，筆者以最快的速度，打電話通知雙方及兒子儘快到庭。先關懷小孩，並瞭解當時的狀況後，認為男方並無家暴兒子，就說了些鼓勵與勉勵的話。隨即將孩子轉介給另一位調解委員（程序監理人），提供心理諮詢服務，以期繼續瞭解孩子的需求，並協助父母如何關照自己的情緒，保護子女的身心安康。

以後開庭調查男方是否有不當管教子女時，筆者順勢引導父母要學習做合作父母，不要藉著孩子發洩對彼此的不滿，以免孩子誤解父母的感情失和，是因為他的過失，這樣對孩子的身心會造成不利的影響。

至於父母的管教態度應該一致，遇到子女有不當行為時，要學習以適當的方法引導改正，避免體罰。女方瞭解以上說明，就撤回了保護令的聲請。

關於他們的離婚事件，雖經調解了一段時間仍不能達成共識，後以調解不成立結案。再由筆者本於先前調解的基礎，繼續協助他們落實合作親職，自此，他們分居的生活環境也就漸次確定，破鏡重圓難以實現，至為明顯。

在此之後，筆者引導女方，看到自己對婚姻關係失調所需擔負的責任。提醒她為了確保合作親職的前提下，最好能以好散方式離婚。在法庭上她感謝男方對家庭的貢獻，請求男方能成全她的離婚。法官引導男方看到大勢已去，破鏡難重圓，也就衡量自身的處境，在雙方所建構的離婚條件下，達成了訴訟上的和解。和解內容大致包括有雙方共同親權子女，但兒子與女方同住。女方給付男方新臺幣一百五十萬元，其中一百萬元為給兒子往後的扶養費用，男方最慢三個月後遷離雙方共同的住所。

三、結案成效分享

首先，由於法官統合處理了保護令與離婚事件，先行澄清並化解了一次家庭衝突危機，暫時穩固了雙方分崩離析的夫妻關係。在處理離婚事件之前，先行處理了子女親權的重大議題——雙方合作親職，再協助好散離婚，不但加強了男方的親職能力，調整了父子關係，也促成了夫妻的好散！

溫馨小叮嚀

♥ 愛情是婚姻的基石，有情有愛還要雙方真心地、持續地用心經營，才能走得穩、走得遠！本個案明顯察覺到男方腳踏兩條船，在前段婚姻鬧劇與經濟困窘中匆匆新起爐灶，女方未察覺導致後續身心俱疲的辛苦。

♥ 期望未結婚者，不要因年齡壓力或經濟需求或其他無感情狀況下，在未準備好時就進入婚姻；要先給彼此多一點相處與瞭解時間，才能與真心相愛的人共譜美好婚姻！

☐「案情概述」、「專業觀點與策略」&「溫馨小叮嚀」撰述者：鄭明珠
- 臺灣臺北地方法院家事法庭調解委員 13 年
- 國中導師、輔導老師、組長、主任，共 28 年
- 國小教師 2 年
- 國立臺灣師範大學教育與心理研究所四十學分班
- 新竹師專、彰化師大輔導系畢

價值三千萬元的自由

引言

在異鄉遊子的日子，人妻阿惠因為語言溝通的障礙，阿嘉與阿惠槍口一致對外，反而度過了婚姻的最甜美期……。丈夫學成歸國後，人妻取得了發話權與掌控權；幸福從窗口溜走，終至到無法轉圜的餘地。婚姻悲喜劇日夜上演，永不下片。法庭審理，雙贏可有門路？

案情概述

阿嘉搬出家門已經超過五年。他希望與阿惠離婚，結束這個有名無實的婚姻關係。調解室內，身高中等、略為清瘦的阿嘉，微鎖著雙眉，娓娓地述說著自己到法院來訴請離婚的想法。

「在家裡，任何事都是由太太作主，包括在哪兒住、買哪些傢俱、安排哪些家庭活動，尤其，一直以來我被迫參加岳家所有的家庭活動。事實上是，這個家沒有我可以主張的空間」，這是阿嘉對於提出離婚的最初說詞。

接著，「我很軟弱」、「我們兩人理念不和，常有爭執，最後形同陌路至今不相往來」、「孩子還小時，我嘗試著回去重新開始，但徒勞無功。她不跟我談我們之間的問題，一昧地認為我有外遇，常打電話到我的工作場所騷擾我的同事，甚至還威脅我的生存」、「我受不了那樣的氛圍，要離家；她拿刀自殘，並揚言要跳樓」，阿嘉繼續陳述著他為何要訴請離婚的原因。

二十二年前，阿嘉因為女友劈腿剛結束一段感情；在朋友的介

紹下，認識了與他同年紀的阿惠。當時，阿嘉已通過公費出國留學考試，準備到美國修習博士學位。阿惠長相清秀，身材不高，在市郊的中央政府機關擔任公職，在朋友的生日派對中認識了阿嘉。派對中兩個小時左右的互動，阿惠對阿嘉印象極佳，兩人進一步交往。兩個月後步入結婚禮堂，婚後阿嘉赴美進修，阿惠為了陪先生毅然辭職，隨之赴美。

在美國，阿惠英文能力不好，在當地又沒有朋友，雖然阿嘉課業負擔不輕，卻心繫著單獨在家的阿惠，因此，每天傍晚六點前一定會回到家陪阿惠，兩人共享晚餐。那段日子，小倆口生活算是甜蜜。尤其是阿惠，享受著先生的呵護，覺得自己是世界上最幸福的人。

日子久了，學習的壓力、生活的壓力、照顧阿惠的壓力，壓得阿嘉快喘不過氣來。過了兩年，大兒子伯元出生，新生命的降臨帶給兩人極大的喜悅，當然，也帶來了相對的負擔。阿惠的身體不好，阿嘉需要分擔大半的家務。阿嘉的肩頭越來越沉重，臉上的笑容越來越少。在阿嘉學成前的八個月，為了讓先生專心寫論文，阿惠帶著一歲兩個月大的兒子，先回臺灣、住在娘家。兒子有媽媽的照顧，阿惠得以專心準備甄試，很順利地回到原機關工作，收入穩定。

阿嘉學成回國，家庭需要進入另一階段的調適。「阿惠，我們現在錢還不夠買房子，先租個房子住吧！」阿惠則主張：「還是住在我家，這樣可以省房租，媽媽也可以幫忙照顧兒子。」在阿惠的強力主張下，阿嘉妥協了，沒有堅持自己的想法。接著，女兒莉安出生。女兒的出生，阿嘉睡覺的地方從臥室被擠到陽臺外推的「小和室」，臥室留給了阿惠和兩個孩子。

在這樣的環境中撐了將近兩年，終於，他們決定另外租屋。他們租的房子是阿惠大哥的房子，那七年期間，阿惠的大嫂和媽媽常

常來訪。另外，阿惠娘家的活動很多，雖然忙碌，在阿惠的堅持下還得抽空參加，這是阿嘉倍感痛苦的事。

「阿惠，雖然我們已經獨立租屋，但還是生活在妳家人的陰影之下，我都快要窒息了。」對阿嘉對來說，這已經是語氣強烈的表達。「你是不是太敏感了些？大嫂常來家裡是關心我們，我爸媽在我們忙於工作的時候，幫忙招呼兩個孩子，這樣的娘家哪裡去找？」阿惠理直氣壯地回應，沒有看到先生的情緒。

阿嘉的母親看到兒子在居住議題上的困擾，拿出自己的退休金和老伴身後留下來的錢，支援大半的購屋款，加上阿嘉和阿惠幾年來的積蓄，以阿惠的名字在臺北市南區買了房子。兩人總算有了屬於自己的空間。

阿嘉有很好的學歷，但在求職路上並不順利。他頂著美國麻省理工學院博士的頭銜，最初在一個法人機構上班，工作時數長，月薪五萬。後來，阿嘉轉任宜蘭一所私立大學的助理教授，待遇多了一萬多元。為了求升等，每週十二節課的教學外，他得花許多時間做研究。另外，私立大學為求學校發展，將教授的考績與招生績效掛勾，所以，他也需要配合學校的安排，參與招生的工作。繁重的工作及壓力，壓得阿嘉幾乎喘不過氣來，這段日子有位與他談得來的女同事，在工作上和精神上給予他許多的支持，讓他得以在工作及照顧家庭之餘，有喘口氣的空間。

幸運地，阿嘉在私立大學工作五年之後，有機會轉到臺北的一所國立大學任教。他也順利地從助理教授、到副教授，進而升到了教授之職。

相對於阿嘉的工作起伏轉換，阿惠的工作穩定多了。他們的房子就買在離她工作的機構步行不到十分鐘的社區，阿惠可以兼顧工作和家庭，照顧著伯元和莉安的起居生活。孩子們漸漸長大，教育方面的議題，阿嘉身為父親是盡心盡力參與協助，對這一點，阿惠

也理所當然地將這個責任交給孩子的父親。另外，在家庭經濟上，阿嘉每個月的薪水除了留下一萬元左右繳信用卡費和自用之外，其餘都悉數交給阿惠。基本上，阿惠認為阿嘉是個標準的好先生。有天晚上，晚餐過後，阿惠看著阿嘉：「我覺得自己很有面子，我們班上同學當中，就只有我的先生是博士。」阿嘉面無表情，沉默不語。

阿惠對於婚姻關係的看法，阿嘉似乎並不認同。長年工作及專業上的發展，讓阿嘉和阿惠的價值觀及生活型態差距越來越大。「我因為專業工作的需要，晚上幾乎都待在書桌前，進行學習研究；她則大部分的時間都在看韓劇，對於韓劇，我是一點興趣也沒有」、「阿惠個性非常強，對於家中所有的事務都有強烈的主張，我相對上很軟弱，不提相反的意見」、「她說話常常帶刺，說副教授很機車，我工作的地方有桃花等等」、「她打電話給我的老師、同事，哭哭啼啼地打聽我的相關事務。她的家人還聲稱要到學校拉白布條，威脅我的生存」，這些是阿嘉對於婚姻關係中，衝突訊息的描述。

兩人的關係漸行漸遠，最後連共處一室對阿嘉來說都是不能忍受的事了。於是，阿嘉搬到另一個房間。慢慢的，阿嘉在任教的大學附近買了間小房子，不回來了。不過，這段時間對於伯元和莉安的學習，他這個爸爸沒有缺席，仍舊做著他應該做的事，包括安排及接送孩子補習、與孩子共進晚餐、陪孩子參加各種活動等等。因此，兩個孩子的學習狀況還算正常，身心發展也還不錯。伯元和莉安都認為爸媽很愛他們，尤其是媽媽，非常照顧他們。只是，他們感覺爸爸和媽媽怪怪的。爸爸漸漸不回家了，只有在補習完後共進晚餐時，才是父女或父子交往相處的時光，「爸爸媽媽在搞什麼神祕啊？」這句話道出了兩個孩子心中的困惑。

分居五年之後，就在通過教授升等後兩個星期，阿嘉提出了離婚的聲請。

調解室內，阿惠脹紅了臉，眼眶泛著淚光，帶著急促高亢的

語調對著調解委員說：「我雖然沒有證據，但我知道，他是有了外遇，對象是他的女同事，以前他對我很好，之後都變了」、「他很優秀，是我的驕傲，也很照顧孩子，我很愛他」、「為了讓孩子有個完整的家，我是不會離婚的」，這些都是阿惠最初的主張。雖然分居已經五年，阿惠仍然希望守住這段婚姻，守住這個家的完整。

面對阿惠，阿嘉聲音低沉的說：「我們倆的婚姻走到今天這個地步，我感到很遺憾，也很抱歉。這個婚姻我是回不去了，希望我們可以好聚好散，我們共同買的房子歸妳，我也會盡力做個好父親。……」。

「要離可以，告訴我真相，帶她來道歉，我就可以阿莎力的簽字……」，阿惠用力地說出這些話。

調解會談進行四次，大半的時間裡，阿惠和阿嘉都處在一邊要離一邊不離的僵局裡，彼此攻擊對方的不是，消耗了許多能量。最後，峰迴路轉，情勢急轉直下，兩人達成離婚的協議。步出調解室時，阿惠是口袋滿滿的，因為阿嘉為了不再受這段婚姻的束縛，付出了大約三千多萬元的代價。

會談結束，兩人一起走出法院，隱沒在茫茫的夜色中。

專業觀點與策略

在這個已經死亡許久的婚姻中，阿嘉心如堅石、執意求去，阿惠則緊抓不放，等候已經遠離的丈夫。調解之初，兩人呈現完全僵持的狀態，沒有交集，彼此都深陷在空有形式的婚姻裡，承受著糾葛牽連的苦痛。最後，追求自由與設定停損點的議題，解放了這段死亡已久的婚姻。這是一個調解成功的案例。

阿惠和阿嘉的主張和需求南轅北轍，要達成共識是一個很大挑戰。如何妥協突破僵局是兩人需要面對的難題。阿嘉要思考的是，

用什麼方式或條件交換握在阿惠手中的自由；阿惠的議題是，實際面對離意甚堅、無法回頭的先生，如何設定停損點，讓自己不再情緒深陷，並且，把握調解機會獲得經濟上的安全保障。

在離婚訴訟的案件中，孩子的最佳利益是需要被維護的核心議題。雖然，伯元和莉安的生活及身心發展尚可，伯元也已經是大學一年級的學生，但莉安尚處在國中三年級的青少年階段，需要比較多的關照。

基於以上觀點，調解委員依照嚴謹的調解架構，協助兩造解決問題。開場白說明什麼是調解，設定規則，鋪陳當事人對調解的瞭解與信任，進而，邀請雙方說明對問題的看法、蒐集資訊、設定議題、制定解決方案選項與協商、達成協議等步驟。在某些步驟中，雙方有不同的看法是正常的現象，重要的是，調解委員如何敏銳地抓住主要的議題，引導雙方聚焦，才有可能讓雙方突破僵局，找到出路。當然，除了嚴謹的調解架構，相關的諮商技術，如傾聽、澄清、摘要、調解同理……等，是協助調解進行的重要工具。

就這個案例，阿嘉最主要的需求是自由，阿惠最在意的是真相和安全，而他們最大的共識是兩個孩子。因此，孩子的最佳利益及照顧計畫是最好的切入點。完成了孩子照顧計畫之後，針對婚姻關係的去留進行協商及制定解決方案選項。對於阿惠在意的真相議題，調解委員另闢隱密空間，讓雙方自行對話。最後，阿惠終於認清現實，為自己往後的人生設定停損點。在調解委員協助下，兩人進行調解對話，幾度來回之後，終於達成協議。離開調解室前，阿嘉表示心情輕鬆許多，阿惠情緒不再如往日般激動。

心理諮詢觀點

故事中，阿嘉與阿惠實質上已經死亡五年、卻仍然糾葛著的婚姻

關係，終於結束了。為了結束這段二十二年的婚姻，阿嘉付出三千多萬元的代價。這個代價對有錢人來說，不算什麼，但對於領固定教授薪水的阿嘉來說，這個自由的代價實在不小。為此，阿嘉願意付出如此「大」的代價，解脫在法律上婚姻的羈絆，可見其心理上對自由需求的渴望。這個需求，所帶來的心理動力，是多麼的強烈啊！

　　需求理論的心理學家認為，人類大部分的行為，是為了追求滿足各種生理、心理或社會的需求。馬斯洛（Abraham Maslow）的「需求層級理論」，將人類的需求，按層級劃分為生理需求（如飲食與性）、安全需求（如薪資與工作安全）、關係需求（如愛與歸屬感）、自尊需求（如地位與名聲）、自我實現需求（如潛能發揮與自主管理）。馬斯洛主張，人們滿足了生理和安全的基本需求，才會追求更高層次的需求。現實治療大師葛拉瑟（William Glasser）也談到了類似觀點。他認為，人們除了追求生理上生存的需要之外，大部分的人類行為是為了追求四種心理需求的滿足，這四種需求為愛與歸屬、權力、自由及樂趣（趣味感）。在婚姻關係中，也可以從這兩個心理學家的觀點，來關照伴侶關係的圓滿與否，或者，檢視其面對的問題。

　　看看這對伴侶，阿嘉與阿惠，年輕的時候，由於愛與歸屬的需求驅使，讓阿嘉和阿惠相識、相愛，進而走入結婚禮堂共組家庭。從交往至結婚前幾年，兩人互動中，有愛、有自由（因為當事雙方樂意）、有樂趣。對此，雙方都滿意，因為這段期間的生活，同時滿足了彼此在好幾個向度的需求（包括生理和心理）。很清楚的，那段時間他們是有愛的，愛串起了兩人幸福的伴侶關係。因為愛，兩人親密的互動，有了一雙子女。

　　然而，如果沒有保持一份敏銳的覺察力及反思力，相愛容易相處難啊。常常，伴侶及家庭關係裡，需求與需求之間，也有衝突不可兼得的時候。滿足了妳的需求，可能就無法滿足我的；滿足了孩

子們的需求，可能就無法滿足夫妻的需求。這時候，怎麼辦呢？

——溝通：溝通是必須採取的行動

——妥協（或協調）：妥協是必須要具備的態度

尤其是，在時空轉換的長河裡，兩個人身心自然的變化、家庭生命發展歷程中任務的轉換，都帶來一個接著一個的挑戰。如果沒有保持良好的溝通，適時檢視與調適，兩人便會漸行漸遠。這些挑戰帶來的層層壓力，一點一滴地耗損在前些年兩人在愛的銀行中的存款。隨著時光流逝，兩人之間的愛，被磨得消失殆盡。

這個家庭，很長一段時間以來，無論在環境的布置或是家庭活動的安排上，阿惠總是居於主導的位置，沒有阿嘉的空間；或者說，阿嘉沒有堅持自己內心真正的主張。這樣的互動模式，逐漸地將阿嘉推向伴侶系統的邊緣。阿嘉長期壓抑自己的情況下，心裡不舒服的感覺逐漸增強，終致無法忍受。

當阿嘉睡覺的地方從主臥室被擠到陽臺外推的小和室、當他不得不生活在岳家人的影子下而對阿惠說「我都快要窒息了」時，這段婚姻就已經處於危險的境地。阿惠雖然度過一段甜美時光，也認為自己嫁了個博士，很有面子，但當阿嘉漸行漸遠時，阿惠氣憤地說「我雖然沒有證據，但我知道，他是有了外遇」，處理婚姻危機的介入點及方式，就是失焦了。長時間以來，他們不是溝通，而是彼此抱怨，於是，彼此的需求沒有被看到，更遑論滿足。

離婚訴訟及調解歷程，也可清楚看到心理需求動力的軌跡。阿嘉在僵固的以岳家為主的家庭裡，自我的空間（自由的需求）壓抑得厲害，以至於願意犧牲安全的需求（三千多萬元的經濟安全），來換取心理、社會及生活的自由空間。

阿惠幾經掙扎之後，認清伴侶之愛的需求在此關係中已不可得，選擇放手，並且，以手中的自由，換得了居住上和經濟上的安全需求。另外，阿惠在意的真相問題，是自尊需求議題，她主觀地

認為自己被背叛、要阿嘉認錯及道歉；最後一次會談時，只有他倆的空間裡，這需求得到了某種程度的處理（雖然調解委員不知道在會談室中的那二十分鐘，究竟發生了什麼事）。

這場需求的交易完成了，離婚調解成立，阿嘉和阿惠的二十二年婚姻畫下了句點。接下來的家庭生命發展歷程中，故事依舊持續著，因為家庭裡兩個年輕的生命，伯元和莉安，仍然有機會與爸爸媽媽維持親子之間愛的連結。然而，當這個家庭生命系統進入到另一個動力狀態，心理上及情緒上，每個成員都有需要調適的地方。下一個階段最理想的圖像會是，看到每一個成員，以愛與尊重連結彼此，讓每個成員的需求，在這連結中都能獲得某種程度上的滿足。

法官觀點

一、法律訴求解析

本件是由男方提出離婚訴求。女方對此訴求堅決反對，雙方對峙鮮明。女方情緒高漲，開庭時並不停地表達，希望男方儘快搬回家住。男方對此不置可否。經詢問，得知期間並無家庭暴力情事發生。男方也確認子女親權部分，表示「很放心女方照顧孩子，只要能夠規律地探視孩子，就可以了。」

由於雙方經歷了跨國的留學生活，雖對家庭都有相當的貢獻，然而彼此的感情早就在回國前後的成家立業過程中消磨殆盡。原告為找出路竟擅自遷出。在訴求中也未提及子女親權，這種想要逃離女方、連家也可以捨棄的心力非小。據筆者初估，他對造成婚姻破綻的事由，需負擔較重的責任，打贏官司的機率不高。

二、法官審理方式

依照慣例，在開庭時會先瞭解他們的訴求，男方堅持離婚，女方則希望男方回家生活。筆者先行關懷他們這麼多年來經營家庭的

辛苦以及所作的貢獻，他們的心情隨即安穩許多。問及子女的狀況時，男方表達雖離家多年，但有按時給付子女的扶養費用，也會定時跟子女們在外吃飯，關心他們的課業與生活。女方則表達，自男方離家後，整個家庭都變了，她要承擔更多的家事及照顧孩子。每當孩子問及「爸爸為何不回家時」，她真不知如何回應、十分困擾。

筆者請他們稍安勿躁。並諭知：在審理、決定他們的離婚訴求前，他們必須先學習如何在日常生活中落實合作親職。由於他們想贏得官司，當然願意配合。至於問及他們是否是合作父母，他們無法回答。

筆者試問了以下的問題，諸如：已經多久不溝通了？有多久不再一起帶著子女做家庭活動了？冷戰多久了？有利用孩子傳話或通訊息嗎？很顯然的，他們是各自承擔責任的父母，不是合作父母。

在法庭上，我為他們宣講了孩子的十大權利等，也提醒他們注意，是否有時為了自己的方便，無意識地剝奪了孩子的權利？看來，他們對此很有感受。為此，我特地轉介調解委員不僅為他們提供諮詢服務，再深入地跟他們討論並確認合作親職。在討論的過程中，難免會發洩情緒，調解委員會使用各種專業方法，讓他們各自宣洩多年的委屈，也漸次釐清了他們當前婚姻關係的困境，以便理性面對、進而自主抉擇。

由於雙方分居時間過久，累積的負面能量需要時間消化，所以筆者在調解過程結束後，在法庭上繼續適度地公開心證：法律的現實面，再用各別調解的方式分別勸導雙方息訟止爭。

先勸導男方：

「在婚姻關係中，如遇有心裡不舒服，或被妻子忽略時，要用好的方式說出來，她才會注意到她不周到之處，可以注意改進，以調整彼此的關係。一旦對妻子不滿的情緒累積久了，又沒有給她說

明的機會，就自行認定她的過錯而排斥她，這樣看來，你好像不是在做丈夫，而是在家中做起了法官？」

「在你自行離家的這段日子，妻子心情一定不會太好，但她還是在家悉心照顧孩子，也沒有離間你和子女間的親子關係，她說在等你回家應不為過。」

「法官知道你對這個家庭有舉足輕重的貢獻，你是個優秀而有魅力的男人，你太太說她還愛著你，我認為她是真心的，不是因為打官司而說的。關係是要溝通的，不是排斥的，最先選擇放棄的人，對關係的破綻所負的責任較大。由此心證來看，你很難贏得這個官司，或可把握法院的協助，以及用良好的方式，換取以後的自由，請你認真參考。」

再勸導女方：

「法官知道妳在這段關係中，為了維繫關係、為了這個家、為了給孩子較好的生活環境，做了很多的抉擇和犧牲。然而在這個艱辛的過程中，有時可能沒能關注到先生的情緒與感受，而他也沒能及時表明或提醒妳，以至於彼此累積了許多負面的想法，久而久之，漸次就破壞了關係。」

「妳雖選擇被動忍耐，終就還得要面對他的求離。即使法官駁回他的訴求，妳可保證他會因而回到妳的身邊嗎？婚姻關係出了問題，如能主動面對因應，不僅早日結束這個痛苦的煎熬，更可給孩子一個相對穩定的生活，法官特別讚嘆妳在這段時間能夠節制自己的不安情緒，穩定孩子與父親的關係，實在是個了不起的母親。」

在法庭上我也安排男方向女方誠懇地表達感謝與致歉，他並在夫妻剩餘財產的分配上做了大幅度的讓步，女方終於點頭願意與男方好散離婚，並做合作父母。

三、結案成效分享

本件筆者轉介調解委員，以各種專業方法，協助並引導雙方把

這段辛苦的歷程，用正向的態度訴說出來，他們複雜的情緒，因同理而得到紓解，思緒因澄清而漸次理性，調解諮詢的專業力道清晰可見。外加法官適時分析了法律的現實面，並且一再叮嚀他們，用打官司解決這段婚姻會付出難以想像的代價：不僅夫妻撕破了臉，連合作父母也做不成了，這對孩子影響會很大。以上這些都是法院提供雙方自主抉擇化解家事紛爭的關鍵所在。

由於法官與調解委員的密切合作，本件由一個無效訴訟，轉化成一個好散的結局，不僅不會遭受裁判帶來的不利影響，更能使他們的孩子們受到最小的衝擊，他們也有了一個嶄新的人生，這就是本件的結案成效。

> **溫馨小叮嚀**
> ♥ 人生的旅途是一個動態的歷程，在婚姻的天地裡，如果彼此無法共生，就別讓彼此共死。往者已矣，來者猶可追！

☐ 「案情概述」、「專業觀點與策略」&「溫馨小叮嚀」撰述者：鍾瑞麗
- 美國俄亥俄州立 Toledo 大學哲學博士，主修諮商員教育與督導
- 民國九十七年諮商心理師高考及格
- 曾任學校教師、主任、校長，共 36 年；教學對象包括從幼兒園到研究所，教學經驗豐富
- 任教期間，長期從事輔導諮商工作，除了第一線直接面對個案，落實學校輔導諮商工作，也曾長期擔任教育部及新北市輔導工作輔導團的輔導員
- 專精於家族治療及家族系統排列
- 退休後，仍持續在家事法庭協助打官司的當事人，從改善關係的角度，進行對話討論，找到自己最適當的位置，讓愛流動，進而解決彼此之間的爭執和衝突
- 譯作有《助人的歷程與技巧》（2004，雙葉書廊）、《情緒焦點治療》（2006，天馬出版社）、《助人歷程與技巧（二版）》（2012，雙葉書廊）、《從個體到群體》（2017，張老師文化出版社）

以愛的移動釋放糾葛

引言

俊宏從國外回來向法院提出夫妻財產分別的聲請。突然接到法院通知，對淑惠而言，不啻是個莫名其妙的訊息。丈夫俊宏不告而別三年，傷痛之心還深深地刺痛著她。兒子近四歲，清秀乖巧又可愛，卻一天也沒有享受過父愛，孩子只是被告知爸爸在國外很忙，不能回來；稚幼的小腦袋總是期盼著爸爸回來。

淑惠猜不透先生為何不直接來找她，卻直接到法院提出聲請；難道婚姻將就此結束？內心是多麼希望丈夫能回來一家團圓。淑惠看著兒子，想挽回丈夫的心思從來都沒有變過，即使只有一絲絲的機會也要努力。要如何面對久未謀面的丈夫？淑惠心頭亂糟糟，無法靜下來思考……。結果，真如淑惠的直覺，俊宏先以財產問題為起點，離婚才是終極目標！

案情概述

淑惠長得清秀迷人，自己獨自在臺北租屋工作。兒子今年四歲，託付給花蓮老家母親照顧。淑惠母親把兒子教養得真好，孩子聰明、貼心、有禮貌。丈夫俊宏不告而別已近三年，最近俊宏回臺，並沒有來探望淑惠母子，竟然直接向法院提夫妻分別財產制的聲請。

淑惠和俊宏結婚到現在只不過短短四年多，卻分開三年，甜蜜的生活何其短啊！到底發生了什麼事？

原先兩人在朋友的聚會場合上認識，並沒有交往。一年後卻不期而遇，這樣的緣分讓他們從熱戀進而同居，不到半年有了孩子，

在雙方家長的祝福下結婚了。俊宏父母在臺灣有許多產業，家道殷實，從小小留學生到長大成年回國上班，始終逍遙自在，從來就是屬於人生勝利組——高、帥、富。

　　婚後他們住在俊宏父親名下的知名大樓裡。淑惠懷了孩子後就和俊宏商量辭職待產，俊宏當時是一家公司負責人還兼幾家公司董事。在臺這段婚姻生活中，俊宏常出門運動、健身消磨時光。淑惠懷孕前期，俊宏都還體貼，懷孕後期俊宏有時說話令人不舒服，兩人難免拌嘴，此時俊宏會突然離去，留下錯愕不已的淑惠！

　　兩人共同生活後半年，俊宏已出現絕情的語氣和態度。淑惠半夜陣痛，俊宏不肯起床送她去醫院，只好捧著肚子自己走路去離家不遠的醫院；產檢也從沒有陪過一次；生產時醫生問俊宏要不要進產房，宏俊也不要，孩子取名也是淑惠處理。

　　夫妻吵架都是為小事吵，例如：俊宏強勢地說：「我讓你到月子中心做月子，已經不錯了，你還不知足！」淑惠是新手媽媽，孩子洗澡請俊宏幫忙，俊宏嗆淑惠說：「叫你不要生你不聽，笨到不會當媽媽，煩死了！」俊宏對兒子沒有一絲感情，令淑惠怎能不生氣。從以上狀況可以知道，俊宏還沒準備好要當爸爸，認為孩子的到來是快樂生活的絆腳石，是個麻煩！

　　然而淑惠卻沒有警覺仍一心愛著俊宏，對婚姻愛情有憧憬、對先生有期待、對家庭生活想要美滿，並沒有發現先生對兒子的到來，並不像一般父親那樣的歡喜，也沒有想到一般夫妻間小口角是造成先生離去的藉口。淑惠其實並沒有錯，俊宏他逃避了，逃避當爸爸、當丈夫。其實不管淑惠怎樣努力，是無法追回丈夫的心。

　　俊宏說走就走沒有留下任何生活費，更過分的是以存證信函要淑惠搬家，不准住在俊宏他家名下房子裡，淑惠只好快點找工作，孩子拜託鄉下母親和兄弟姊妹照顧。淑惠那時痛苦到真想從住處一頭栽下，一了百了！如果當時跳下去，孩子長大了知道媽媽是這

樣死的，會怎麼想？還有母親怎麼辦？幸虧淑惠還有點理性，就此打住，否則真不堪設想。

最痛苦的日子已經熬過來，現在有一份穩定的工作，可愛的兒子、親愛的母親、溫暖支持的親友，心中踏實許多。淑惠整理自己思緒穩定心情，最壞的已經過去，要來的終須面對。

俊宏身材健壯長相英挺，看起來嚴肅，笑起來親和。說話果斷有條理，表達能力佳。三年前離開臺灣，目前在國外經商。俊宏對自己的婚姻很後悔，認為兩人認識時間太短，彼此瞭解不夠。淑惠懷孕後兩人隨即結婚，當時俊宏不想要孩子，但懷孕已超過可以處理的時機。婚後常常為錢吵架、冷戰，甚至家暴，實在太痛苦了，才要一走了之。

俊宏對自己的離去，對淑惠母子的絕情沒有一絲絲歉疚，反而覺得受害的是自己，這次回臺聲請夫妻財產分別制，冠冕堂皇的說詞是怕自己經商財務上拖累淑惠。至於婚姻，竟輕描淡寫地說不可能回到從前。

俊宏對於自己的絕情也有說詞，當時兩人住的房子是父親購買的，俊宏打算遠走國外，把房子還給父親，因此另外租屋，預付了一年房租，暫時安頓淑惠母子，但是淑惠搬出大廈後並沒去住，並非他心狠。俊宏思索兩人婚姻破裂的主要原因，是個性問題；認為兩人個性都剛強，遇事要爭到贏，誰也不讓誰。俊宏不想再和淑惠生活下去，也不知如何解決問題，只好選擇逃避，一去三年就是不想面對婚姻、面對淑惠。或許俊宏增長幾歲，知道自己是有不對的地方，願意向淑惠道歉。

這次俊宏回來的目的，只是先處理好未來夫妻財產的問題，針對淑惠提出的質疑，只能對淑惠說自己的債務不想連累她，淑惠不相信。其實俊宏知道一下子要提出離婚，是不可能成功的，尤其在臺灣，畢竟從婚姻出走的是自己。在外國兩人不相愛了就可以離

婚，在臺灣卻離不了。淑惠從對方口中明白表示要結束這婚姻，讓淑惠再度陷入傷心絕望的深淵中。那一點點復合的希望破滅了。但淑惠穩住自己，很有尊嚴地為兒子提出需求。

　　至於孩子，俊宏在外國其實也沒想到孩子，俊宏離開時孩子還在襁褓中，俊宏對兒子談不上有感情，更沒有牽掛。現在一時之間要和兒子見面，俊宏感覺沒有那麼迫切，但是在法院和兒子見面是推託不掉的，不得已而為之，既沒有欣喜也沒什麼期望，反而有點擔心。

　　逃離三年的俊宏，讓淑惠一個人承擔孩子的養育，於情於理說不過去，孩子既然來了當然要見，俊宏只是擔心見了那麼小的小孩，自己會不知所措，不知道說什麼或做什麼？

　　然而，老天爺跟俊宏開個大玩笑。俊宏進入小房間，看到小孩安靜地玩他的小汽車。原本不要的孩子，竟然長得很好，也教得好。奇蹟的是和兒子見面超順利、感覺超棒，兒子竟然叫了爸爸，還願意讓俊宏抱。對俊宏而言，感受到前所未有的為人父特有的舒服和滿足。俊宏心中起了微妙的變化──婚姻不要，但是兒子要定了。

　　淑惠和俊宏坐在法院調解室裡，淑惠心亂如麻、俊宏則輕鬆篤定。所有別後俊宏該解釋、該說明、該道歉的，俊宏都輕鬆帶過。淑惠沒法接受但事件也已過去。尤其俊宏當面向淑惠表示婚姻不可能繼續，淑惠也料到會有這結果，只是從俊宏嘴裡斬釘截鐵地說出，還是造成很大的衝擊。

　　淑惠看清楚了，毅然提出簽字離婚，條件是俊宏資助淑惠買屋的頭期款以安頓母子，後續房屋貸款淑惠自己慢慢繳，未來孩子和父親維持很好的親子關係是淑惠努力的方向。

　　俊宏願意給淑惠錢，但是有附帶條件：俊宏要孩子與他一起生活，否則不給錢。從另一個角度看，在短短的時間俊宏產生了父愛，這和母愛不衝突，也是維護孩子的最大利益，目標不謀而合。

在母親願意促成父子感情交流的善意下，共同照顧孩子的契機終於出爐，於是達成協議，當俊宏忙於國外事業時，孩子由母親及外婆照顧，當俊宏回國時，寒暑假孩子和俊宏同住，孩子的生活費由母親負責，學費及寒暑假生活由父親負責。

在孩子適應的過渡時期，母親及外婆協助俊宏與孩子建立感情後，照顧方案才開始執行。於是雙方訂立孩子照顧計畫，協商大功告成。淑惠願意簽字離婚，俊宏將買屋頭期款匯給淑惠。婚姻雖然成了無言的結局，但這對年輕的父母開始學習做孩子的合作父母，孩子有兩個家，有愛他的爸爸媽媽，孩子的未來才能走向健康成長之路。雙方在相互善意與協助對方完成所需中達成協議，國家也達成為孩子鋪陳未來幸福之路。願雙方共同為愛兒，捐棄前嫌合作無間。

專業觀點與策略

這個婚姻很明顯已然有名無實、是無法維繫了，淑惠需要協助的是穩定情緒、看清情勢，同時也應該規劃自己未來生活方向。放棄怨懟、積極地走向新的關係，並為孩子找回父愛。建立以孩子最佳利益的照顧計畫，雙方做合作的父母，才是雙贏。

其次讓淑惠明白她不孤單，她擁有的資源是多麼的難得，淑惠有家人協助支持，更有一個可愛的兒子，這些都不是金錢可以買到的，給她帶來生命的力量，能自立自強且生活無虞匱乏。

結果算是圓滿。雙方都愛孩子，尤其俊宏主動爭取關照孩子的機會，是孩子的福氣，值得讚嘆。調解委員說明離婚並非單親，孩子有兩個家，有愛他的爸爸媽媽，孩子的未來走向健康成長之路。

執行程序上可能會有困難，因為孩子和父親分離三年，已經習慣有媽媽、外婆的生活，俊宏和孩子是陌生的，短時間內無法單獨和孩子生活。因此調解委員建議，淑惠需要幫忙俊宏，讓孩子和俊

宏有個培養感情的過渡期，俊宏需要努力、耐心地採循序漸進的方式。目前小孩雖然無法和俊宏一起生活，但父子第一次接觸很自然而順利，未來可在淑惠的協助下建立良好的父子關係。

心理諮詢觀點

　　調解室內，四歲兒子的一聲爸爸，喚起了俊宏身為父親的情懷，俊宏抱著兒子，感受到父子連結的滋味，這個愁雲壟罩的家庭圖像，傾刻間亮了起來。是什麼點亮這個家庭的圖像？是這個兒子純潔無瑕的叫聲與接納依附的步態，吹散了罩在家庭上的濃霧。

　　家族系統排列大師海寧格說過：「所有的孩子都是美好的，他們的父母也都是美好的。」這句話，在這個家庭的生命故事中，尤顯真實。海寧格的說法可能會讓人們感到迷惑。這怎可能？

　　這個說法非常深遠。因為，這句話同時表示，父母曾經是美好的孩子，所以他們現在仍然美好。他們的父母也是美好的，因為他們的父母曾經是美好的孩子，現在做為父母，也依然是美好。

　　也許我們會說：但是孩子做了這樣的事情，父母做了那樣的事情。他們是做了，是的，但是為什麼呢？是出於愛。故事中，兒子對父母純然之愛的美好，喚出了俊宏的美好，讓他可以將心中既定的法律訴訟暫時擺在一邊，重新思考自己在這個家庭圖像中，可以彩繪出的不一樣風貌。這個純然的美好讓俊宏改變方向，與淑惠達成調解共識。這是父子連結產生的強大的正向能量。

　　看看俊宏的成長背景，他生活在物質資源優渥的環境下，生活工作始終逍遙自在，沒有經歷辛苦奮鬥的挑戰，因此，欠缺與「其他聲音」融合的歷練。另外，父母長期分居，加上從小就離家當了小小留學生，這種與重要他人（父母）連結疏離的經驗，造成在親密關係上的重大挑戰。由於一股力量的運作，這樣的俊宏遇到了個

性也剛強的淑惠，兩人奉子成婚。親密互動的強烈衝擊迎面而來，俊宏不知如何面對，只能逃避。他逃得了嗎？逃不了的，他倆同屬一個家庭系統，包括兒子。

調解室內，家庭系統內成員的重聚與連結，帶給他們新的洞見，他們都深植於一個更大的靈魂，深植於一個家族的靈魂（family soul）。這個場域裡有一股動力想要讓被分離的東西重聚。這個移動是有意識的移動，這是愛的移動。

很多會引起關注的行為，尤其是孩子的行為，通常都是深深的愛的移動，在愛的移動中，所有成員回歸系統的序位。愛的序位中，不再有人需要透過令他們感到沮喪的行為，讓被排除或被遺忘的人獲得關注，所有人獲得了一個更深層的、從糾葛裡釋放出來的自由。

法官觀點

一、法律訴求解析

雖本件聲請事由非常單純，法院在調查事實後，即可以裁定准駁結案，非常簡單易行，然因事件背後所涵蓋的卻是一個母親單獨照養孩子的艱辛歷程，想到孩子缺乏父親的關愛是極其遺憾之事，現在孩子的父親竟然現身了，正好可以把握本件的審理，釐清這個家庭的一些法律與人情的疑點，因此，對於本件的審理，筆者實在不敢掉以輕心。

二、法官審理方式

雖筆者對於此件如何裁判早有心證，然為鞏固親子關係並協助雙方學習成為合作父母起見，就藉著審理本案，開始了我們的關懷與探索之旅。

第一次開庭時，筆者立馬委請調解委員提供雙方心理專業服務，藉著同理情緒、釐清思緒，以瞭解他們的家庭生態與動力關係

之所在，更委請程序監理人傾聽孩子的心聲，協助父子相認，慢慢建立父子關係。

經調解委員們盡心盡力的同理、關懷，以及抽絲剝繭的探索，不僅雙方順利地重新建立為人父母的合作關係，甚且聲請人竟可從以往逃避而缺席的父親，想一躍成為孩子的主責照顧者，這些都是我們事前難以想像的改變與成果。

雖這個家庭的成長與發展尚需假以時日，不過經由法院的引領已經奠定了堅實的基礎，是一個非常美好的開端，接下的相互溝通與合作，就要靠他們的努力經營了。

三、結案成效分享

由於本件的請求已經不再符合當下的實際需要，聲請人撤回聲請。本件在管考統計數字上，我們好像毫無作為，其實，藉著本件的審理，我們花費了許多的時間與精力啟發、陪伴、鼓勵雙方好散了他們的婚姻關係，並成為孩子的合作父母。不僅父子相認，而且逐漸地維持了親密的關係，這是本件結案的最大成效。

溫馨小叮嚀

❤ 做未來的決定很難，因為世間事千金難買「早知道」。但是做決定之前，先問問自己：現在所做的決定是否是平心靜氣思考後才做的？未來不論結果如何，會不會患得患失、後悔不已？如果答案都是正向的，即使做錯了決定，那一定不是人力可以控制的，也就甘之如飴了。

🗀 「案情概述」、「專業觀點與策略」&「溫馨小叮嚀」撰述者：方美珠
- 臺灣臺北地方法院家事法庭調解委員 20 年
- 國立臺灣大學教育學系，在職心理輔導研究所碩士
- 國小導師、國高中導師，組長、主任，年資共計 33 年

找回家的感覺

引言

為了爭奪遺產，手足鬩牆的新聞從不缺貨；但如同本文上演皆大歡喜收場卻不多見；手足與協調兩端，前者釋出最大善意，後者拿出縱橫捭闔的專業，精彩經典。

為了爭奪往生的父親名下房產，同父異母的手足對簿公堂！對死者前妻的大女兒春滿而言，她要追財產繼承的請求，在時效上已經晚了二十年。在法律面向上，她是站不住腳的。繼母代其親生子女以五萬元，就要她放棄繼承財產；以情與理切入，也是說不過去。雖然這些年來，手足間少有往來，但曾經的彼此扶持、相濡以沫還是點滴在心頭；法界調解委員會要如何看待？有兩全其美的專業對策嗎？

案情概述

　　五十多歲的春滿想起娘家的事，心中就覺得不舒服。兩歲時媽媽過世、爸爸再婚，繼母生了兩男兩女，身為長女的春滿，總覺得自己和弟妹不一樣，畢竟他們都是繼母的親生子女。春滿記得從小必須幫忙照顧弟妹，分擔家事。希望能讓繼母高興、喜歡自己。記得孩提時期，繼母對待自己和弟妹們並無差別心，當時父親會去賭博，還曾經和繼母一起去抓爸爸回家，覺得當時母女間感情很好。

　　回憶二十二年前，父親過世時，為了父親名下房產，繼母找她商量，拿了五萬塊錢給她，希望春滿同意放棄繼承財產。這些年來兄弟姊妹間少有往來，可是最近卻發現大弟、二弟都買了房子，繼母和小妹也搬進了一間新的公寓住，卻沒有人通知她，沒有人關心

這個大姊，越想越不是滋味，又想起當年的那份財產放棄繼承同意書，覺得自己被蒙騙了，因為印象中並沒有親自蓋章，只是口頭答應。現在看到老家變賣，憤而向法院提出遺產繼承告訴，想討回一個公平的對待。

白髮蒼蒼八十多歲的吳大嬸，收到法院通知，小兒子明雄告訴吳大嬸要到法院出庭，是大女兒春滿控告吳大嬸、明祥和明雄兩兄弟偽造文書，並要求父親遺產重新分配。

接到這份通知，老人家禁不住又生氣又難過，想當年自己年紀輕輕嫁入吳家，還要視如己出地照顧一個兩歲的孩子春滿，雖然後來又生了春香、明祥、明雄和春花，吳大嬸覺得自己對每位孩子都一樣照顧，沒有分別心。記得春滿小時候到鄰居家玩，被譏笑是沒媽的孩子，春滿一路啼哭回家；當時的吳大嬸立刻前往鄰居家理論，不想讓春滿受到委屈。就連春滿二十歲時想結婚，雖然當時弟弟妹妹都很小，能賺錢的也只有春滿一人，吳大嬸也高高興興地讓春滿出嫁，好不容易一個個孩子都拉拔長大，現在可以休息好好養老，沒想到落得這樣的對待。

對於財產繼承的事情，吳大叔過世時家中環境並不好，只留下一棟老舊的房子。吳大叔過世前表示老房子就留給兩個兒子，因此希望女兒們都放棄繼承，吳大嬸為了顧及春滿的感受，想辦法湊出五萬塊錢給已出嫁的春滿，而春滿的妹妹春香和春花卻是一毛錢也沒給，而當時三個女兒都簽下放棄財產繼承權同意書。這事經過這麼多年，春滿也從未曾說什麼。沒想到二十二年後，春滿竟然不顧養育之恩，向法院提出告訴，吳大嬸想到自己如此年邁還要跑法院，心裡實在難過又沒面子。

今年四十歲的明雄，收到法院通知嚇了一跳，沒想到大姊春滿會向法院提起訴訟，這幾年大姊都未曾回家。還記得父親過世前，因糖尿病導致眼睛瞎了好多年，家裡的經濟狀況非常困難。當時大

姊已出嫁，只能靠二姊外出賺錢養家，這兩年老家的用地及周邊的畸零地剛好因建商開發需要，提高老家土地的價值。於是用這筆賣老家土地的意外之財，全家討論後，決定要先修復吳大叔的墓地，再買一間公寓，讓媽媽和未婚的小妹居住，其餘的錢由行動不便的明祥與明雄分配，明雄拿了錢買了一間二手舊屋與家人居住，行動不便的明祥也開了一間樂透獎券行維生，其實大家目前也只是有個安定居住的房子而已。

為了養家外出工作多年的二姊，也是同意這筆錢如此運用的，而大姊春滿這幾年都未和娘家人有往來，因此沒有通知。

明雄想起春滿大姊，自己內心有件非常難忘、特別感謝大姊的事。記得小學二年級時，不小心打破學校教室玻璃，被老師要求賠償。明雄嚇得不敢回家，因為家裡實在沒錢可賠，於是去找已婚的大姊求救。當時大姊也不寬裕，但還是想盡辦法從一點點的買菜錢裡頭，勉強攢出賠款，讓明雄帶去學校賠償，明雄才敢去上學。至今自己都成家立業，對這件事一直感激著大姊。現在為了這件訴訟官司，明雄還特地去請教懂法律的人，才發現財產繼承的請求時效已經過了二十年，所以非常擔心官司結束時，大姊可能沒有機會再回娘家和母親及弟弟妹妹相聚。

經個別調解，當春滿走進法院調解室，姊弟兩人已經許久不見，既熟悉又陌生。明雄與大姊兩人聊起童年往事，手足之間的點點滴滴，姊弟兩人都紅了眼眶，緊緊握住彼此雙手。春滿終於明白自己當年結婚離家後，家中真正的狀況，以及二妹辛苦承擔家計、照顧家人。當父母要求所有女兒放棄財產繼承權時，母親還準備五萬元給自己，而母親對自己親生的女兒連五萬元都沒有給；原來繼母的心中還是很重視自己的。多年的誤會，白白讓自己的身心受了不少無謂的折磨。

後來明雄又告訴大姊春滿，當年大姊出嫁後、父親往生前，大

家過著相當困苦的日子，哥哥明祥也因為傳染疾病導致現在行動不便，目前賣了老家土地的錢，已修復好父親的墓地，剩餘的錢也只夠家人安身。明雄懇切告訴大姊難忘的陳年往事，小時候自己打破學校玻璃時大姊的及時幫助，姊弟之情永遠記在心中。春滿聽了不禁淚流滿面，當明雄說：「大姊我們希望妳回來和我們一起去掃墓，讓爸爸安心。」春滿忍不住又淚流滿面。

當春滿看到走進調解室的吳大嬸，立刻雙膝跪下哽咽哭著說：「阿母，請您原諒我。」吳大嬸也紅了眼說：「知道就好，過了就好，從小把妳養大，阿母沒有白疼妳。我們還是一家人。」明雄給了春滿家裡的聯絡電話，並告知今年清明節要去掃墓的時間，這時的春滿含著眼淚微笑著，看著阿母和弟弟，覺得自己真正回家了。

專業觀點與策略

讓兩造分別敘述當年事件，瞭解家庭發展、家人相處的經過。吳大叔死時，吳大嬸做主將老屋轉移給明祥、明雄兩個兒子繼承，當時三個女兒都同意放棄繼承，只有大女兒春滿拿了五萬元。而最近賣老屋及其周邊畸零土地，所得款項先修父親墓地，再購買母親及小妹新房，其餘分配兩兄弟等事件的發生經過。

一、對聲請人（春滿）調解策略

(1) 瞭解春滿童年時與弟妹的相處情形，肯定春滿身為大姊照顧弟妹的手足之情，及春滿與吳大叔、吳大嬸與三人的互動情形，協助春滿回憶家中有趣的家人互動：例如母女一起去抓賭，讓春滿理解吳大嬸持家的辛苦，以及繼母為了鄰居閒言閒語欺負春滿時，繼母挺身而出去理論，對待春滿如自己親生孩子一樣疼愛。

(2) 接納老屋對春滿的意義，有童年的情感記憶與父親的影子，而弟弟將該房子賣掉，搬到新房子，未告訴春滿，同理春滿覺

得被家人拋棄的感受。

(3) 引導春滿看到自己最想要的是什麼？和春滿討論家中過去與目前狀況，瞭解其他兩位妹妹春香、春花在此事件的關係：同樣拋棄繼承，大妹春香對家付出更多，而小妹春花目前還照顧年老阿母。並且提供訊息讓春滿瞭解最近賣老屋所得款項的安排。

二、對相對人（吳大嬸、明雄）調解策略

(1) 瞭解吳大嬸對訴訟的情緒，肯定當年養育孩子的辛苦，敘述與春滿相處情形，找回母女親情連結。

(2) 接納明雄無奈與擔心訴訟的情緒，明雄不希望手足對簿公堂，表示有機會主動與大姊相互溝通。

(3) 鼓勵明雄說出手足之間相互照顧的親情往事，明雄敘述與大姊春滿相處情形，記得童年時期與大姊相處融洽，大姊很早就出嫁，仍然疼愛弟妹。引導與大姊春滿情感連結，打破玻璃事件（明雄小學二年級因不小心打破學校窗戶玻璃，老師要求賠償），已出嫁的大姊拿自己的買菜錢給明雄賠償，至今弟弟仍然沒有忘記當時的姊弟情誼。

三、會談調解策略

(1) 鼓勵春滿勇敢表達自己與家人疏離，有被遺棄的感覺，因而產生誤會。自己心中的希望是能知道家人狀況，也能時時與家人聯繫。

(2) 明雄主動敘述姊弟之間過去手足相助的事件，並說明家人目前狀況，誠摯地表達感謝大姊過去對家人的付出及珍惜手足情感。春滿向阿母吳大嬸、弟弟明雄道歉，不應該因誤會而提起訴訟。

(3) 明雄主動提出聯絡電話，歡迎春滿大姊回家聚會。吳大嬸也表達家人要互相瞭解彼此的辛苦，永遠都是一家人。

(4) 協助雙方建立聯繫管道，家人邀約春滿回家祭祀掃墓，當場約定時間，確定家庭祭祖的安排。

心理諮詢觀點

　　這個繼承財產訴請背後的動力，發自於春滿內心深處的小宇宙。雖然成長過程中，繼母對她不錯，但終究親生子女與非親生女兒總是有別，在父親往生處理遺產之後，本能的反應在春滿心裡翻攪，帶動了這個家庭系統動力的變化。這家庭系統的動力催化了春滿心中小宇宙的能量，將大家推進了法庭。

　　「繼母欺騙我，對我不好，因為我不是她所生」的聲音是春滿心裡的主觀想法，並不是客觀的狀況，她卻將其投射到繼母及其他同父異母的手足身上，此投射作用所引發的情緒，促使她採取告訴的行動。這是一種自我防衛機制，這個心理動力是為了保護及強化自我，爭取自認為應有的權益。

　　常常，當人們遇到困擾時，為了因應，就會有各種自我防衛機制（self-defence mechanism）的出現，例如壓抑、否認、退化、補償、合理化、昇華……。所有機制中，精神分析學派創始人弗洛伊德（Sigmund Freud）認為，壓抑是自我防衛最基本的機制，因為，它在其他防衛機制產生前就先啟動，所以，壓抑可以說是其他防衛機制運行的基礎。這些心理防衛機制對生活的影響各不相同，有正有負。它們指引我們採取行動，以減少面對不可接受或潛在有害的事務時所引發的焦慮。人們使用心理防衛機制時，有時是有意的，有時是無意的。

　　投射（projection）是另外一種機制，它也稱作「外向投射」，這種機制將屬於自己的一些不良想法、動機、欲望或情感，貼到他人或他物身上，以推卸責任，或把自己的過錯歸咎於他人，從而在心理上及情緒上得到解脫。投射包括嚴重的偏見、因為猜疑而拒絕與人親密、過分警覺外界的危險等。

　　春滿的認知、情緒及行為就是典型的投射機制所致。父親往生

後，繼母以五萬元請她放棄財產繼承，當看到繼母、弟妹有新房子住，自己卻只拿五萬元，這樣大的落差，她認為當初自己被騙了；加上彼此久未聯絡，感覺上被排除在這個家庭之外，難免有失落憤怒之感。這樣的不愉快，雖然因為成長時與繼母良好關係的因素而暫時壓抑未發。但，想想兒時為了得到繼母歡心，追求被愛的歸屬感，必須照顧弟妹分擔家事，現在看著繼母、弟妹搬進新居而沒有讓她知道時，「我不是繼母生的，所以被排除在外」的聲音不斷地在她耳裡響起，這個心理投射機制發揮了作用。負面情緒積累到一定強度時，春滿採取了行動，控訴繼母及弟妹偽造文書，訴請重新分配父親遺產。

　　一家人各自帶著忐忑不安、難過生氣的複雜情緒進入法庭、走進調解室。法庭上法官的引導，調解室裡調解委員的傾聽同理，為這家人提供了對話的平臺。這場家庭對話，澄清彼此的想法、態度與作為。幾經往來，這個再婚家庭系統動力所造成的暗流，澄清為一片明鏡。這片明鏡讓春滿看到自己的樣貌，看到了愛，也看到其他家人的承擔。這片明鏡，讓繼母及其他手足看到春滿的孤單，看到彼此連結的需求。當所有人不帶著評斷，在這片明鏡中看到自己，看到所有的人、事、物，他們就看到了愛，也找到了和解之道。

法官觀點

一、法律訴求解析

　　本件在家事訴訟的表面，看似一起單純的請求分割繼承亡父遺產的案件，然原告為實現並穩固此件訴訟，還先向檢察官告訴繼母與繼手足等，有刑事偽造文書等罪嫌，這對家人而言，情何以堪，這對家庭關係的危害何其重大。我在受理此案時，覺察到了這氛圍

氣息，不敢輕忽雙方為了打官司而引起的嚴重後遺症。

二、法官審理方式

悉心體察本件，其實背後涵蓋的是原告對親人的誤會，以及對家庭親情的渴望與連結。法院如何協助本件的家庭成員相互溝通，澄清塵封甚久的誤會，進而能調整家庭關係，實現大家心中期望的家庭團圓。這是審理本件所想達到的目標。

為此，在最初開庭時起就朝著這個目標前進。瞭解本件訴求的原因事實後，即知本件可能是個打不贏的官司。先與調解委員研討如何漸次地抽絲剝繭，由個別的同理情緒，釐清思緒，再協助澄清誤會，恢復家庭原本的親情動力，本件即可大功告成矣。

三、結案成效分享

本件法院從一個無效的訴訟，開啟了經久失散家庭的重新對話，進而澄清了多年塵封的誤會，促進了家庭關係的調整，親情再次連結，功效無可估量。

溫馨小叮嚀

♥ 家庭的歸屬感是親情聯繫的基石，家人的溝通常不說清楚或認為理所當然，疏忽了彼此的感受，而加深誤解甚至怨懟。找到心中對家及家人的情感，勇敢表達是打開溝通死結的鑰匙。

♥ 家是講情的地方，找到情感連結的調解是重要關鍵，協助當事人發現自己內心真實的需求，在疏離的家人關係中，修補、牽成一條無形的情感線，讓家人更圓融、美滿。

♥ 本案春滿對財產繼承的請求權已過時效，若依法律規定處理，春滿可能因訴訟與家人親情破裂，無法再團圓相聚，因此本次調解完成法外情的圓滿結果，讓一家人因此得以團圓；修補、牽成一條無形的情感線。

☐「案情概述」、「專業觀點與策略」&「溫馨小叮嚀」撰述者：王明玲

- 臺灣臺北地方法院家事法院調解委員、程序監理人、親職教育講師
- 中華民國社區諮商學會理事及督導
- 新北市家庭中心輔導團家庭法律講師

愛太沉重

引言

父母不睦的孩子，他的生命已經是面臨重大的挑戰。如果更無奈地捲入父母的戰爭，無法與其中一方和諧相處，內心的痛苦和掙扎，已經不是筆墨能形容或是言語能道盡的。此案的當事人不僅僅遭遇如此，甚至被父親以「家暴」告上法院，真是情何以堪。

然而，幸運的是，父親不是沒有愛，只是不知道如何表達心中的那份關愛。在法院走一遭之後，終於醒悟、願意成全孩子的心願——把最溫暖的家留給兒子。

案情概述

第一次見到當事人，燦爛的笑容、舉止得體，給人的感覺是陽光少年；很難聯想到「家暴」二字。

告訴他，他讓人感受到是如此彬彬有禮。他回答：從小都是軍事化的教育，他爸爸把他當小兵操練，是如此這般調教出來的。

問怎麼來的，他說換了好幾班車來，現在沒住在家裡，住在外公家，外公家距離學校很遠，不是一路車可到，需轉兩班車，是很不方便。這種狀況已維持一年，家對他來說已不像家，各住各的，姊姊住校、媽媽住小套房，只有爸爸住在家裡。

他是和媽媽一起搬出來的，去年父親對媽媽施暴，他是目擊者，在庭上為媽媽作證，這點父親對他不能諒解，他擔心父親會傷害他。這份擔心是源自於成長中的陰霾，父親對孩子的管教嚴格猶如帶兵。

　　他回憶道：父親很早就從軍中退役待在家裡，一直未工作。自有記憶以來常挨揍，父親只要不開心便以管教為由訓他二、三小時，不得反抗，反抗會被過肩摔。印象最深的是小學三、四年級時，有一次父親關起所有窗戶、開瓦斯，說若要死大家一起死。他真的好害怕！甚而有一次把他拉到窗戶旁，要他跳樓，只因他做錯了事。父親用如此激烈的方式嚇到了他，這種管教方式讓他覺得是要置他於死地，極度缺乏安全感。

　　這一次發生此事故，是因為他想回家拿東西，每次都是趁姊姊在家時回去，以避免跟父親面對面。這回姊姊不在家，他邀學長一起回家，家裡的鎖被父親給換了，門又有點故障，他拿螺絲起子拆了起來，父親揍他和他起了衝突，大叫：「你不要過來。」他被激地反叫：「你給我過來。」這真的是不知道哪來的膽子叫了出來，事後自己也有點嚇到，和他同來的學長聽到聲音就把他帶離了家。結果父親反而報警說他打父親，他極大懷疑父親是否精神出了問題，否則怎會編故事？

　　他平鋪直敘地說，情緒穩定，問他經歷了這麼一回，怎能如此從容？他說這狀況已描述了三次，似乎平靜許多。建議他跟父親坐下來談，既沒有傷害父親的心，總可以和父親說清楚。他說事情發生後已有二個月了，他一直能避著就避著，看到也不打招呼。

　　至於母親告父親家暴，又是另外的一件事。從小父母間的爭吵不斷，尤其父親退役在家待著，他知道家裡的經濟重擔落在母親身上，父親對母親家暴，他不知道是為何？也不敢問。母親呈上法庭的錄音帶，父親懷疑為他所做，故罵他且摔壞他的手機。母親想和父親離婚而父親不肯。

　　過去一年時間與父親未曾正面接觸，假日偶而去看看姊姊，當然那是姊姊在家時，姊姊是唯一和父親說得上話的人，是他的擋箭牌。姊姊的功課很好，父親以她為榮，他則常常遭到數落，幾乎未

曾被讚美過。過去曾經參加街舞比賽得了名次，才偷聽到父親對朋友誇過。但是在他面前只會批評他練得不夠、不夠看；當面就潑冷水，一直是被貶低的。

休學過一年，現擔任熱舞社的社長，在那兒他有同儕陪伴，但回到住處是孤獨的，與外公、外婆住，他們年紀都大了，談不上話。家裡房間不夠，媽媽不能住在一起，一家人分四地住，現在的經濟來源全靠媽媽，他覺得媽媽好辛苦，認為若是父親搬出去住可能會減低媽媽的負擔。告訴他想邀請姊姊一起來討論，如何化解這份冰冷的親子關係，他似乎抱著一點希望。

他最近很認真，這學期每科都過，未來的目標是想考體育學院發揮自己所長，對未來充滿希望。

終於見到當事人的姊姊，在會談中提到父親的管教方式的確是頗激烈的，一如弟弟所說，印象最深的是兩年前深夜回到家，父親說她的房間太亂，用腳踹門；就因為如此，她從學校返家皆會到阿姨家，回到家只是看電視、睡覺，很少和父親有交集，尤其是看政論節目時，她只能閃邊去，避免正面衝突。

她知道父親很孤獨，所以也只能放假陪著父親，聽他談陳年往事，不過她總是左耳進右耳出。最困擾的是媽媽、弟弟會對她抱怨父親的事，在家又得聽父親嘮叨，她真的無能為力，但知道至少在表面上不能失掉平衡，只能坐著聽，保持和平狀態。

透過和父親的會談，瞭解父親其實很想孩子，一年來幾乎很少碰到，整天面對的是牆壁，孤寂落寞。不知孩子最近過得如何，訴說自己嚴格管教孩子只是擔心孩子變壞，沒想到恨鐵不成鋼做法是超過些，造成孩子的恐懼，越來越疏離。說到這，他眼淚掉出來、突然哭了。這回他帶來孩子的外套，他知道孩子喜歡什麼式樣，他認為應該會合適，託轉交給孩子。

當告知當事人「父親想他」時，他似乎有點意外，他說「真的

嗎？會不會又在演戲？」當告訴他「父母想孩子是天經地義的事」，他眼睛露出光芒，把外套拿給他請他試穿時，他一下就套上去，非常合適，告知他和父親的品味皆高，他也就穿了未再脫下來。

再次與其討論是否能跟父親坐下來說說話，他仍是有點難色且說「要說什麼？父親是不會聽的」。告知他父親擔心他的近況，學業是否跟上。以當事人目前的狀況是積極的，而且朝向目標努力，這學期的功課已有大進展，如此正面的能量，這些進步若能讓父親知道且能親自告知，免去父親的擔心也是孝心。見面三分情，且有調解委員陪著，再三鼓勵當事人破冰，當事人最後應允。

終於見了面，孩子鼓足勇氣說出心中的陰霾，和他的期望「搬回家住」。父親則主動告訴孩子他想搬到外地另謀發展，希望有一番作為；聽到孩子有目標且是正向地發展，他亦表示期望能盡自己之力輔助；他告孩子的訴訟也會撤銷的。

專業策略與觀點

(1) 愛之深責之切，當事人的父親是名職業軍人，在軍中須用嚴格的紀律執行，很少在家又擔心孩子變壞，因此在孩子幼兒時期以很嚴厲的方式糾正孩子的舉止，或許是忽略了孩子仍在幼兒階段，需要的是擁抱，以致孩子不太敢親近他，加上好幾次激烈地管教方式，讓子女們害怕，甚至擔心生命安危。

(2) 反觀嚴格的管教方式，也教出了應對進退得宜的孩子，給別人的第一印象是大方、易於相處、人緣很好。

(3) 家庭經濟問題是這個家庭父母衝突的致命傷，父親從軍中退伍後都賦閒在家，未能找到適當工作，所有時間都盯著孩子看，動輒得咎，家裡又有房貸要付，壓得母親透不過氣來，父母爭吵時而有之，孩子被捲進暴風圈。

(4) 由於父母的爭執、父親的動手，孩子無能為力，且被法庭要求作證，父親埋怨孩子，孩子怕父親挾怨傷他，就與母親一同搬出來。一年的時間未曾與父親說過任何話，因許久未接觸，恐懼陰影擴大，幾乎是妖魔化了。

(5) 解鈴還須繫鈴人；當父親見到孩子時，眼眶紅了，一句「最近好嗎？」孩子是可感受到那份關心，鼓起勇氣告白。一連串地說出自己最近的亮點，如通過檢定考等，強化了信心也減低了原本父親的擔心。

(6) 從談話中瞭解孩子多麼希望得到父親的賞識，父親卻吝於讚美，認為孩子不應該自滿，表現好時挫挫他的銳氣。卻讓他覺得在父親眼中一無是處，比姊姊差得遠。父親如果能放下身段傾聽孩子的心聲，適時地鼓勵孩子，如此較能創造良好的親子關係。

(7) 當父親覺察到管教方式嚴苛過當而造成親子之間的疏離時，才有機會再扭轉危機。

(8) 上法院真是萬不得已的事，但也藉著諮詢及雙方會談的機會，適時營造一個良性平臺，讓家庭風暴早日平息。

心理諮詢觀點

故事中，這位父親對待子女的教養態度顯然太嚴厲，尤其是對兒子。以這種嚴厲態度傳達父親之愛，對兒女來說太沉重，這「愛」他們接收不到，反而將他們推向更遠的地方。明明父親心中有愛，為何傳遞不到兒子的手中？

兒子想要的是父親的「讚美」，以肯定自己的價值。如果從發展的角度來看，兒子內心深處所需要的可能是鼓勵，而非讚美。「阿德勒個體心理學」非常強調，在管教孩子的過程中，不要給予孩子「稱讚」，尤其是無所依據的「稱讚」，如你很「棒」，因為

「稱讚」容易慣出「上癮者」。許多父母習慣給予「稱讚」，這樣的互動，隱含著上對下的關係，包含評價的態度，如此一來，容易導致孩子沒有讚美就不行動，不知不覺中將孩子的行為模式形塑成「外控的」行為模式，沒有「稱讚」這個外控誘因，就沒有動力。

因此，在孩子的成長過程，基於能協助孩子養成自動自發的習慣，身為父母的要給予的是「鼓勵」，賦予孩子克服困難的勇氣，而非「稱讚」。

鼓勵和讚美看起來似乎都是一種正向的行為，然而，細細探究，其策略所引發的動力差距可大了。所謂的「稱讚」，指的是「評價、讚賞孩子的優點」，是基於上下關係，是一種「孩子達成了自己所期待的事項」時才會出現的行為；而所謂的「鼓勵」，指的是「灌注孩子克服困難的活力」，是對等的橫向關係，即使孩子的行為沒有符合父母原有的期待，一樣可以給予鼓勵，因為「鼓勵」是聚焦於孩子的潛在能力，因此並不會只針對結果，而是對於過程表示認同。

「稱讚」是以「父母自身的觀點」為基礎，然後透過「評價的態度」來進行，目的不只在於「誇讚孩子」，有時背後還有一種隱含「想要控制孩子」的意圖；然而「鼓勵」則是站在「孩子的觀點」透過「同理心的態度」來進行，是基於「希望從旁支持孩子，使孩子可以憑藉自己的力量來解決自己的問題」這樣的基礎。

「稱讚」與「鼓勵」在教養子女上會造成不同的結果，「稱讚」讓孩子在意他人評價，如果沒有受到稱讚，就無法努力振作；然而「鼓勵」是協助孩子有自己的中心思想，不受限於他人評價，可以學會獨立自主。

「避免讚美，多多鼓勵」是為人父母者需要提醒自己之處。一般而言，鼓勵的策略有五種語法：

(1) 肯定特質與能力：指出特質或能力以及描述實際的行為表現或具體事件。

(2) 指出貢獻與感謝：說出孩子具體的行為和該行為帶來的影響。

(3) 看重努力與進步：描述孩子的作品或表現，並且指認孩子的努力與進步。

(4) 表示信心：陳述支持信心的客觀證據，進而將此相信連結到孩子後續可以發展的方向。

(5) 傳達接納與認可：描述孩子具體的行為、表現、情緒、意圖、態度與興趣。

這五種語法，可視孩子呈現的狀態分別應用。鼓勵可應用在日常生活與孩子的互動中，一旦成了親子互動的模式，孩子潛能則得以激發，孩子的行為模式也可培養為內控型行為模式，進而成為自我負責之人。更重要的是，應用鼓勵傳達對子女的愛，孩子容易接收到，因此，這是為人父母者的必修課程。

故事中的父親，無緣學習及應用以鼓勵的方式，傳達心中對孩子的愛和期許，而採取讓人退避三舍的威權指責，以至於父子在法庭相見。幸運的是，他們在調解委員及法官的協助之下，檢視自己，看到對方，並進行破冰的對話，開啟了愛的交流管道。父子之間雖然歷經了不少的辛苦，但能在山窮水盡疑無路之時，一個轉折而柳暗花明又一村，有好的結果。故事的最後畫面，每個人都輕鬆自在許多，「愛」流動了，情景多麼動人。

法官觀點

一、法律訴求解析

從事件表面看來，本件是父親聲請法院對兒子核發通常保護令事件，這是父子間偶發的肢體暴力衝突事件，訴求看似單純，背後卻涵蓋了整個家庭的悲歡離合的生命故事。

法院通常的做法，就是單純審理保護令事件，或由法官准許父親的聲請，對兒子核發通常保護令，或由法官駁回父親的聲請，不會對兒子核發保護令。

二、法官審理方式

參酌我國家庭暴力防治法的立法目的，固在保護被害人權益，並防治家庭暴力行為，然其最終的目的則在促進家庭和諧。法院如何藉著審理此類事件的機會，在保護權益，防治暴力之下，更能促進家庭和諧，則是筆者審理家庭暴力保護令事件的一貫原則。

接到此案時，筆者即刻定期傳喚父親、兒子，以及聲請人的女兒，同時到庭表達意見。當筆者瞭解當天的狀況時，發現父子因溝通不良，發生了肢體上的衝突。此外，我看到父子的關係很疏離，父親很想關心兒子，兒子卻拒父親於千里之外。父親雖已當庭表達善意，希望兒子回家居住，反觀兒子卻不置可否。看到父子關係還是有些緊繃，以後是否可能再次爆發肢體衝突，任誰也不敢保證。

法官如果只為求得心安，大可核發保護令結案，給兒子一個小教訓。不過，如此一來，父子的關係一定是雪上加霜，越加惡化。

如果就此以裁定駁回父親的保護令聲請，兒子的焦慮或許暫可舒緩，然父親在兒子面前的尊嚴不僅不保，親子關係無由調整。

本件不論核發保護令與否，或許可以保護權益、防治暴力，然對修復親子關係、促進家庭和諧，無疑就是雪上加霜，遙不可期。筆者因而採用了裁判以外的做法。

在開庭時諭知：「解決家務事需要好好溝通，不能使用暴力。法官從現在開始監督你們，請你們自制，此後如有類似事情發生，應馬上報告法院，我就儘速審理核發保護令。在我決定是否核發保護令之前，先轉介調解委員，為你們提供心理諮詢服務，讓大家說說自己的委屈與想法，在此之後，我再決定是否核發保護令。」

特地感謝姊姊到庭，得知她維護家庭的善行後，大加讚許，也

邀請她參加諮詢，提供她成為協助家人的資源。

父子二人為想得到法院對自己最有利的處置，就會盡力配合法院的要求。一則會小心防範避免發生衝突，二則在心理諮詢的過程中，接受諮詢人員的引導，可以漸次學習相關的人際溝通方式，可以修整父子關係。

當我再次開庭時，這一家人已在法院接受過數次的心理諮詢專業服務，在此期間父子不僅沒有繼續發生任何暴力衝突，甚且還因此次的危機，冰釋了彼此間長久以來的誤會，父子的善意可以互通，親子關係也可漸次修復。最後，父親撤回了本件保護令的聲請。對於撤回聲請事件，我都提醒他們，必要時仍可繼續聲請救濟。

三、結案成效分享

本件的結案成效不在於法院是否核發了保護令，而是在於法院以裁判以外的方式，達到了保護權益、防治暴力，更促進了家庭的和諧。

法院如果對於本件只從家人間發生肢體衝突的表面，調查是否有家庭暴力情事，評估是否有繼續發生的危險，而逕行裁定是否核發保護令者，則結案較速，也無需承擔風險。然而，以本件為例，此法或可保護權益、防治暴力，然對修復親子關係，促進家庭和諧，就是雪上加霜，遙不可期。

筆者所採所用的這種裁判以外的做法，就是在審理此類事件時，除依法在開庭時調查家庭暴力曾否發生？有否繼續發生的危險性？以決定是否核發保護令外，更再三重複諭知家庭暴力對家人的重大傷害，以及對家庭關係的嚴重破壞，必須即刻終止，並儘快把這一家人交付給具有防治家庭暴力專業的諮詢委員，為他們提供數次的心理諮詢專業服務，啟發他們改變以往之所以發生溝通不良，因而致生衝突的觀念或想法，以期達到保護安全、防治暴力，又能促進家庭和諧的成果。

溫馨小叮嚀

♥ 在孩子的成長過程，需要父母的鼓勵，賦予孩子克服困難的勇氣，協助孩子養成自動自發的習慣。

♥ 以往「不打不成器」、讓人退避三舍的威權指責，不只是過時了，而且會造成親子更多的衝突及不良後果。

♥ 身為父母，也需要時時進修和學習，以鼓勵的方式傳達心中對孩子的愛和期許。

□「案情概述」、「專業觀點與策略」&「溫馨小叮嚀」撰述者：李麗華

- 臺灣臺北地方法院家事法庭調解委員 16 年
- 士林地檢署觀護人 5 年
- 國中教師 13 年、國中輔導主任 17 年
- 國立中興大學社會學系畢業，國立師範大學在職心理輔導研究所、特殊教育研究所結業

孩子的難題

引言

孩子是婚姻中最美好的祝福。然而，在破裂的婚姻中，孩子卻成為夫妻廝殺的武器或是爭奪的籌碼。傷的不僅是夫妻雙方，也在孩子稚嫩與脆弱的心靈中，埋下了深刻的傷痕……。

小彤與嘉雄的愛恨糾葛，在離婚後卻因為探視問題，仍不斷地在有意無意中造成孩子的傷害。嘉雄想念孩子，想要看看孩子；小彤要保護孩子，擔心與父親疏離的孩子因為不當探視而受傷。孩子在這樣的拉扯中傷痕累累。本案的調解委員透過各種努力，讓小彤與嘉雄看到孩子的需要，願意等待與和解；終於，看到了曙光……。

案情概述

遠處傳來一陣小女孩淒厲的哭叫聲：「我不要去找爸爸」，並緊抓著車門不肯下車。一旁的媽媽小彤一臉無奈，一邊要把孩子拉下車，一邊哄著孩子：「一下子就好，爸爸會帶禮物給妳，會和妳玩。妳放心，媽媽待會兒就來接妳，這裡有社工姊姊陪著妳。」小女孩噙著眼淚，跟著社工走進探視的場所。這種場景，每兩週就要上演一次。

小彤和嘉雄六年前離婚。離婚後，二個孩子由小彤照顧，嘉雄每二週去家暴中心的會面中心和孩子會面。只是隨著探視的次數越多，嘉雄的挫折感也越來越大，女兒和自己越來越生疏，尤其是老二晴晴，每一次都哭哭鬧鬧，讓嘉雄於心不忍；終於，嘉雄放棄了。

嘉雄和小彤十年前相識於朋友的婚宴上，當時嘉雄正處於感情

空窗期，而小彤在感情上也仍在尋尋覓覓中。嘉雄雖稱不上風流倜儻，但也看來成熟穩重；小彤外表清秀可人，個性溫和，兩人都認為可以試著交往看看。之後，嘉雄赴美進修一年，小彤則繼續在外商公司擔任祕書。兩人談了一年的遠距戀愛。等嘉雄回國後，在新公司擔任財務經理，兩人終於步入了結婚禮堂。

婚後一年，小彤生下了大女兒萱萱。嘉雄工作深受老闆器重，升上了副總。嘉雄買了一間房子，兩人終於有了自己愛的小窩。只是隨著嘉雄的工作越來越忙碌，嘉雄上班的時間越來越長，也越晚回家。小彤常必須自己一個人操持家務、照顧孩子。慢慢的，即使是嘉雄回到了家，也把自己關在房間，和小彤互動越來越少。嘉雄甚至覺得萱萱好吵，晚上常常讓自己無法好好睡覺。

小彤怕吵了嘉雄，只好帶著萱萱睡到客房。兩人開始有了爭吵，從要不要煮飯到小孩是否請娘家爸媽帶。小彤終於受不了，正好此時媽媽退休，小彤只好請求媽媽幫忙帶女兒。兩人從此成了假日爸媽。即使如此，小彤卻發現嘉雄越來越神秘，她不僅不知道嘉雄的工作狀況與財務狀況，也覺得嘉雄常背著他小聲講手機，看到她就趕忙迴避，小彤越來越狐疑了……。

吵吵鬧鬧的日子過了一年，小彤發現自己又懷孕了，嘉雄此時卻沒有像懷老大時初為人父的雀躍之情。有一天，他對小彤說：「我們這麼忙，老大都已經請爸媽帶了，是不是暫時不要生？」小彤聽了非常震驚，她一直覺得嘉雄是愛小孩的，怎麼會有此念頭？但是，小彤仍堅持要把小孩生下來。懷孕過程中，小彤發覺嘉雄對自己越來越冷淡，產檢未曾陪同，連生產時也僅陪一晚，即聲稱自己工作忙，沒有再陪過。之後直至出院便將母女送至小彤娘家坐月子。老二晴晴理所當然就在外公外婆家住下了。

假日小彤回娘家看孩子，嘉雄幾乎從未陪同。孩子和爸爸越來越疏離。連小彤都感覺到和嘉雄像是生活在同一個屋簷下的陌生

人，小彤常自問：「嘉雄到底愛不愛我？」

　　只是，兩人這幾年表面上的平靜，終究還是被一個衝突事件給摧毀了，原來這幾年來維繫婚姻的那條線，是何其脆弱啊！

　　在晴晴一歲多時的一個週末，小彤要加班，拜託嘉雄去娘家接晴晴回家。不料嘉雄與岳父間竟為細故起了爭執，在與岳父交付晴晴的當下，嘉雄動作太大，一把抓過來，因此把晴晴的脖子扭傷了，也害得岳父摔了一跤、扭傷小腿，祖孫倆急忙送醫。這個事件把小彤惹得既憤怒又傷心，她覺得嘉雄已無心於家庭和小孩，於是一怒之下以次女晴晴之名告嘉雄家暴，兩人無止境的訴訟於是開始了……。

　　小彤與嘉雄的愛情路似已走到盡頭，小彤對嘉雄也死心了。女性的直覺告訴她，嘉雄的心已另有所屬，只是不願承認。後來從嘉雄的妹妹口中知道了端倪。原來嘉雄婚前有一交往六、七年的女友，因故分手，最近似乎舊情復燃。小彤從嘉雄對自己的種種，心知夫妻感情淡了，她也累了。兩人於是在歷經法院訴訟之後離婚了。

　　嘉雄深知自己在這段婚姻對小彤有虧欠之處，離婚條件在雙方互相協商之下，嘉雄每月各給兩個孩子兩萬元的生活費，並每月有二次的探視。只是，對孩子的探視卻成了雙方後來法律訴訟攻防的焦點。

　　孩子最初在社工的陪同之下，每月一、三週至會面中心和嘉雄會面，嘉雄也很用心地準備和孩子見面所要從事的活動，例如做勞作、玩遊戲等，約進行了二十次。孩子和爸爸最初的互動也還算不錯。然而，慢慢的，小女兒晴晴開始抗拒，不願意去會面中心，每次去一定要又哄又拉地才願意進去。弄得小彤也很為難，嘉雄也很不捨，在二十多次後，嘉雄放棄了。

　　嘉雄希望能有機會和孩子維繫關係，也覺得小彤對孩子與他會面這件事，沒有加以鼓勵與幫忙，讓孩子感覺和爸爸見面是一件不

愉快的事，於是又提出酌定探視，復又撤回。

　　孩子和爸爸會面的時間相隔越來越久，嘉雄越來越想念孩子，也擔心父女越不見面，疏離感會越來越嚴重，將來想要建立或修復關係會越困難。於是，嘉雄在晴晴上二年級、萱萱四年級時，曾到他們的學校看她們，卻沒想到引起軒然大波。

　　嘉雄已有幾年沒見到孩子們，孩子對他極為陌生，驟然出現造成孩子們不小的焦慮與恐慌，孩子躲在教室不願與嘉雄見面。小彤知道之後既憤怒又擔心，她認為嘉雄完全不顧及孩子的感受與心理狀態。小彤表示：孩子回去之後都產生一些身心症候群，大女兒懼學與焦慮，小女兒晚上會做惡夢……，都必須去看身心科。尤其大女兒在做繪畫治療時，有一些反應更是讓小彤難過。老師提到萱萱在畫到媽媽時沒有畫臉，這中間有一些意涵，也許是有些怪媽媽的，讓小彤為之淚崩。

　　然而嘉雄卻也不願放棄與孩子會面，於是向法院提出改訂未成年子女會面交往方式，歷經雙方社工、程序監理人之訪談與評估建議，雖訂定了一些循序漸進的探視方式，然而卻未實行，而小彤認為嘉雄的方式未顧慮到孩子的心理狀態，因此提出抗告。

　　在調解室中，嘉雄表現出理性但又感情豐富，思想細膩周到，是個有責任感、能為孩子著想的人。小彤則是堅強、細心、非常愛孩子的人；也許小彤仍未走出婚姻失敗的傷痛，因此與嘉雄的對話充滿了情緒，但對孩子的愛與保護溢於言表。

　　在調解室中，小彤試圖說出她的擔心與難處，最後嘉雄說：「現在我和女兒一樣還沒有找到均衡點，我會再試、再等，不影響到她們的學習。我會找學校老師談談，瞭解孩子在學習上的狀況。我還沒有找到可積極作為的方式，以及有什麼可能性？我每天都在想，現在我不是不做，而是不能作為。我也希望妳能幫忙，幫忙我跟孩子搭橋梁。」嘉雄願意釋出耐心與等待，讓孩子和父親的關

係看到了曙光。

專業觀點與策略

(1) 小彤在前段婚姻所遭受到的傷害仍未平復，對於嘉雄仍有敵意與不信任感，因此也許在無形中把對嘉雄的情緒感染給了孩子，而讓孩子在探視過程中有如此強烈的抗拒情緒。小彤與嘉雄如能和解，彼此才有可能是合作父母。

(2) 目前小彤相當擔心孩子的身心狀況，也一直認為如強行裁定探視方式，會增加孩子的身心壓力，如能鼓勵嘉雄釋出最大善意，讓小彤感受到嘉雄當父親以及願意努力的心情，並考量孩子的身心發展與心理狀態，採取孩子能接受的探視方式，也許讓孩子能與爸爸和解的機會與可能性，將大大提高。

(3) 在孩子的重要他人中，除了母親之外還有外祖父母與阿姨，如果能讓他們體認到「合作父母」的重要，也許能發揮相當大的影響力。

(4) 傾聽與瞭解小彤與嘉雄在婚姻過程中所經歷的事件，並同理這些年的辛苦與等待。感謝嘉雄因著愛女兒，而願意等候不強迫，是極大的慈愛表現。

(5) 瞭解小彤與嘉雄在子女探視時遇到的問題，以及雙方的衝突所在，並提醒嘉雄探視女兒，現階段必須透過小彤及主要照顧者搭好協助的橋樑，因此需要維繫好彼此的關係，並鼓勵嘉雄勇於向小彤表達善意與歉意，努力做總比不做好。

(6) 鼓勵小彤走出傷痛，試著去追求自己的幸福，把教養孩子的責任分出一些給嘉雄，並願意去協助重建父親形象。

(7) 提醒小彤，孩子雖有悉心照顧與陪伴的媽媽、小阿姨與外祖父母，但在親情部分仍有欠缺。孩子目前雖有抗拒或排斥，但是

父母雙方如願意彼此祝福，嘉雄在探視部分是可以發揮關鍵影響
力，可以讓孩子不僅有母親也會有父親。

心理諮詢觀點

　　這個家庭故事中最稚嫩的生命——晴晴——是伴侶關係沒有和
解的「代罪羔羊」。她在與嘉雄的會面交往前的哀號、對於父女之
愛的抗拒，其背後根源還是在於「小彤和嘉雄的伴侶關係仍然糾結
著，沒有得到和解」。
　　小彤和嘉雄之間的問題有幾個關鍵點。
　　首先，在兩人相遇之初，小彤就是嘉雄心中伴侶的替代品（替
代嘉雄的前女友），雖然兩人談了一年的「遠距戀愛」，畢竟，沒有
貼近的彼此交流，時空上不足以讓小彤在情感及心靈上成為嘉雄的
真正伴侶。
　　其次，也不知他倆是否曾經對於伴侶和婚姻及各自的期待與需
求，進行過對話聚焦？或是就匆匆地進入到婚姻的迷霧裡？
　　接著，進入婚姻後因孩子的出生，給兩人的伴侶系統帶來了衝
擊，可能小彤生育後把許多心神放於孩子上，忽略嘉雄，忘記經營
夫妻關係，嘉雄又「巧遇」舊情人，發展出婚外情。
　　最後，壓垮兩人婚姻關係的一根稻草，是憤怒的小彤以晴晴之
名向嘉雄提出保護令的聲請，這個事件不但徹底擊垮兩人的伴侶關
係，也使得日後晴晴跟爸爸的連結變得越加困難。
　　小彤和嘉雄在法律上已經離婚六年，但是，說來很弔詭，其伴
侶關係的牽連糾葛在離婚六年之後仍然糾結著。晴晴在其出生前就
開始處在這強烈的情緒張力之中，其幼小的心靈無以抗拒，因而，
以最激烈的方式呈現出這個家庭的根本問題——父母之間的和解議
題。

　　事實上，萱萱也無法逃出這個家庭系統動力運作的衝擊，她在繪畫上表現出來的畫面，有著對小彤的情緒，這也傳遞著相同的訊息。萱萱和晴晴，某種程度上都無從選擇地戴上了不同大小的「代罪羔羊」帽子。

　　家庭是一個有機體，其生命由夫妻雙方的結合而誕生。當孩子出生後，兩人的家庭結構成了三人的系統，家庭生命進入另一個發展階段，夫妻雙方各自對於家庭的任務以及對於不同角色（夫妻的角色及父母的角色）的期待和需求，都需要做調整。

　　但是，這個任務對於原來在心理上及情感上就不是那麼契合的雙方來說，這是一個大挑戰，若沒有良好的溝通，家庭裡的情緒糾結強度之大可以想見。根據家庭治療大師包文的說法，當父母關係不和時，基於「愛」，孩子最容易加入父母的衝突，以求為系統帶來平衡，當然，這個動力的運作是在潛意識層面進行的。

　　我們都知道，孩子要擁有健康的身心，情感上需要自主，不以父母的情緒（譬如伴侶間的情緒）當作自己的情緒，可是孩子年紀太小了，他們還未能發展出這樣的能力。孩子愛父母的方法，常常會是忠心地扮演維持父母關係的橋樑，潛意識讓自己產生各式各樣的問題，令父母專注在自己身上，透過自己的問題連結關係冷漠的父母。因此父母需要提升覺察力，別只專注孩子的問題，而不正視背後的夫妻關係與未竟事務的問題。

　　這個案件的主訴是改定探視方式，要處理的是嘉雄與兩個女兒的會面交往議題，尤其是晴晴和他的會面交往。然而，諷刺的是，小彤以晴晴的名義向嘉雄提出了保護令，讓這個父女會面交往的目標更難達成，這張保護令成了修復父女關係路上的一顆大石頭。保護令是司法系統依據家庭暴力防治法審理核發，旨在保護家庭暴力受害者的安全。不過，正如調解委員所觀察到的，嘉雄是個理性又感情豐富、有責任感的人，應該不會是一個有「權控式暴力」傾向之人。他到前岳

父家接晴晴時所發生的暴力事件，似乎只是一個「情境式暴力」的個案事件，事實上對於晴晴並不會造成真正的暴力對待。

然而，就為了這一件事，保護令卻成了晴晴這輩子與父親發展連結路上的一座大山，這座大山含藏著小彤對嘉雄的憤怒情緒，那是屬於夫妻伴侶關係裡的情緒，這情緒即使在法律婚姻關係已經結束六年之後，仍然在這個家庭裡翻攪著。萱萱和晴晴這兩個幼小的孩子，也在這樣翻騰的波濤中，隨波起伏著。

小彤看到了嗎？嘉雄看到了嗎？如果小彤與嘉雄沒有完成心靈上的和解，嘉雄與女兒們的關係無法重建。兩個女兒與嘉雄的連結中斷了，這個家庭的愛被卡住了、無法流動，孩子就接受不到父親的愛。因此，小彤和嘉雄心靈上的和解是首要之務，和諧的父母之愛才能夠順利地流淌到萱萱和晴晴身上，成為滋養她們生命發展的養分。

法官觀點

一、法律訴求解析

從研閱本件先前的卷證資料得知，雙方之前已由女方向法院請求離婚及親權子女事件，經法院調解不成立後裁判離婚，女方得到勝訴，男方獲得與子女會面交往。後因男方探視子女發生困難，又與女方疏於聯絡，才提出本件聲請。

本件的法律訴求是男方請求改定探視子女的方式。依照原先法院的裁判，父親需在特殊的地方，由社工監督他跟兩個孩子會面交往。雖身負主要照顧者的母親或家人，在表面上都表達願意協助孩子與父親會面交往，而子女卻漸次堅決不願配合會面。此中的原因何在，實須進一步深究。

二、法官審理方式

本件訴求的背後其實涵蓋了兩個重要的議題,一則是孩子的父母親如何分手,其次是分手後如何照顧子女。若未在妥善處理這些議題之前,就想強行要求子女配合探視,常會演變成本件的局面。探視者在進退兩難之際,為時一久多會萌生退意,孩子因而失去父愛,其成長發展終究會受到影響,這些都是法院所不樂見者。為要突破本件因受裁判所致生的困境,筆者必須從裁判以外的方式,先瞭解本件訴求背後的兩個重要議題。

為詳細瞭解雙方離婚前後的生態與家庭動力關係,筆者特地委請調解委員為他們提供心理諮詢服務,在同理情緒、釐清思緒後,再為他們講說離婚後如何成為合作父母。此外,為孩子們委請程序監理人傾聽他們的心聲,並在法院協助親子的會面交往。

經由調解委員提供的專業服務後,得知女方是在懷疑男方有外遇才疏離家庭,又因帶走女兒時與岳父發生肢體衝突,致使女兒及岳父受傷送醫,為此憤恨不已,才向法院請求離婚及親權子女。由於雙方在法院未能就此成立調解,才由法院以裁判准許女方的請求判准離婚,子女的親權也由女方取得,男方在官司敗訴之餘只得依法院裁判,於特定時間及場所,在社工的監督下探視子女。

試想:雙方在法院離婚時的狀態如是充滿著恨意與對立,女方在取得勝訴裁判之際,心中所想的應是從此跟你一刀兩斷,男方除了依法給付子女的扶養費用外,最好盡快在眼前消失。由於心中毫無好散的念頭,當然就更想不到子女的需求與權益矣。

至於孩子們在父母離婚前就與父親的關係不甚密切,於父母離婚後彼此又缺乏聯絡,加上父母原先就缺乏好散的情懷,母親及其家人又對父親心懷恨意,以上種種有形無形中都會影響孩子對父親的認知。孩子們為要表達效忠母親之忱,寧願犧牲與父親會面,較能減少居間的拉扯之苦。

　　為此，筆者引領調解委員們以孩子們的福祉為中心，重新在心理上好散一次。我們一再重申：唯有認識並落實離婚後的合作親職，父親的會面交往才有落實的可能，孩子才能健康順利地發展。

　　本件雙方經過筆者與調解委員們長時間的啟發、陪伴與鼓勵，以及雙方律師的大力支持配合，終於成立一個頗具彈性的調解內容：雙方同意男方得於不違反未成年子女之意願下，與未成年子女會面交往，會面交往之時間與方式由雙方自行協商。

　　三、結案成效分享

　　本件經由筆者以裁判外的方式，引領調解委員們以跑馬拉松的心態，不斷地啟發、陪伴、鼓勵他們，直到他們改變心意為止，再加上他們付出的努力，以及雙方律師的支持，本件是個敗部復活的奇蹟案例。

溫馨小叮嚀

♥ 離婚是不得已的選擇，然而離婚後的夫妻，要撫平心理的創傷與怨恨，努力當合作父母，才能減輕對孩子的傷害。

♥ 孩子的探視與會面交往，不是透過法律攻防直接裁定探視時間與方式就可以的，而是需要顧及到孩子的心理狀態與身心發展過程，依此擬定探視計畫，才能達到親子互動與交流。

♥ 能適時尋求周圍的社會資源的支持，與自己、別人和解，才能尋得生命中的春天。

☐「案情概述」、「專業觀點與策略」&「溫馨小叮嚀」撰述者：林水見
- 臺灣臺北地方法院家事法庭調解委員 8 年
- 國立臺灣師大教育心理與輔導研究所碩士
- 五專、國中、高中輔導教師、組長、主任，共 30 年
- 教育部性侵害、性騷擾、性霸凌人才庫調查人員

天使心・悍妻行

引言

婚姻生活中，夫妻的相處，舉凡子女的養育、父母的孝養、以及親友的互動、家計的分擔等等，在在都是考驗，真是家家有本難唸的經。遇到衝突時，往往並非一方的容忍或雙方互讓，就會天下太平，和樂融融……。

案情概述

耀宗任職於知名電腦零件製造廠，擔任品管部的組長，工廠二十四小時運作，採兩班制，為了配合太太，兼顧兩個七歲和八歲的兒子，他固定上小夜班，每天下午兩時上班，凌晨兩時下班，工廠幾乎每天都在趕工出貨，因此他常常需要加班，大都清晨四、五點左右才能回到家。

身材高壯，沉默寡言的耀宗，生長在臺灣南部的小村莊，三兄弟中排行老二，從小就比較內向，小學畢業那年父親往生，耀宗的母親繼承父志和叔輩們共同經營鰻魚養殖業，雖然辛苦，但衣食無缺。

父親往生後，耀宗變得更加沉默，在家鄉公立高職順利畢業，服兵役退伍後即北上謀職，幸運考進現在任職的公司。

十二年前，任職之初，有次他去參加同事婚禮，正巧與個性開朗、談吐風趣的雅婷同桌，兩人一見鍾情，密切交往幾個月，當年年底即結婚。

雅婷是在臺北都會長大的，身材高䠷，五官標緻甜美，口齒伶

俐，擅於表達，五專畢業後，當過店員、專櫃小姐、公司會計，結婚的時候是超商的店長。

婚前耀宗只知雅婷個性活潑外向，婚後才發現雅婷很會花錢，喜歡的東西一次會買很多，常常刷卡刷到爆；喜歡買菜卻不煮，常在冰箱放到爛，出身農家子弟的他，感到十分心疼，每次規勸雅婷都沒用。更讓他無法承擔的是，雅婷為了愛美，目前仍持續每十天花三千元吃減肥藥，也因她實在太會亂花錢了，每次出去玩，總是要買一大堆東西，所以耀宗很怕帶她出去。

除了亂花錢讓耀宗難以忍受外，雅婷的火爆脾氣也是耀宗長期隱忍的痛苦。兩人難得聊天，有時聊到她不高興的話題，雅婷就會生氣，摔東西、罵他、甚至打他。耀宗因服兵役時，苦練過跆拳道，常以優異表現參加比賽，練就一身拳腳功夫，因此他除了怕回手會吵得更兇、影響兒子小文和小武的心情之外，也怕力道失控會傷到雅婷，總是一昧地忍讓她，常被雅婷抓傷、打傷，很不得已才會還手制止。有時跑開，想避免繼續吵下去，火爆的雅婷還是會追上去打。

小文和小武每次看到他們吵架，都去躲起來，耀宗為此感到很心疼。

為了怕夫妻兩人吵架會傷害到小文和小武，遇到容易爆怒的雅婷，耀宗盡量避免引爆爭吵，所以變得更加沉默。雅婷因此更加抱怨耀宗不愛說話、不理她，有時雅婷叫他都不回答，約他一起去買東西或買菜，耀宗都不肯同行，假日也不帶她出去玩，都在家睡覺，讓雅婷感覺耀宗在疏離她，覺得自己像個守活寡的寡婦，獨自走在街上時，常傷心得忍不住掉淚⋯⋯。

耀宗長期忍受著雅婷的任性，當她的出氣筒，除了希望息事寧人，避免讓孩子感到害怕外，主要也是同情雅婷娘家帶給她的壓力和負擔。

　　雅婷的母親比父親小二十歲，父親是公務員，退休二十幾年，五年前中風，母親即將他送進安養院。從小雅婷就看著母親外遇不斷，已近六十歲了，還穿迷你裙，養小白臉。雅婷氣不過，多次鼓勵父親跟母親離婚，但父親每次都回她說：「再壞也是妳媽」加以拒絕，雅婷最氣的是母親不認識字，居然有人幫她辦信用卡，刷爆好幾張，都是父親一張一張去幫她還清剪掉。母親甚至連社會局補助給父親買輪椅的錢，都領去花掉。

　　父親中風住安養院後，雅婷天天去探視他，父親總是跟別人說：「女兒是上帝派來的天使」。母親對於行動不便的父親不聞不問，啃老族的弟弟國恩和母親住一起，只管自己，不管父母。父親的積蓄很早就被母親花光，每月兩萬多元的退休金，也總是被母親領走。

　　雅婷和耀宗結婚以後，每月給母親五千元零用，母親嫌不夠，常跟她要錢。雅婷很恨自己的母親不守婦道，欺負父親，常宣示自己以後絕對不會搞外遇，讓耀宗難過。耀宗因此深受感動，也非常同情雅婷。

　　耀宗與雅婷結婚之初，兩人曾為了買房子想跟耀宗的大哥耀光借五十萬元，結果被耍又被拒，雅婷心裡很受傷，加上後來雅婷的婆婆拿一百五十萬元現金給他們購屋時，婆婆不信任雅婷，要求房子要登記夫妻兩人共有，雅婷很生氣，覺得耀宗家人瞧不起她，也認定婚後婆家的親人一直不喜歡她，所以和耀宗家人一直不來往，每次過年都會藉故不和耀宗回南部與婆家親人團聚，也不讓耀宗帶孩子同行，耀宗只好年年都是無奈地獨自返鄉過年。

　　十一年來，雅婷只去過耀宗家鄉一次，小文和小武出生以來也只跟著耀宗回去看過奶奶一次，耀宗因此常受親人質疑，甚至譴責，每想到年邁的寡母思念孫子，又見不到孫子的失望，耀宗只能獨自心酸落淚。

　　雅婷有兩張信用卡，每個月都刷好幾萬，自己的收入全花在父親的安養院和營養品開銷上，信用卡當然都要耀宗支付。一張刷三萬多的剛繳完，另一張刷了十幾萬的又冒出來，類似層出不窮的事，不斷地困擾著耀宗……。

　　小文和小武相繼出生後，雅婷為了兼顧家庭，照顧孩子，選擇晚上八時上班，早上八時下班，通常交班完，回到家都將近十點了，所以，早上幾乎都是耀宗負責打理就讀小二、小三的小文和小武吃早餐，送他們上學。有時還要清洗兒子小武尿床的被單和床單，對於上大夜班，整夜都沒睡的耀宗倍感勞累。

　　雅婷雖然晚上才上班，每天都要到養老院探望父親，和兒子們互動的時間並不多。兩個兒子的學校成績不理想，老師們也都表示他們上課不專心。雅婷責問兩個兒子，兒子總是看著她，害怕得答不出話。雅婷把孩子不回答她的問題的行為、上課不專心、課業表現不佳，全都怪罪在耀宗身上，經常為此發牢騷，數落耀宗。

　　耶誕節前一週，工廠趕著年底前交貨，加上訂單產品更多元化，規格常有異動，連帶著品管業務吃緊，常有狀況發生。事發前耀宗已連續三天嚴重睡眠不足，深感疲累。

　　事發當天清晨六點，天光微亮，耀宗拖著一身疲憊，懷著忐忑不安的心回到家。

　　輕啟家門，耀宗急切地直奔兩個兒子的房間，看到小文和小武一如往常安穩地沉睡，他鬆了口氣，心想，還好今天是假日，兒子不用上學，總算可以安心補眠，不必擔心會像上次一樣睡過頭，沒打理孩子們上學，兒子缺課，引發雅婷暴怒，對他狂罵、狂打。

　　未料，當天雅婷下班回到家，一進門只見小文和小武都在客廳看電視，沒吃早餐也沒寫功課，耀宗卻在床上呼呼大睡，當下不分青紅皂白，氣憤地連吼帶罵狂打耀宗。

　　耀宗從睡夢中痛醒，直覺反擊，一巴掌剛好打在雅婷臉頰上，

雅婷遭此突如其來的重擊，頓時無法承受，悲憤欲絕，遂去驗傷提告，聲請保護令。

經過調解委員三次會談後，耀宗和雅婷漸漸看到對方的辛勞、付出與對彼此的關懷，雅婷也看到耀宗承受的委屈和忍讓，看到雙方長期忽視彼此的需求，忽視小文和小武的心靈感受與渴望父母和睦相處的心情。

最後，雙方互相體諒對方，包容對方。耀宗答應雅婷不再做一個令她傷心難過的悶葫蘆，並趁機要求雅婷不要再亂買東西，花費無度，以後要讓他帶小文和小武返鄉探望母親。雅婷答應努力改掉自己火爆的脾氣，日後會隨耀宗帶小文和小武返鄉探望婆婆，改善與婆家互動的關係，並願量入為出，減少耀宗經濟上的負擔。

兩人也同時承諾要做孩子的好榜樣，和睦相處，日後要把生活重點放在讓孩子更健康、更快樂成長的議題上。最後，雅婷欣然決定撤回告訴，兩人一起歡喜地離開調解室。

專業觀點與策略

(1) 單方會談時，耐心引導沉默寡言的耀宗，傾聽耀宗述說自己的生命故事，適時同理耀宗心裡的痛苦，協助耀宗看清沉默是金，但，長期的「無言」、「冷漠」往往是造成感情疏離、阻隔家庭和樂的殺手，於事無補。

(2) 同理雅婷背負娘家親情和經濟上壓力的無助與無奈，協助看清耀宗對她的包容、忍讓與慈悲，進一步引導雅婷認清壓力對情緒造成的負面影響，以及不當的情緒發洩造成的後果。

(3) 雙方會談，引導耀宗與雅婷看到對方的辛勞與對家庭的付出，看到雙方長期忽視彼此的需求，忽視小文和小武的心靈感受與渴望所造成的傷害，進而願意放下彼此長期累積在心中的不滿。

（4）引導雙方聚焦在關心彼此、關心小文和小武。孩子是父母未來的希望，以角色扮演，啟發耀宗與雅婷的自我覺察，兩人願意改變溝通方式，進而共同面對未來、經營婚姻，增長親情和教育孩子的方式。

心理諮詢觀點

因為有愛這股偉大力量的運作，讓耀宗和雅婷結成伴侶，兩人各自帶著原生家庭成長的經驗，共同交織這段核心家庭的生命故事。

看起來，雅婷原生家庭的議題蠻沉重的。雅婷對於母親的不滿、為父親的打抱不平，呈現出在這個原生家庭的系統中，她站在比父母還高的位置。站在這個位置上，她對父母的作為作出評斷，甚至介入父母的伴侶關係提出解決問題的建議（建議父親跟母親離婚）。這個畫面，雅婷好大，父母好小。

雅婷站錯位置了，她在這個家庭裡，只是個孩子，她需要回到自己身為孩子的位置，將父母的命運（伴侶議題）還給他們，但是，雅婷依舊撐在高高的位置上；雖然有愛，但是，對於原生家庭的問題，她想有所作為卻無法作為，這種挫折與無力，讓她有不少的憤怒情緒。

帶著原生家庭養成的情緒模式，她與耀宗相遇，開啟了自己為主導的核心家庭系統，在這個系統中，帶來的情緒模式依舊左右著雅婷的作為。

相對於亮麗善言的雅婷，耀宗是完全不一樣類型的人。來自鄉下，父親早逝，這樣的背景讓他養成內向寡言的個性。也許，可能是這完全不同的性格才讓彼此相互吸引。然而，相愛容易相處難啊！當面對家庭生命發展歷程接踵而來的任務挑戰時，這兩個迴

異的性格就譜出了你追我跑的旋律。這模式隨著時空的演進，前者追得越急，後者就跑得越快。最終，失控了。

這個故事裡，看到三角關係及家庭投射的歷程。家族系統理論大師包文（1978）表示，自我分化不佳的父母，將本身的不成熟投射或傳遞到孩子身上。此種投射歷程，便是透過「父親－母親－孩子」的三角關係來進行傳遞，因而降低孩子自我分化的程度，或間接地傷害了孩子的情緒。所以，包文提醒助人者助人時要 "up! up! up! back! back! back!"，要看一個人的問題，應追溯及看到其原生家庭的系統動力的狀況。雅婷的情緒模式，顯然在原生家庭中受到這些系統動力的深刻影響。

另外，故事中也看到雙重轉移的現象。雅婷在原生家庭成長的經驗中，母親對不起父親，在外另交男朋友，按照道理，這種狀況生氣的應該是父親，父親沒有表現出來，結果生氣的是雅婷。在雅婷多次勸父親跟母親離婚時，父親反而勸雅婷：「她是妳母親。」這本該是父親對母親的憤怒，她承接了，這是第一次的情緒轉移。結婚後，在生活壓力升高時，這憤怒轉向了耀宗，這是第二次的情緒轉移。這個雙重轉移的情緒，苦了耀宗和雅婷兩個人，最終發生了肢體衝突。

因此，雅婷需要回到父母面前的孩子的位置，將父母的議題還給他們，真正地站在孩子的位置上，帶著愛與父母連結，才能解除這個雙重轉移的魔咒。

因為衝突來到法院，反而使得耀宗和雅婷共組的核心家庭生命故事，得以較順利地發展下去。如此的轉折，是法庭裡調解委員和法官的努力，讓雙方看到原原本本的對方，也看到了愛。

「我看到你了！謝謝你！對不起！請原諒我！」

是愛，讓耀宗和雅婷看到彼此；也是愛，讓他們接納原原本本的彼此；也是這份愛，再度串起了這個家庭的生命故事。

法官觀點

一、法律訴求解析

本件從事件表面看來，是夫妻間偶發的肢體暴力衝突事件，訴求看似單純，背後卻涵蓋了這個小家庭艱辛奮鬥的生命故事。

法院通常的做法，就是單純審理保護令事件，或由法官准許妻子的聲請，對丈夫核發通常保護令，或由法官駁回妻子的聲請，不會對丈夫核發保護令。

二、法官審理方式

參酌我國家庭暴力防治法的立法目的，固在保護被害人權益，並防治家庭暴力行為，然其最終的目的則在促進家庭和諧。如何藉著審理此類事件的機會，在保護權益，防治暴力之下，更能促進家庭和諧，則是筆者審理家庭暴力保護令事件的一貫原則。

接到此案時，筆者即刻定期傳喚妻子、丈夫同時到庭表達意見。當筆者調查當天的狀況時，發現夫妻間，的確是因為溝通不良而發生了肢體衝突。此外，也看到他們的神情都很疲累、關係有些緊繃，是否之後不會再爆發肢體衝突，任誰也不敢保證。

如果只為求得心安，筆者大可核發保護令結案，給丈夫一個教訓。不過，如此一來，夫妻的關係一定是雪上加霜，越加惡化。如果筆者以裁定駁回妻子的保護令聲請，丈夫的焦慮或許暫可舒緩，然夫妻間的關係無由調整，整個家庭仍在痛苦深淵而難以自拔。

筆者因而採用了以下這個裁判以外的做法，在開庭時諭知：「解決家務事需要好好溝通，不能使用暴力。法官從現在開始監督你們，請你們自制，此後如有類似事情發生，應馬上報告法院，我就儘速審理核發保護令。在法官決定是否核發保護令之前，先轉介調解委員，為你們提供心理諮詢服務，讓大家說說自己的委屈與想法，在此之後，我再決定是否核發保護令。」筆者還特地請他們帶

孩子到法院參加諮詢。

　　夫妻二人為了在法院得到對自己有利的處置，都盡力配合法院的要求，會謹慎避免衝突；二則在心理諮詢的過程中，接受諮詢人員的引導，可以漸次學習相關的人際溝通技巧、修整夫妻關係。

　　當筆者再次開庭時，這一家人已在法院接受數次的心理諮詢服務。在此期間，夫妻不僅沒有繼續發生任何暴力衝突，甚且還因此次危機，冰釋了彼此間長久以來的誤會，善意可以互通，父母子女的關係也漸次修復。最後，妻子撤回了本件保護令的聲請。對於撤回聲請事件，筆者都會提醒他們，在必要時仍可繼續聲請救濟。

三、結案成效分享

　　本件的結案成效不在於法院是否核發了保護令，而是在於法院以裁判以外的方式，達到了保護權益、防治暴力，更促進了家庭的和諧。

　　對於本件，如果只從家人之間的肢體衝突，調查是否有家庭暴力情事，評估是否有繼續發生的危險，而逕行裁定是否核發保護令，則結案較速也無需承擔風險。然而，以本件為例，此法或可保護權益、防治暴力，然對修復夫妻關係、促進家庭和諧，就是雪上加霜、遙不可期了。

　　法官採行裁判以外的做法，就是：在審理此類事件時，除依法在開庭時調查是否曾發生家庭暴力？有否繼續發生的危險？並再三重複諭知「家庭暴力不但傷害家人也破壞家庭關係，必須即刻終止」；同時，儘快把這一家人交付具有防治家庭暴力專業的調解委員，為他們提供數次的心理諮詢服務，以期達到保護安全、防治暴力、又能促進家庭和諧的成果。

溫馨小叮嚀

♥「悶葫蘆」通常遇事無法溝通，心中五味雜陳承受無比的壓力，氣爆的剎那往往傷到自己也波及無辜，於事無補。沉默絕對不是解決事情的好方法。

♥「失控的情緒」像毒蛇猛獸，讓人避之唯恐不及，傷人又害己。

♥ 生命非常珍貴，不要在互相傷害中浪費生命。孩子需要父母的愛，請常給孩子們愛的鼓勵和愛的抱抱。孩子需要父母帶著關愛的互動、常常注入溫暖的能量。

♥ 家庭需要快樂和諧的氣氛，有愛流動的家庭，有助於孩子愉悅成長和家庭成員身心靈的健康。

☐「案情概述」、「專業觀點與策略」&「溫馨小叮嚀」撰述者：林淑寬

- 臺灣臺北地方法院家事調解委員 12 年
- 臺灣臺北地方法院少年輔導志工 26 年
- 臺灣臺北地方檢察署榮譽觀護人 26 年
- 司法機關服務 32 年退休

人生的天秤

引言

夫妻都有會計專業，但人妻淑齡掌握大權，卻因理財投資不當造成家庭經濟的黑洞。沒有表達意見餘地的丈夫政雄，道出「薪水全額付予家用，但可悲的是，家中大小事情，我卻沒有自主權、參與權。包括孝敬父母紅包的金額，妻子也有意見」的卑微感。

為了增加收入、儘快還清淑齡在財務操盤上的虧空，進而提供女兒良好的學習資源，政雄主動申請外派大陸上海分公司任職。一家三口分隔兩地的孤寂，期待能在見面的喜悅中化解；但令人沮喪的是：每逢三個月輪休一週的返臺探親假期，最終演變成對簿公堂，上演一場先「離婚」、後「改判未成年子女親權」的長期抗戰。這中間到底發生了什麼事？

案情概述

宇庭是一個外表清秀、中等身高的女孩。父親政雄在她小時候即赴大陸工作，大約一年見到父親三、四次。小時候宇庭很珍惜與父親的相處時光，曾去大陸找父親，但因為父親工作在身，沒有多餘時間陪伴。父女間常常無法盡情長時間密切相處，目前父女關係較為冷淡。

宇庭對母親淑齡的看法非常矛盾，一方面認同母親在工作上的成就；另一方面又覺得母親很難溝通，對母親的激動反應、要求特多、特嚴規範的管教方式，頗有微辭。小時候被拉扯衣服、被怒斥、被打的記憶猶新；長大後對母親強行進入房間與之對話，因而

時常發生激烈的爭執之事亦難以釋懷。

母親淑齡在生活上非常照顧宇庭，為她安排打工機會，經常帶她出國旅遊；但淑齡卻始終無法覺察，自己過度期許與掌控壓抑，導致宇庭自國中開始，變得缺乏信心、依賴、不為行為負責，因而在管教上和相處上，有諸多難解的衝突。

「爸爸已經幫我找好房子，我要搬出去住！」目前輟學的宇庭，擺出一副背後有強大靠山的姿態，帶著「僅止告知不需認可」的語氣，一面咧嘴得意的說、一面作勢整理衣物。

「妳搞清楚，妳的監護權在我這兒，妳要住哪兒，我說了算！」向來控管型的淑齡，以慣有的語氣高分貝告誡女兒。

「妳逼我去打工，我順著妳！我要住哪裡，總給我一點自由的空間吧！我已經十六歲了！我受夠了！」宇庭沒有得到預期的、善意的回應，以連珠砲式的說話方式反嗆，並歇斯底里地一路往外衝。

「妳給我站住！妳要出去，就不要回來！」淑齡也提高嗓門，不甘示弱地嚇阻。

五十歲出頭、標準身高、身型壯碩、濃眉大眼、外表斯文、對應有節、態度中肯的政雄，是國內知名餐飲公司的高階幹部；年輕時外派泰國分公司，與大學時期交往數年的女友分手。淑齡具有會計專業，是總公司董座的特助，應泰國分公司業務需求前往支援。淑齡的出現，不但協助公司的財務處理，同時，對當時情傷的政雄適時給予溫暖；淑齡的專業表現和情感的滋潤，再再增加政雄的好感，彼此的愛意快速滋長；在同事的祝福聲中互許終身。

婚後家中財務由淑齡掌握大權，在理財上不管是股票、期貨、房地產有其獨到的操盤手法，為家庭盡其所能的做財務增值的努力。舉凡：自立門戶開公司、房子的添購與轉售、孩子就讀私校與才藝學習等錢財處理，常常是淑齡說了算數。其實，具相同會計專

業的政雄，對淑齡專業上自以為是和投資虧損，雖然不滿，卻沒有表達意見的餘地。

誠如政雄所言：「我的薪水全額付予家用，但可悲的是，家中大小事情，我卻沒有自主權、參與權。」甚至連過年過節政雄孝敬父母紅包的金額，淑齡也有意見，自認軟弱又不會據理力爭的政雄，對雙親愧疚不已；對自己無法站在權力均等的角度與太太對話，也深感懊惱。

後來，政雄主動申請外派大陸上海分公司任職，想以倍增的收入，儘快還清淑齡在財務操盤上的虧空，進而提供女兒宇庭良好的學習資源；他理直氣和地說：「到大陸工作就是為了多一點收入，現在弄得夫妻失和、母女反目，這一切，難道都是我的錯嗎？」充分顯示出：對自己努力工作、恪盡夫責父職的態度，自認為對妻女了無虧欠。

一家三口分隔兩地的孤寂，期待能在見面的喜悅中化解；但令人沮喪的是：每逢三個月才得以輪休一週返臺探親的假期，家人相見歡的場所不是溫暖的家，而是對簿公堂，面對一場「離婚、改判未成年子女親權」的長期抗戰，政雄語重心長的說：「我現在的心情好比晚上期盼白天、陰天期待晴天，真希望法院趕快判決，讓生活回歸正常。」再再表露出對即將崩解的婚姻，那份焦慮的心境。

更諷刺的是：原本就讀私立中、小學，自幼學習鋼琴頗具才氣的女兒宇庭，卻因父母長期的衝突爭執，每天以懶散怠惰的態度，窩居房內不肯外出，經診治鑑定為「憂鬱症」，除了服用抗憂鬱症藥物之外，並在社工陪同下定期接受諮商治療，雖然稍有起色，但對母親情緒性的管教無法認同，對脾氣好的爸爸予取予求，因而衍生很多行為上的偏差，以致失去學習動力，對生命更是茫然若失，毫無目標可言。

「我房子租好了，你就讓孩子喘口氣吧！」政雄委婉地代替女

兒向淑齡說明。

「你這個假日爸爸，一年見不到幾次面，只會當濫好人，今天你順著她、討好她，明天若發生事情，誰負責她的安危？」淑齡很慎重地挑明自己身為監護人的擔憂所在。

「住在家裡都可以不受約束、不聽管教，住在外面不就飛了嗎？」淑齡以對女兒的觀察與瞭解，說出對女兒住在外面，可預見的危險性。

「妳就相信孩子一次吧！妳就給孩子一次機會吧！」政雄再度做最後的懇求。

政雄以為夫妻間所有的問題，隨著法院的協議離婚而告落幕；但女兒對父母親的態度，讓擁有監護權的淑齡深感困擾，再度提請「改判未成年子女親權」的訴訟，雖然政雄已經再婚，但淑齡還是希望孩子改由政雄監護，讓孩子在生活上、工作上、學習上，透過環境的改變而有所改善；政雄認為目前的大陸環境不適宜女兒前往，對監護權的改判，有現實面的困難，一場親權的移轉戲碼，在離婚後再度開演！

專業觀點與策略

本案夫妻婚後因未生男孩，婆家頗為在意；加上太太投資產生的問題，以致與婆家及先生關係越發不佳，先生為弭平虧損遠赴大陸工作，因時空距離雪上加霜，彼此產生更嚴重的隔閡，是「愛的質變」最典型的樣板。

淑齡是一位能力強、得理不饒人，以自己的價值規範，框架於先生和孩子的行為要求上，具高控管強勢作為的太太。夫妻間因「個性與價值觀」的差異，引發彼此對「理財、情感、親子」等問題的爭執與衝突。法庭上「爭面子、爭裡子」常見的攻防戰術，在

「隔空猜忌、隔空喊話、隔空較勁、縮小自己缺失、放大對方過錯」的自述上表露無遺，真可謂「當愛已逝一切枉然」，將近二十年的婚姻歲月，寫下無可挽回的休止符，最後，婚離了、孩子變了、家也毀了。

政雄在調解個談中，以溫和的語氣，時而兩眼茫然若失、時而低頭沉思、時而喃喃自語，娓娓道出這段日子以來，彼此的因緣與衝突，不斷重複著：「現在這樣，我真的不知道該怎麼辦？」在步入人生中年的當下，居然處於如此不堪的窘境，非但不知所措，政雄管理數百人廠房的主管威望，也似乎蕩然無存了。相較於外表趾高氣昂、眼神犀利、語氣充滿指令的淑齡，家庭成員權力不對等、充滿信任危機、無法理性溝通的氛圍，從下列的互動對話中不言可喻。

■**在理財上**

十幾年來，薪水定期定額，透過公司與銀行間的轉帳，成了維繫夫妻名分唯一的連結：雖然表面上政雄對淑齡財務的虧損沒有異議，但必須遠赴大陸求取高薪，離鄉背景的辛苦成了婆家指責媳婦的原點。

令政雄難過的是：「家裡的財務處理，既沒有自主權，更沒有參與權。」

令淑齡不滿的是：「為家庭做財務增值的努力，沒有被先生和公婆肯定。」

■**在情感上**

兩性交往的世界裡，情感失落後的空窗期，造就彼此相互取暖的契機，彼此人生過渡期中，「曾經」善意的慰藉，卻成了日後互揭瘡疤、互控情感出軌的緣由：

淑齡對政雄「分手前女友到大陸探視的諸多傳聞」頗為在意。

政雄對淑齡「與專業進修的授課老師過從甚密的往來」頗有微詞。

政雄與淑齡對彼此的疑慮，一概否認。兩人協議離婚後，政雄已再婚多居大陸，淑齡則與外遇對象維持男女朋友的關係。

■ 在親子互動上

夫妻的管教模式有明顯的反差，從下列的引述中，可知一二。

政雄以無奈的口氣，陳述著淑齡不可理喻的情緒反應：「為了不讓爭吵的聲音驚擾鄰居，我和孩子只能接受被趕出家門的委屈。」、「只要意見相左，稍有衝突，我和孩子的衣物就遭殃了，衣物被剪破、撕破是常有的事。」、「因為一言不合，在高速路上開車的太太，以橫衝直撞的方式，表達心中的憤怒。」

政雄又無力的表示：「太太強勢又反覆無常的個性，我真拿她沒辦法！」、「我真的好害怕，我太太會做出不可預測的行為！」

會談時，淑齡怒目相向，以犀利的言詞質問政雄：「你只會偏袒女兒無理的要求，除了當個濫好人，你還會做什麼？擺明了，你就是否定我的管教方式！」、「你為什麼看不到我在臺灣獨自照顧女兒的辛勞？親權改判給你，孩子到大陸跟你住，讓你體會一下照顧的甘苦！」

一、針對爭執問題，降低衝突的調解策略：以「曉之以理、動之以情」的方式，透過鏡子模式，提供反觀自照的機會，經由角色轉換，做生命能量的展現。

男主角政雄為求高薪遠赴大陸，三個月返臺與妻兒吃吃飯，傾聽女兒訴苦進而滿足其需求，自認為這就是好爸爸好先生的展現，如此「用金錢解決一切」的想法與做法，換來女兒一句「假期爸爸」的回應。

女主角淑齡帶著原生家庭「養父母因受打擊早逝」的悲傷，以及再生家庭「沒生男孩受公婆冷落」的委屈，使得外表變得更加堅韌，但內在卻傷痕累累。不易柔軟的她，當女兒行徑特質與她的期待不一致時，失望的情緒演變成怒火，造成一次次衝突。換來的是

先生「想要離婚」和孩子一句「想要搬出去住」的回應。

　　首先肯定父母的辛勞與用心，接著闡述：「夫妻因有愛，家庭才有美」、「家是講愛的地方，不是講理的地方」，導引政雄、淑齡、宇庭三者之間，做角色的同理轉換，展現成熟的給予。

　　二、協助宇庭接受諮商的調解策略：尋求社工系統的支援，對母親予以同理，對孩子予以疏導，學習正確的溝通語言，表達愛的連結。

　　經法官轉介，母女與社工師會談數次，經社工師觀察評估：淑齡在職場上盡責守分刻苦耐勞，表現相當亮眼；因而使得她對宇庭學業中輟、作息不正常、態度不積極、逃避問題等情事難以忍受；母女間充斥著又愛又恨的情緒糾葛，彼此看似連結緊密，但衝突卻一觸即發。

　　每當與母親有衝突後會嚴重影響睡眠，在學校精神不濟，與同學也較少互動；輟學後曾想打工，但母親往往不信任她找的工作有任何的學習價值；後來在母親安排下確實有份不錯的打工機會，但又因身體不適及心情不佳兩度曠職，未能負責任地結束工作。目前對未來沒有清楚的計畫，在家暴中心安排下為宇庭做諮商，結案後又自費諮商兩年，宇庭覺得有人可以談談很好，但更期待母親也一同接受諮商，希望是兩人可以一起做改變。

　　首先，抒發孩子積壓已久的情緒，進而激勵其自信心的建立。對母親則是同理與支持在原生家庭和婆家所發生的種種經歷，並提醒母親不要掉入爭執的陷阱。母親接受每天唸「心經」迴向的建議，進而學習《零極限》書中的四句話：「我愛你、謝謝你、對不起、請原諒我」做為親子對話的表達內容，以求化解彼此的惡劣關係。

　　三、協議離婚的調解策略：透過問題的解析，找尋雙方願意對話的空間，導引彼此改變態度，藉以重整家人的關係。

本案的家人互動，乃經由聚少離多的量變，產生愛的質變，一切在疏離中淡然，愛情親情的濃度因距離而遞減，又因錢、因情、因孩子產生爭執，累積負面情緒，導致結婚近二十年的政雄，受不了太太淑齡反覆無常的情緒反應，以個性不合為由主動提請離婚。個性好強的淑齡，因先生提離婚訴訟深感顏面無光，以「給孩子一個完整的家」為由，藉以阻止離婚。

調解委員評估夫妻間婚姻繼續的可能性，透過問題的解析，找尋雙方願意對話的空間：

「如何反省覺察以認識彼此？」

「如何承認錯誤以減少衝突？」

「如何改變態度以重整關係？」

原本政雄認為婚姻經營的成敗，應由兩人對等負責，而不是由單方面照單全收，因此，無法接受淑齡在扶養費、監護權、財產分配各方面的強勢要求，調解委員對政雄發出最後的通牒：

「你長年在外工作，太太照顧孩子的辛勞，是否應該表達感謝？」、「提請離婚的是你，是否應該釋放更多善意與滿足對方需求？」

當政雄向淑齡表達照顧孩子的謝意時，淑齡軟化了；當政雄盡其所能地滿足淑齡的要求時，淑齡也不再據理力爭了。

四、離婚後親權改判的調解策略：共同檢討離婚後互動模式的缺失，以合作的方式，實踐父母對孩子理性的愛，激勵孩子積極地面對生命。

雖然彼此有滿懷的怨懟，但對女兒都有「激勵其積極面對生活」的共識。調解委員秉持上述發現：透過「兩面俱陳」的陳述和「愛必須理性的實踐」的角度切入；肯定彼此的付出，進而導引彼此改善對應態度，以達成彼此的積極溝通。

(1) 以「兩面俱陳」的方式肯定父母的愛：

——肯定母親管教的辛勞；如何「嚴教慈管」？如何獲得女兒的認同，願意自我改變改善？這些需要母親的包容與同理。

——肯定父親對孩子的愛；如何「以實質關懷替代物質給予」？如何主動參與母親對女兒的照顧並給予有效的協助？這些需要父親的同理與轉換，進而引發更積極的夫妻互動。

(2) 以「愛必須理性的實踐」導引彼此，重新檢討離婚後的互動模式：

——離婚後，雙方願意保持聯絡，重新啟動彼此關係的連結。

——在孩子面前展現父母應有的智慧，不再任由孩子造次。

——以合作父母的思維，協助孩子邁向健康的未來。

心理諮詢觀點

在離婚的層次上，大約可以分為四種不同型態的離婚，包括認知上的離婚、法律上的離婚、情緒上的離婚和彼此社交圈的離婚。在這四種離婚型態中，以情緒上的離婚最為痛苦，也最困難。弔詭的是，一對夫妻唯有徹底地完成情緒離婚的階段，才意謂著他們的婚姻可以真正地結束，真正有能力共同合作、承擔照顧孩子的責任。政雄和淑齡的離婚程序完成了認知和法律上的離婚，然而，另外兩種形式的離婚尚未完成，尤其是情緒上的分化，還有一段漫漫長路要走。

許多心理學者認為要達到情緒的離婚需要完成五個任務，這五個任務是：

(1) 雙方都能接受親密關係已經結束；

(2) 雙方都能接受彼此各自獨立，各自為自己的生命負起責任；

(3) 雙方都能重新整合自己的新身分，不再是丈夫妻子，但仍是孩子的父母；

(4) 雙方都能負起婚姻失敗的責任，不再憤怒，不再責備對方、歸咎對方；

(5) 雙方都願意給自己時間與機會，對失去婚姻的自己進行療傷。

情緒的離婚是需要時間的，一般而言，少者若干年，多者超過十年，有些人可能一輩子也無法完成情緒的離婚。華特克（Carl Whitaker, 1982）認為，一般夫妻實在很難在離婚的初期，就達到情緒離婚的層次。政雄和淑齡如果可以認知到這一點，避免不合理的期待，給自己和對方一些時間，就比較能夠順利地走過情緒離婚的歷程，重新整合及認同自己新的身分。

根據埃默里（Robert E. Emery, 2012）的觀點，不確定的關係界線是離婚爭議中最主要的情緒壓力與衝突來源。因此，離婚調解時，重新界定界線是相當重要的議題。

調解委員可以先請當事者做出他們彼此都認為滿意以及能接受的關係，而真正的關係重新界定，會被他們在擬定照顧孩子的計畫時間表時重新界定一次，比如爸爸必須每天去學校接孩子到媽媽家，因此爸爸和媽媽就會每天接觸到，這就變成了這對離婚夫妻的一個新的界線與關係。所以，孩子的照顧計畫對處理離婚時的政雄和淑齡而言很重要，界線清楚了，彼此就比較容易扮演好孩子的合作父母角色。

法官觀點

一、法律訴求解析

本件先是男方訴求離婚，並請求女兒的親權由女方單獨任之，

男方有探視的權利與義務。

雙方的離婚經本庭調解成立後，母親是女兒的單獨親權人，為主要照顧者；父親則有探視的權利與義務。女兒於父母離婚後，無法承受母親嚴格的管教，在生活上、工作上以消極的態度對應，母親招架不住，即刻向法院提出「改判未成年子女親權」的請求，希望由父親來接管女兒。父親則認為以他目前在大陸工作的場域，實不適宜接女兒前往，因此，不願承接女兒的親權。看來，女兒對父母而言，是個燙手山芋，法院如何處理這個棘手的案件？很讓筆者煞費苦心。

二、法官審理方式

本件的離婚事件看似單純，然因是由男方起動，而引起女方的勃然大怒。當男方以委曲的姿態表達不滿時，更是觸動了女方咬牙切齒的情緒，排山倒海而來的抱怨表露無遺。筆者明確地體會到，本件能否適當處理雙方的情緒，將是影響雙方以後能否能成為女兒的合作父母，以及離婚後是否能夠好散的重大關鍵。不然，男方起訴可能獲得勝算的代價將會很高，不僅在三審訴訟花費的時間、勞力、費用難以計算，孩子的需求與裁判所形成的子女最佳利益，也難同日而語。

審理本件離婚事件中，仍先著手於子女的親權部分，筆者在法庭上看到孩子，也瞭解她多年在父母的不和與衝突中，發生了適應不良的狀況，可惜這些部分都沒有被父母看到。父母看到的只是她表現的退步與生活上的失序，這些正是我們需要協助之處。她的心情明顯低落，整個人提不起勁來。感覺好心疼。為此，筆者在法庭上曾對雙方大力宣導孩子的十大權利與父母的相關義務，對此他們都有某程度的領悟與省思。

調解委員為這個家庭提供了多次的心理諮詢。除了與父母會談，也單獨關懷女兒，在瞭解女兒的需求後，協助親子溝通，釐清

親子間的誤會，協助父母表達親情與關愛。

在夫妻關係的層面上，調解委員充分同理雙方的情緒。瞭解夫妻在婚後，對於家庭財務的管理支配並無共識，加上長年的遠距生活又溝通不良，雙方的婚姻關係早就是有名無實，無法起死回生了。

只是女方在忙碌的生活與辛勤照顧女兒期間，無力面對，就一天過一天地拖著。當男方提起了離婚訴訟時，勾起了她多年來的痛楚。尤其男方在調解時，輕易地表達了規律提供家庭扶養費用，也會關心女兒，就是已恪盡了夫職與父職時，她的情緒幾度瀕臨崩潰。

為此，調解委員分別同理了雙方的情緒，又善巧地釐清雙方的思緒，男方終於能夠瞭解妻子憤怒情緒下，心中的那些孤獨、失落、害怕、悲傷以及需要支持與協助的種種心理需求。女方在男方誠摯道歉後，終於願意放下前隙，與男方好散離婚，並一如以往地承擔女兒的親職。

法院好不容易協助解決了雙方間的離婚與子女親權事件後，女方發現孩子的狀況每況愈下，不知如何是好時，透過向法院聲請改訂子女親權事件，筆者又繼續審理後件。

由於前案，我們對此家庭有相當程度的瞭解。新案開庭後得知，孩子的父親仍在國外，離婚後很快就成立了新的家庭，根本無暇也無力承擔親職。反觀孩子的母親，她是願意承擔的，只是無從下手，希望男方能夠協助。

為此，筆者為孩子選任了程序監理人，在與原先的調解委員密切合作下，由調解委員繼續協助父母相互溝通，程序監理人則花較多、較長的時間，到家訪視孩子、陪伴孩子，協助母女相互瞭解、共同生活。為啟發女方這種大力承擔艱鉅任務的動力，程序監理人再次深度同理了母親，也提供了可行的方法。母女的關係漸次發生正向積極的改變。程序監理人還轉介其他諮商輔導資源，繼續協助改變親子關係。

　　經由調解委員（包括程序監理人）的盡心費心，筆者更瞭解本件孩子需要長期地關懷與陪伴，加上母親的難為、父親的困境，所以為本件開了多次的調解庭。藉由開庭，一則觀察並瞭解孩子進步的狀況；再則把握每次的機會深深地讚嘆女方對家庭、對女兒的貢獻，女方的心力提升了，親職能力也漸次增強中！

　　三、結案成效分享

　　雙方自好散離婚後，發現親子關係還需要法院的協助，就即刻主動向法院求助，筆者也主動回應，願意繼續承接此一新案，藉此改變、提升父母的親職，孩子也在正向的改變中。本件結案的另一成效在於：國民對法院一旦具有正向的經驗後，會樂於在法院化解家事紛爭。

溫馨小叮嚀

♥ 每人都有一部愛情、親情的春秋史，愛情、親情的「欲求」孰輕孰重，皆左右著人生天秤法碼的擺放。

♥ 在隔空疏離的婚姻生活中，如何正確地展現「愛的給予與實踐」，值得我們省思與借鏡。

☐「案情概述」、「專業觀點與策略」&「溫馨小叮嚀」撰述者：張秋鶯
- 臺北地方法院家事法庭調解委員 10 年
- 臺大兒童醫院志工 5 年
- 慈濟大愛媽媽研習課程講座 15 年
- 國立師範大學教育研究所畢業
- 國小教師、主任、校長，年資共計 41 年

其實你不懂我的心

引言

通常，每個人都是以自己的習性和立場去思維，雖沒有惡意，卻容易產生許多誤解和障礙。以本文的美珍為例，公公對她疾言厲色、百般苛求，但對孫子卻是讓他們看電視、吃零食，過度保護，把孫子養成小胖子的慈祥阿公。

公公明顯的雙重標準，讓求好心切的美珍活得辛苦；職場奔馳本來就不容易，偏遠地區教師肩負教學與行政的雙重壓力，加上她不幸罹患惡性腫瘤，美珍覺得好累好累……

抗癌之路，讓她更認清自己的婚姻品質；雖然婚姻走得顛簸，癌症治療漫長，但她沒有要棄械投降；在專業人員的協助下，她找到扭轉局面的關鍵點——改善翁媳間的緊張關係。美珍承諾會努力學習當個好媳婦，建立重新出發的美好契機。

那麼，公公與丈夫那廂，如何做出善意的回應？〈其實你不懂我的心〉值得慢慢品讀與回味。

案情概述

美珍在偏遠地區任教，通勤不便，只好在學校附近租屋居住，其他同事也是如此，每到週五下班大家興奮匆忙地趕回家，與家人共度溫馨的週末時光。美珍卻慢條斯理地收拾辦公桌面，心情百般沉重、猶豫不決「因為不知要回哪一個家？」

平常工作緊湊繁忙，美珍還可強顏歡笑，未向同事透露自己的困境；可是一到夜深人靜，非常思念兒子和先生育成，不知他們過

得好嗎？疾言厲色的公公，如夢魘般讓美珍夜不安枕，這對罹癌復原中的美珍，並不是理想的狀況。有時她也往好處想，一週能有五天逃離夫家喘口氣，算是一種安慰。週末回娘家，父母的溫暖支持滋潤美珍，是她的避風港和加油站，也是她渴望的。但是見不到兒子和丈夫啊！

一年多前，美珍罹患惡性腫瘤，一連串的開刀、化療進出醫院過程中，公婆從沒有探望過她，丈夫也是偶而出現，短暫陪伴盡點義務。那一段時間，美珍身心俱疲非常受傷。出院後也得回娘家調養，想念兒子時，也只能看看兒子的照片。休養約一年，身體尚未完全康復，但因病假已滿，只好重回學校任教。

七年前經介紹認識先生，育成是公務員，傳統老實，排行老大，很孝順，是值得託付終身的伴侶，婚後順理成章與公婆同住，沒想到婚前視為優點的，卻成為婚後夫妻關係的致命傷。小叔小嬸新婚後，另組小家庭住在外面，美珍很羨慕他們的自由自在，不明白為何自己必須被困在這個桎梏牢籠裡？

一場大病，與丈夫和兒子的關係變淡了，夫家也漸行漸遠，她告訴自己，必須要與丈夫和兒子重新建立親密關係，也要想法子讓公婆喜歡她。可是當她好不容易鼓起勇氣回到夫家，仍是舊戲重演，和公公的關係每況愈下；努力想獲得公婆的歡心，譬如打果汁、買禮物等，總是不討好。週末結束，美珍常帶著新的傷痕回到學校。

生了兒子小傑後，重男輕女的公公包辦全部照顧之責，不給美珍機會，美珍並沒有因為生了男孩而提升地位；之後小嬸生了一個女兒，公公很淡然，讓小叔夫妻親自照顧，完全不加干預。

美珍支持育成長子的責任，也希望先生能支持尊重她的親權，可是育成卻仍隨順父親的方式。美珍是教育碩士，無法忍受公公違背教育原則的溺愛管教方式，於是翁媳之間又添加了新的衝突。一

週七天，美珍只有一天半的時間可以見到先生和孩子，卻根本沒有單獨相處的時光，妻子和媽媽的功能難以發揮，只是個被嫌棄的小媳婦。

美珍更大的隱憂是：「癌症會不會復發？我還可以活多久？」醫生一再囑咐，正向愉快的情緒有助於復元，她怎麼做得到？她想積極爭取，至少把握還活著的日子裡，可以擁有三個人的天地，享受小家庭的甜蜜，過快樂的婚姻生活。美珍心中不斷吶喊：「育成，親愛的老公，我這樣的心願，你瞭解嗎？求你幫助我！」

「兩個兒子都結婚了，老大育成也生了兒子」，阿土對列祖列宗有交代了。媳婦美珍在外縣市教書，兒子上班忙碌，教養孫子當然就是他晚年生活的重心。老二生個女兒，就讓他們搬出去住吧。把房子過戶給老大，他就繼承祭祀祖先的責任，這是中國人的傳統啊！含飴弄孫是阿土夢想成真、人生最快樂的事了！

阿土知道美珍是老師，但孫子還小，幹嘛這麼多規定，老師還不是常常頂嘴，她父母寵愛她就合理，爺爺寵愛孫子就不應該，這是什麼道理啊？美珍娘家有錢，水電都不知節儉，又常花好多錢買了一大堆兒童書，很浪費。育成也沒怎麼教，還不都是大學畢業。照美珍的方式教養就會比較好？阿土才不信！有爺爺照顧孫子，他們夫妻倆可以安心上班，又不用花保母費，阿土想不透美珍有什麼好抱怨的？

週末兩天美珍和公公經常為了小傑爭論：「阿爸，不要把小傑綁在椅子上，讓他邊看電視邊吃零食，這樣他會眼睛不好，腦筋不會動，又沒運動，變成小胖子不健康，我帶他出去公園走走卡好啦。」

阿土：「小傑愛看電視就給他看，愛吃什麼就給他吃，綁著才不會到處亂跑撞到跌倒。妳每次帶出去都感冒回來，還要去看醫生，浪費時間和金錢，還是在家安全啦！」

美珍：「阿爸，我是老師，每天要照顧一群孩子，我一對一照

顧小傑，不會有什麼事啦！」

　　阿土：「老師有什麼稀奇？妳自己都生病，哪有力氣照顧小傑？還是多休息吧！有空我會帶小傑去公園玩啦⋯⋯」翁媳二人從未有交集，當美珍無助地看著育成，育成卻使眼色要美珍不要再說了。

　　那一天，美珍正在燉中藥，藥汁冒出滴在瓦斯爐上發出滋滋的聲音，白煙瀰漫在廚房裡。阿土見狀大叫：「美珍啊，煎藥也不在旁邊顧，浪費瓦斯啊，火熄滅了，全家人會瓦斯中毒呢！」

　　美珍委屈地反駁：「這藥本來就是要慢火熬半個小時，我有在注意啦，難道瓦斯費比我的命更重要？」

　　阿土更生氣：「耶？說你兩句就回嘴，妳父母怎麼教妳的？我來替你父母教訓妳。」

　　阿土氣得舉起手來，作勢要打美珍，美珍不自覺地做出防衛動作，兩人肢體就碰觸到了，於是美珍向法院聲請保護令。

　　育成很欣賞美珍做事認真的態度，凡事有自己的主張，也很有能力。結婚後，她願意和父母一起住，他很感激，順利生下兒子，育成更是高興。美珍是教育碩士，考上教師在偏遠學校任教，自己公務忙碌，沒有帶小孩的經驗，幸好父母樂意幫忙，既省錢又放心。育成瞭解兩人原生家庭很不一樣，所以嫁過來後，美珍調適得有些辛苦，本來以為時間久了就會適應，沒想到與父親的關係越來越糟。

　　育成勸兩方各退一步，美珍諷他是爸寶，老爸罵他是妻奴，育成兩面不是人，既不是好兒子，也不是好丈夫，唉！更不知如何當個好爸爸了。他希望美珍能夠看在兩老長久以來照顧兒子的份上，心存感激，多包容老人家的生活習慣和說話方式。

　　美珍罹癌育成很心疼，但幫不上什麼忙，有娘家的細心照顧，感激在心頭。育成瞭解父親權威重，傳宗接代是牢不可破的觀念，

小傑是長孫當然疼愛有加，但也不至於成為家庭紛爭，更不應該是家暴事件，而且是媳婦告公公，父親成為被告，心裡非常不能接受，翁媳的關係只會更惡化，真不知美珍是怎麼想的？育成也擔心美珍的身體狀況，操心越多對她越不利，放下心好好養病，孩子大了自然會回到她身邊，何必搞成這麼難堪的局面呢？

專業觀點與策略

通常婆媳問題是家庭衝突來源，本案比較特殊是翁媳家暴案件，為釐清案情承審法官指派三位調解委員分別諮詢，個別諮詢三次和一次夫妻會談，原本安排翁媳會談，但公公不願意，在尊重當事人前提下，由調解委員代為轉達其善意。

諮詢開場先表明法官和調解委員們是誠摯地想幫忙，鼓勵三位當事人說出立場、想法和感受。調解委員瞭解各人的期望和需求，理解困難點也找出盲點，大家一同想出好方法，以達成每個人的期望，協助建立安全信任的關係，一家人過幸福美滿的日子為目標，小傑才能在健全的家庭環境中快樂健康的長大。

一、諮詢過程
■聲請人美珍個別會談
(1) 關懷美珍身體健康與教學工作，理解因少子化，必須遠離家人到偏遠山區作育英才的難處等；待美珍臉色逐漸開朗起來，說話放鬆，再漸次引導她進入本案主題。

(2) 鼓勵條列式明確地寫出自己的期望和擔憂。

(3) 協助釐清目前狀況、可用的資源、想達成目標有哪些可行方案？失敗的經驗中又有哪些可以檢討修正的？換位思考路更寬。

美珍知道到法院解決家務事是下下策，但因求助無門，一時氣

憤，有點歉疚，事到如今，期望法官和調解委員能幫上忙。身為一個母親，希望擁有教育自己兒子的親權，感謝公公一週有五天照顧小傑，但希望公公能給她兩天時間和孩子相處。化療結束不久，需要療養復原，擔心復發，希望能有三個人的小家庭生活空間和時光。公公大聲喝斥和作勢打人，讓她非常焦慮緊張，公公改變習性可能性不高，同意尋找漸進方式改善關係。

■相對人阿土個別會談

(1) 瞭解老人家只是說話較直，但沒有惡意，提醒有其他方式表達感受且不會產生副作用。

(2) 肯定對孫子的疼愛和用心，表述美珍是小傑的親生媽媽，愛小傑的心和他是一樣的。應該可以放心讓美珍帶孩子。當老師一次要帶很多孩子的！

(3) 建議阿土聽聽同儕老友，翁媳如何相處？孫子怎麼帶？學習經營三代同堂，看看別人的優點，對自己有好處的。

(4) 轉達美珍的需求，對於一週七天都要照顧孫子的阿土而言，實在也需要休息；週末兩天就讓美珍照顧孩子，和育成好好相處，每個人扮演適當的角色，孫子的成長更健康。

阿土說明育成和美珍結婚，自覺是鄉下人的阿土認為是高攀了，既然嫁進門，就是我家媳婦，娘家的習性就應該改掉一些！當時是一時氣不過，因為家人從不曾和我頂嘴，我不是真的要打她。美珍生病期間，我沒去探望她，不是不關心，只是不知道如何安慰她，怕說錯話讓她更難過，曾請兒子表達歉意。萬一她怎麼了，孫子也是很可憐的。已經將房子過戶給育成，希望和兒子、孫子住在一起。只要媳婦乖乖天下太平。一輩子沒上過法院，而且被媳婦告，覺得很沒面子。

■關係人育成個別會談

(1) 同理育成角色的為難，也看到他的孝順善良，太太和爸爸

都有看到他的好。

(2) 育成好像兩面不是人，但也是兩方溝通管道，可以發揮關鍵的正向作用力，只是需找到善巧的方法。

(3) 還在療養中的美珍，會有什麼影響？請育成試著去體會美珍的想法和感受。

(4) 美珍希望週末有小家庭三人共處時光，育成是否願意支持？並一起想辦法說服爸爸？育成說明父母和美珍都是好人，都是無心之過，彼此沒有惡意。

育成說，爸爸數十年來就是這樣的習氣，媽媽是傳統婦女，在家沒有聲音只有順從，爸爸不能理解，為什麼美珍意見很多？認為是晚輩頂嘴，才會生氣到作勢要打人，但不會真的打下去啦！老人家重聽、眼睛不好、偶爾會癲癇發作，講話一向大聲，不好溝通，平常大家都順著他，他不是有意要打美珍，美珍的反應太直接，不回嘴就沒事的。

身為長子有不可推卸的責任，身為丈夫也有沒做到的部分，心裡常想怎麼做會有所幫助？但遇到挫折就又退縮了。希望一家人和和樂樂過日子，不要吵吵鬧鬧了，對大人和孩子都有負面影響。

■夫妻會談

會談當天，美珍衣著厚重，帶著病容坐在沙發的角落，育成坐在另一側，兩人眼神幾乎沒交會過。美珍訴說著自己的委屈、擔心、害怕與期望；她不是要傷害公公，只是她承受不了，在這樣的壓力下，她的病恐怕會惡化。她希望身體康復後，回都市任教，能和先生兒子一起過小家庭的生活，最壞的打算是希望在還活著的日子裡，多陪伴兒子，盡母親的責任，給兒子濃郁的母愛。

育成無奈地表示，夾在爸爸和太太之間不知如何是好？兩個人都沒有惡意，但卻很不投緣。要老爸改變是很困難的，希望在法官和調解委員的協助下，美珍和老爸各退一步，找出大家都能接受

的方案，改善目前劍拔弩張的氛圍。

夫妻各自表述後，調解委員先轉達阿土的善意，媳婦生病，不知道如何安慰媳婦才未探視。因為老人家的自尊，不想和兒子媳婦一起會談。晚年只想含飴弄孫，已經把房子過戶給兒子了，一定要和兒子、孫子住在一起！阿土的態度已經鬆軟很多，願意接受一些微調方案。

接著調解委員請夫妻面對面，注視對方，並向對方說出自己的心意和善意，必須專注傾聽對方的心聲，並試著去理解並確認對方的需求，亦可表達自己的觀點和理由，然後再一起找出議題，建立共識點，討論可行方案，共同面對問題，攜手合作。

美珍先表示支持育成的孝心，不會要求育成搬出公公家，但希望擁有小家庭的生活空間，和先生兒子有單獨相處的機會，也讓自己有喘息的空間，盡快恢復健康並準備都會教師甄試，回到住家附近任教。

育成則表示自己真的無能為力，老爸和老婆都有自己的堅持，不管幫哪一方講話都會得罪另一方，覺得好累好想逃開。就讓事情擺爛吧！

二、觀點與策略

(1) 觀點：結婚不只是兩人的事，是帶著原生家庭的教養方式、價值觀、生活方式、溝通模式等，需要學習理解、溝通和磨合。美珍生長環境優渥，民主式教養的原生家庭中，擁有表達自己見解並和長輩溝通的權利；育成則是生長在傳統觀念的工人子弟之家，一切爸爸說了算。弟弟較敢反抗所以不得爸爸歡心，自己是長子，負有不可抗拒的責任。夫妻兩人對於婚姻，在認知上有很大的差異，雙方都覺得對方為什麼不能替自己著想？為什麼不懂我的心呢？

策略：讓三方認知到，不同的人有不同的見解是很正常的事，能尊重理解別人的看法，也可表達自己的觀點，選擇對大家最好的方式，沒有對錯的問題。

(2) 觀點：夫妻會談時，兩人身體僵硬，眼神不交會，流露焦慮不安，並沒有憤怒指責或嫌棄，兩人是想擁有甜蜜的家庭，但還沒找到方法。

策略：確定兩人仍然相愛之後，增強彼此所表達的誠意和善意，協助理解對方需求和立場。美珍支持育成的孝心，這一點溫暖了育成的心，美珍表示因一時衝動提告，願意立即撤案，讓育成鬆了一口氣，改變消極的態度，傾聽並同理美珍的心情。

(3) 觀點：阿土擔心把房子給了育成，育成到底靠不靠得住？不要有了妻子就沒老子，甚至連孫子都沒了！

策略：讓育成和美珍理解阿爸的擔心，小倆口決定把房子還給老爸，在兼顧兒子、丈夫和爸爸三個角色之下，育成和小傑一週五天還是和父母一起生活，週六、日就在美珍婚前買的小套房三人相聚，採漸進方式，讓時間來改善緊張關係。

(4) 觀點：每個人都以自己的習性和立場思維，沒有惡意，卻產生了許多誤解和障礙。

策略：角色扮演「如果你是他，你會怎麼想？你會怎麼做？」練習從別人角度看事情，讀懂別人的心。當夫妻都讀懂對方的心，也讀懂阿爸的心時，放下防衛一起找出路，育成獲得美珍的諒解和支持，他當兒子的角色只要稍作修正，小夫妻的願望是可以達成的。

(5) 觀點：一般人都是當了丈夫才學做丈夫，當了爸爸才學做爸爸，女性亦同，因為沒學過所以不會，因而應對不當。如果有人協助引導，事情就可以大化小、小化無，做錯了也不必沮喪、委屈，求救和學習都是值得的。

策略：結婚之後，都增加了新的角色，需要時間磨合和學習。

只要願意學習，生活就會越來越好，偶而擦槍走火不必太在意，讚美肯定彼此的誠意和亮點，只要心裡有愛，和樂融融的圖像會成真。

經過引導，兩人真誠溝通，願意針對議題討論可行的策略，美珍當下決定撤案，並承諾要學習做一個讓公公接受的媳婦；育成馬上鬆了一口氣，臉色變得柔和，專注地看著美珍，贊同美珍的建議，首先把房子過戶還給老爸，讓老爸放心，不用擔心兩頭空。再請老爸同意讓三人一起度週末。夫妻兩人達成協議後，看著育成輕柔地扶著美珍走出調解室，夫妻同心其利斷金，真是一對值得祝福的年輕夫妻啊！

心理諮詢觀點

這個家庭在走進法院之時是，人人有立場，個個沒同理。在調解委員協助之下，這個家庭在走出法院之時的圖像是：我懂妳，妳懂我；我接受妳，妳接受我。

在三代同堂的家庭系統中，育成真是如夾心餅乾似的為難，如果稍有閃失，可能會落得裡外不是人的下場。他的長子角色無法允許他揭竿而起，為自己的核心家庭撐起一片天空，因為傳統文化上，除了妻兒，他還需要發揮照顧父母的功能。

美珍因為和育成的結合，進入這個大家庭的系統中，家庭生命的週期也由於美珍的加入轉換到另一個階段，系統的動力自然也隨之變化。這樣的變化對於系統中的每一個人多少造成某種程度的衝擊，因此，「調適」是家中每一個人的議題。尤其是美珍，她隻身進入到迥然不同的家庭文化中，受到的衝擊更是強烈，這需要更大的覺察和智慧，才可安然融入這個大家庭。接著，孩子的出生，再次將家庭推進了另一個階段，結構改變、動力改變。

對於變動迅速又劇烈的家庭生命週期，如果無法如願擁有實質上核心家庭的空間，大家最需要的是「溝通」，以便找出大家最大的共識。在這家庭故事裡，我們不知道，美珍和育成婚前對於即將面對的家庭圖像做過什麼樣的準備，但是，我們很清楚地看到，當家庭隨著人員的進出產生結構性的變化時，相關人等仍舊以往日的習慣和模式，過著時空都已轉換的生活。因此，承受衝擊最大的美珍生病了，這是不難理解的。

很幸運的，由於訴訟，這個家庭得到調解委員的協助，進行對話，而不是只有暗暗地在心中不斷想著：「育成，親愛的老公，我這樣的心願，你瞭解嗎？求你幫助我！」在對話中，讓公公和夫妻雙方有機會聽到彼此的需求和想法，進而協商出雖不滿意但可接受的解決方案。

家庭系統是一個有生命的有機體，其發展是一個動態的歷程，隨著時空的轉換，這個系統不斷地會有來自內在和外在的壓力事件，這些壓力事件帶來大大小小的挑戰。面對這樣的事實，帶著善意，持續對話、分享與妥協，才是主要的因應策略。

法官觀點

一、法律訴求解析
本件從事件的表面看來，是媳婦與公公間偶發的肢體暴力衝突事件，訴求看似單純，其背後卻涵蓋了一個三代同堂大家庭內，家庭成員間因互動不良而身心失調的生命故事。

法院通常的做法，就是單純審理保護令事件，或由法官准許媳婦的聲請，對公公核發通常保護令，或由法官駁回媳婦的聲請，不會對公公核發保護令。

二、法官審理方式

本於我國家庭暴力防治法的立法目的，固在保護被害人權益，並防治家庭暴力行為，然其最終的目的則在促進家庭和諧。法院如何藉著審理此類事件的機會，既能保護權益，又可防治暴力之下，促進家庭和諧，則是筆者審理家庭暴力保護令事件的一貫原則。

筆者審理此類事件時，除依法在開庭時調查家庭暴力曾否發生，有否繼續發生的危險性，並再三重複諭知：家庭暴力對家人的重大傷害，以及對家庭關係的嚴重破壞，必須即刻終止外，還採用了一種裁判以外的做法。

接到此案時，筆者即刻定期傳喚媳婦、公公、還有聲請人的先生，同時到庭表達意見。

我所看到的景象是：他們非常惶恐不安，聲請人的先生更是左右為難。雖然媳婦把握機會說她在家庭的角色難以發揮，不能對自己的孩子有所作為，然並未表明遭到公公施暴需要保護。至於公公，則表情非常尷尬，他覺得這把年紀，還要上法庭，真是羞愧。由於媳婦與公公之間還是有些緊繃，以後是否可能再次爆發這種肢體上的衝突，任誰也不敢保證。

如果只為求得自己的心安，筆者大可核發保護令後結案，給公公一個小教訓。不過，如此一來，全家一定大亂，媳婦的婚姻關係八成不保，這絕對不是媳婦所期待的後果。

如果就此駁回媳婦的保護令聲請，雖顧全了公公的面子，然媳婦在家庭中的地位將越發卑微，應有的角色與功能更是不能發揮，離家庭和樂的目標更是遙不可期。

綜上，法院不論裁定核發保護令與否，或可保護權益、防治暴力，然對修復翁媳關係，促進家庭和諧，無疑就是雪上加霜，只有反作用而已。

筆者因而採用了以下裁判以外的做法：

在開庭時諭知：「解決家務事需要好好溝通，不能使用暴力。法官從現在開始監督你們，請你們自制，此後如有類似事情發生，應馬上報告法院，我就儘速審理核發保護令。在我決定是否核發保護令之前，先轉介調解委員，為你們提供心理諮詢服務，讓大家說說自己的委屈與想法，在此之後，我再衡量全局，決定是否核發保護令」。

我當庭還特地感謝聲請人的先生到庭，同理他的立場，也邀請他參加諮詢。

翁媳二人為想得到法院對自己最有利的處置，就會盡力配合法院的要求。一來會小心防範避免發生衝突，二來在心理諮詢的過程中，接受諮詢人員的引導，可以漸次學習相關的人際溝通方式，可以修整翁媳關係，強化夫妻關係。

當我再次開庭時，這一家人已因此次的危機，轉化成可以相互溝通，傳達關愛的和樂家庭，媳婦撤回了保護令的聲請。

對於撤回聲請事件，我都提醒他們，必要時仍可繼續聲請救濟。

三、結案成效分享

本件的結案成效不在於法院是否核發了保護令，而是在於法院以裁判以外的方式，達到了保護權益、防治暴力，更促進了家庭的和諧。

對於本件法院如果只從家人間發生肢體衝突的表面，調查是否有家庭暴力情事，評估是否有繼續發生的危險，而逕行裁定是否核發保護令者，結案較速，也無需承擔風險。然而，以本件為例，此法或可保護權益、防治暴力，然對修復翁媳關係，促進家庭和諧，就是雪上加霜，遙不可期。

筆者所採所用的這種裁判以外的做法，就是在審理此類事件時，除依法在開庭時調查家庭暴力曾否發生？有否繼續發生的危

險性？並再三重複諭知家庭暴力對家人的重大傷害，以及對家庭關係的嚴重破壞，必須即刻終止。他們是在法院的監督下，節制衝突發生，並儘快把這一家人交付給具有防治家庭暴力專業的諮詢委員，為他們提供數次的心理諮詢服務，以期達到保護安全、防治暴力，又能促進家庭和諧的成果。

當我再次開庭時，這一家人已在法院接受過數次心理諮詢服務，在此期間翁媳不僅沒有繼續發生任何暴力衝突，甚且還因此次危機，冰釋了彼此間長久的誤會，翁媳的善意可以互通，親人關係也可漸次修復。媳婦撤回了本件保護令的聲請。

> 溫馨小叮嚀
> ♥ 經營甜蜜家庭是愛與關懷，而不是論是非；用一雙發現
> 　美的眼光去欣賞別人，心寬路更寬。

☐「案情概述」、「專業觀點與策略」&「溫馨小叮嚀」撰述者：許翠媛
- 臺灣臺北地方法院家事法庭調解委員 13 年
- 新北市青少年輔導計畫輔導團員 6 年
- 國立臺北師範大學地理系，臺北市立師大初教系暨四十學分班教育行政組
- 國小教師、組長、主任，年資共計 32 年

驚世夫妻

引言

夫妻雙方社經地位與影響力，明顯不對稱，女尊男卑；人妻春嬌只是為了世俗的大齡而婚。婚姻生活是兩性平權的場域，不是校園、不是課堂，婚後要幸福，經營與灌溉馬虎不得；但春嬌卻在婚後六年，於爭執不斷、早已形同陌路時，選擇帶著兒子遠走他鄉。教育學家認為「孩子的心中，住著一個大人」，那麼，高學經背景，面對婚姻破碎關係與期待孩子身心靈康健下，在法網的天秤前，要怎樣應對，才有加分效應？請看官分曉。

案情概述

開完銷售業績會報，志明一身疲憊返回家中已近午夜，家裡一片漆黑，安靜異常，不見春嬌和均均的蹤影。志明打了春嬌的手機，語音回應：「這是空號。」志明大驚，連忙搜尋各個房間，大型旅行箱、兒子的抱枕和衣物等都不見了！聯絡岳母，表示未察覺任何異狀。一夜輾轉難眠，第二天志明一早和春嬌服務的學校和兒子的幼兒園查證，證實春嬌辭職，均均轉學。

志明和春嬌結婚六年，爭執不斷，早已形同陌路，但是春嬌不曾離家出走過，現在不留痕跡的帶著兒子不告而別，志明心知：「代誌大條了！」接受了律師的建議，先至警察局報備失蹤人口，清查入出境資料，確定兩人已出境，志明猜想是去了美國。

半年後，志明仍是一籌莫展，春嬌卻突然來了一封電子信件，表示情份已盡，無法再忍耐爭吵不休的生活，自己有能力照顧好兒

子，希望不要找他們，如果有事，可以用這個地址聯絡。志明斟酌再三，決定不予回應，不過收到春嬌的來信，讓志明鬆了一口氣，知道兒子活得好好的，只是不知身在何處？志明日夜思索要如何找到母子兩人。

春嬌容貌秀麗，衣著入時，在美國獲博士學位後，返臺任職；條件傑出，卻也成為擇偶的高門檻。志明學歷不如春嬌，身高略矮，但是頂著上市科技公司總經理的頭銜，自信滿滿的猛烈追求。春嬌並不十分中意志明，覺得志明出身南部鄉下，一身土氣，四十多歲未婚，感覺怪怪的；但是自己也年過三十五，內心掙扎。志明信誓旦旦日後會好好照顧春嬌，春嬌環顧四周，沒有再比志明條件優秀的人選，年齡相差不算懸殊，決定下嫁。

婚後未久，春嬌順利懷孕產子，志明喜出望外，小心侍候，兩人相處倒也平靜。其實一結婚，春嬌對志明在財務的處理就很不滿意，為免驚動胎氣，隱忍未發，有了孩子後，開銷增加，照顧孩子的事務增多，春嬌堅持要請外傭帶孩子，志明覺得沒有必要，兩人為此大戰，最終春嬌勝利得分。

不久，春嬌為瘦身，參加健康俱樂部，請俱樂部的人直接向志明收取十多萬的費用，志明無奈只有刷卡付帳。兒子均均三歲上幼兒園，志明認為就近讀書較好，春嬌反覆研究，爭執多次，轉了三、四所幼兒園才搞定。春嬌認為兒子要讀最好的學校，志明則認為春嬌一意孤行。從此以後，兩人在溝通處理家務事就遵循這個模式，志明認為不需要開銷的費用，春嬌絕不退縮、大吵大鬧毫不讓步。

春嬌對志明每個月只給她五萬元零用錢是極度不滿的，她覺得為了錢吵吵鬧鬧，是很難堪的事。每年報稅都是志明處理，志明的財務狀況，春嬌瞭解有限，多次詢問，志明卻守口如瓶，春嬌感覺很差，這哪裡像夫妻呢？

　　志明則認為科技界退休早，要未雨綢繆，當省則省，有了錢，志明就置產；他覺得自己善盡做丈夫的責任，提供很好的居住環境，也負擔了全部家用，春嬌應該知足，一個月五萬塊錢的零用錢難道還不夠用嗎？春嬌自己也有收入，他未曾要求春嬌分擔家計，難道還不夠好嗎？

　　但是好好溝通毫無效果，春嬌認為採取爭吵強硬手段要錢，是不得已的，因為志明小氣、吝嗇得離譜，跟他共同生活實在辛苦無趣，志明則認為春嬌愛錢，六年婚姻生活全部是金錢之戰；夫妻經常為錢惡言相向，親密關係蕩然無存。春嬌覺得志明娶她，只是把她當作一個戰利品、一個美麗的擺飾，志明常夜不歸營，她懷疑志明暗藏小三，但不願撕破臉、攤開來處理，免得大家難堪。

　　志明是搞科技的，自然懂些門路，他花了些錢請「尋人公司」找人，果然有了回應。春嬌以原名登記，在美國一所小型大學任職，志明大喜過望，進一步打電話到學校確定春嬌是來自臺灣，志明立刻向法院提出「略誘子女」之告訴，接著又翻譯、打印了相關資料寄給學校。「略誘子女」在美國屬於重罪，學校要求春嬌提出說明，春嬌見到志明寄給學校的資料，心中憤恨又難堪。學校雖接受了她的說詞，但是春嬌知道，志明所為已經傷害到她的人格和信譽。

　　春嬌的老父病重不起，她不得不返臺奔喪。然因略誘官司在身，以致無法在喪禮結束後如期出境返美。面對檢察官，春嬌極力辯解三年前並非私自帶兒子赴美，丈夫知道自己在美國應徵工作。志明則表示三年來彼此毫無聯繫，不知道母子在美的住址，未支付生活費；當初是春嬌利用暑假自己仍須上班不在家，先偷偷將行李箱載到他處，如在家中裝箱，他是斷然不會讓兒子離開的。

　　檢察官諭令春嬌以六十萬元交保，限期帶孩子返回臺灣，或者把住址交出，由父親赴美將子攜回，春嬌含淚同意。

　　春嬌辭職，攜均均返臺，志明到機場接機，三年多不見，均均

和父親頗為疏離，志明自然十分傷心，但是看到兒子健康長大，歡喜異常，和春嬌則冷眼相看、無詞以對。回到家中，春嬌大吃一驚，外傭已資遣，屋內到處塵埃凌亂，兒子的玩具散落一地，和當日離開時一樣，春嬌大怒：這麼髒！如何能住？

春嬌費心為兒子找好學校就讀，志明則極力化解與兒子的生疏感；他原本就拙於和春嬌溝通，春嬌住在家中，她究竟又會搞出什麼花樣？志明渾身不自在，又無法令其離開他住，自己工作忙碌，早出晚歸，心中忐忑，就請妹妹來家裡幫忙張羅。春嬌自然認為是監督，姑嫂相處彆扭，不久，為了一些細故，春嬌放大處理，妹妹只好離開。

志明雖力持鎮定，處處忍耐，不願引發事端，但是日久摩擦難免，最後，為了志明沒有保持浴室地板乾燥，春嬌大吵大鬧，質疑志明衛生習慣不佳，地面濕滑，容易跌倒，志明無視妻兒安全云云。志明覺得春嬌無理取鬧，兩人開戰，春嬌歇斯底里，抓傷志明，志明全力抵抗，春嬌身上留下多處瘀青，均均嚇得躲在床櫃之間，啼哭不已。

春嬌帶著均均至警察局報案，以家暴處理，法院很快核發通常保護令，均均之暫時親權由春嬌行使，春嬌火速攜子返南部娘家居住，志明僅得在有限的時間下，赴南部探視均均。

志明對法院認為自己是家暴犯深感委屈，立刻抗告。一日，無意中發現家中垃圾桶內有撕碎紙屑，應是春嬌所為。小心拼湊，內容是律師建議春嬌於一、兩週內連續製造事端，成為家庭暴力事件，當可順利離開並取得兒子之暫時親權。志明立刻將之呈交法官。志明雖然高興發現此證物，卻感嘆自己再度愚昧中計，因此立刻向法庭聲請暫時處分，限制兒子均均出境，以防後患。

他們的婚姻早已名存實亡，為了面子維持假象。兩人再度為家暴案對簿公堂，在法官開導下，春嬌決定結束這段婚姻，志明立刻

同意。法官為協助他們在離婚後能做合作父母，多次勸諭，春嬌隨後撤回保護令聲請，志明自然感覺舒坦些，認為法律是公正的，兩人互動似有緩和之跡象。

但是當春嬌收到均均被限制出境之公文時，情緒再度失控，兩人關係更加惡化，同時認為自己離婚時未請求剩餘財產分配，實在是太便宜志明了。

開庭審理兒子均均的親權和扶養費等事項時，他們又橫眉豎眼互指對方不是。志明在扶養費上糾纏不休，春嬌計畫讓兒子讀私立學校，當時春嬌尚未找到工作，因此希望志明能多負擔一些扶養費，志明拒絕，認為無需讀私立學校，依照政府規定數額雙方共同負擔扶養費。春嬌大失所望，認為志明一向慳吝，對兒子也是如此刻薄。

春嬌搬遷至南部娘家後，再度為兒子安排就學事宜，均均因學校生活適應不良，懷念美國的朋友、同學，希望返回美國讀書，因此常鬧脾氣，拒絕到校上課，也抗拒志明的探視。春嬌窮於應付，歸咎志明，指責志明從未照顧孩子、不關心孩子，孩子在美國表現優異，卻橫遭阻攔，所以孩子不願意見到父親，並非自己蓄意干預或影響孩子，不願意與父親見面是孩子自己的意思。志明自然反對，表明父子一向相處融洽，都是春嬌從中作梗，製造事端，離間父子感情；認為定期支付扶養費，卻見不到孩子，春嬌是把他當作「人肉提款機」。

即使在法官督促下，春嬌盡力協助均均與志明交往，然而由於父母的懷恨情結深重，彼此毫無信任可言，以致在父子的互動過程中，事端層出不窮，父子始終無法良好互動，遑論建立良好的關係。

兩人都表示愛孩子，拚命搶孩子，卻無視孩子夾在父母長期衝突中，生理、心理上的傷害都已顯現，都忙著攻擊對方要為孩子的狀況負責。當從「合作父母」為訴求，企圖以達成「孩子最佳利

益」時，春嬌立刻以之攻擊志明，志明自然反擊。兩人仇深似海，不知伊於胡底，均均生長在這樣的家庭，真是不可承受之重。

努力多時後，均均也進入青春期，有自己的想法和意志，父子會面品質毫無改善，在親權的歸屬上，法官最後指派程序監理人協助，確定由春嬌單獨行使親權。

專業觀點與策略

這是個高衝突案件經過多次調解加上程序監理，結果不算成功，但是有一些收穫。一是在安撫雙方情緒上有一定功效，雙方可以對話，原本極端的劍拔弩張有相當程度的降低；其次，志明願意支付比標準較高的扶養費和私校學費，春嬌不滿意但感覺稍微好些。在獲得單獨親權後，春嬌並未再度攜子赴美生活，而是在臺就業定居，這讓志明放心不少，至少知道兒子在哪裡，情緒不至於處於「抓狂」的狀態。雙方情緒不是那麼高漲，孩子可以比較安定，日常和學習生活規律進行。

志明緊抱「法律」，隨時準備應戰，在限制孩子出境上，毫不放鬆，對任何建議都採取戒慎恐懼的態度。被迫失去美國的工作和生活，對春嬌而言是難以彌補的損失，在一連串的生活變動和官司中，春嬌很難接受其他的觀點和想法。雖然極力安撫兩人的情緒，期望能展開對話以謀求解決方案，程序監理人是費盡心力，卻成效有限。

從接受承審法官指派擔任程序監理人開始，到完成工作提出書面報告歷經四個月時間，最大量的工作是在協助父子交往會面，希望父子能重新連結，建立友善關係。針對每次會面的時間、地點和交通都要鉅細靡遺地安排，遺憾的是，沒有一次成功。關鍵在春嬌不肯放手，她總以孩子對父親恐懼，不願見面為由，一定

要陪伴孩子與父親見面，春嬌口口聲聲說協助，其實是典型的守門人（gatekeeper），在父子會面上設下層層柵欄。加上志明拙於言辭，不善與孩子溝通，所以每次見面不歡而散都是因為春嬌、志明兩人爭執起衝突，在孩子恐懼和哭鬧聲結束會面。

最後一次見面是程序監理人陪同志明前往南部參加孩子的校慶演出，在程序監理人的協助下，見面還算順利，但父子互動有限，孩子依附母親寸步不離，眼神中流露出對父親的疑慮和不安。

如果雙親都有承擔親職的意願，從孩子的最佳利益來看，法官和程序監理人都不希望走上單獨親權，但是無可奈何，春嬌與志明彼此仇大怨深，春嬌恨志明未曾善待她，志明則恨春嬌破壞父子關係，協助兩人達成「合作父母」可以算是緣木求魚，最終法官仍然是從孩子的最佳利益考量，決定由母親單獨行使親權。

在扶養費上，程序監理人也多次與志明溝通，希望從寬考量以緩解母親的經濟壓力，志明做了小幅度的提高，並承諾負擔一半私校的費用。

從「孩子最佳利益」為訴求，期望建立「合作父母」以保障子女的福祉，是處理離婚案件的重點，真心愛孩子的父母，通常都會放下自己的情緒，理性協議「孩子照顧計畫」，但是這對父母完全沉浸在自己的情緒中，總是互相怨懟指控對方。

兩人在法律上已完成離婚，但情緒上並未離婚，彼此仍然互相牽動，由於兒子長期與母親共同生活，依附母親甚深，不得不「選邊站」，對母親效忠，妖魔化父親，身心已出現一些狀況。均均與母親關係密切，實際上已成為母親的「情緒伴侶」，心理師曾經建議至兒童心理科就醫，春嬌聞知勃然大怒，無法接受。

志明與春嬌都是社會菁英，充滿自信，兩人的結合不是出於相愛、相知，而是現實的考量。由於成長背景差距甚大，加上兩人都晚婚，生活方式、習慣、習性多半已固定，磨合不易。志明習慣掌

控一切，對妻子缺乏尊重，要妻子聽命行事；春嬌是現代女強人，實則缺乏解決問題的能力，常淪於理論爭執；知道婚姻有問題，卻不循正常法律途徑解決，用報復性的方式，攜子潛逃，為自己和孩子帶來無窮的後患。

心理諮詢觀點

在父母的衝突和紛爭裡，均均無所適從不知如何是好，顯然的，他已經受到很深的影響。首先，身處在衝突緊張的父母關係中，他用自己在學校適應上的問題，試圖轉移父母衝突的焦點。當然，均均在意識層面並非有意這麼做，這種心理機轉是在潛意識下運作的。

家庭本應是充滿愛的堡壘，如果家中愛的流動順暢，孩子身處其中感到溫暖安全，身心發展自然健全；然而，如果愛的流動受到了阻礙，甚至衝突劇烈，脆弱的孩子想要幫助親愛的爸爸媽媽，卻無能為力，因此，只能以肉身擋車，用自己的身心狀況，來吸引爸媽的注意，以解緩爸媽的衝突。

在衝突緊張的父母關係中，孩子用自己的問題想挽救大局的良苦用心，後來卻成了夫妻（父母）相互指責的焦點，心理學界將其稱為「代罪羔羊」（scape goat）。事實上，問題不在孩子，關鍵在於夫妻雙方的溝通。

再者，均均長時間身處於父母極度衝突的氛圍下，由於需要求生存，在心理的潛意識層面，被迫選邊站，漸漸地出現了「內射作用」（introjection）的現象。本來，父母是賦予均均生命的人，也是他生命中的最重要他人，爸爸和媽媽的愛和連結，是他成長發展上不可或缺的養分，缺一不可。然而，爸爸和媽媽由於夫妻相關的議題，在法庭上、在實際生活上，吵得水火不容，似乎，要同時擁有

爸媽的愛，並自在地與爸媽相處，已經是不太可能的事情。於是，選邊站是他唯一的選擇，很顯然，媽媽因此成了他的唯一選擇。

由於要忠於賴以為生的媽媽，均均承接並認同了媽媽的想法、價值觀和情緒，進而內化為自己的看法和感覺，對爸爸表現出抗拒、害怕和怨恨的情緒。當然，這是均均假象的自我圖像，然而，如果長此以往，這個假象的自我將主宰均均未來的人生。

均均的心理和情緒發展已經處於危險的境地，如果要扭轉這個危機，以下可能是必須要走的路徑：

第一，爸媽需要覺察、面對、處理和放下他們在衝突的伴侶關係裡的情緒，為這個家庭的伴侶系統和親子系統之間，畫下有彈性且清楚的界線，以免讓伴侶關係的議題，影響了親子關係的建立與連結。

第二，理性地就孩子成長發展的需求，進行溝通，找到共識、達成協議，讓孩子自在地擁有兩個完整的家，而不是一個破碎的家庭。

法官觀點

一、法律訴求解析

接案後經研閱全卷，得知本件父母的離婚訴求，已經前審協助成立調解。本件是雙方對前審裁定子女親權部分，均表不服的抗告事件。

在前審進行階段，女方另有刑事略誘官司待結，男方則因家暴女方，被法院核發了通常保護令，女方因而取得了對兒子的暫時親權，就理所當然地把兒子帶回南部，加深了父子會面的難度。

綜觀本件的開庭筆錄與雙方的準備書狀內容所載，滿是攻擊與防衛的字眼，彼此的情緒至為高漲，立場極為對立。雙方都希望爭

取兒子的單獨親權，因而無所不用其極，甚至包括提起相關訴訟來詆毀對方，其目的無非想向法院證明對方是差勁的父母，自己才是適格的父母。更看到兒子夾在父母中間，非常辛苦為難。

看來雙方在原審所成立的離婚調解，好像沒有達到調解的功能，父母在成立離婚調解前，並未先就子女的親權部分達成協議，一旦離了婚，關係就不比以前了。父母在離婚前，如果沒有先行建立好合作父母的關係，難怪法院必須對子女的親權做出裁判。父母一旦對「離婚後，如何照顧子女」無法達到共識，對法院所做的裁判就很容易不服，需要繼續爭個是非與勝負。

二、法官審理方式

筆者在接獲此類前後涉案複雜、又彼此情緒高漲的事件，深知雙方原先所有的夫妻與為人父母間的關係，已在法院的各種訴訟中受到很大的衝擊與折騰，負面對立、攻擊防衛的心與日俱增；正向積極與平靜和諧的心，則有待提昇。

如何能使得雙方從戰鬥的當事人，轉化成子女親愛的父母，能在離婚後正視自己對子女的責任，而非繼續沉溺在怨偶中不能自拔，即是本件抗告法院所設定之目標，想努力完成的使命。

本件的法律訴求是未成年子女的親權歸屬，法院對此的做法有兩種方式，一則逕以裁判決定，另則協助父母成立調解。雖評估成立調解的困難度甚高，然仍期望在調解的歷程中，提供家庭成員相關專業服務，以協助探索這個家庭的生態環境與動力關係，確切瞭解雙方及子女在法律上的訴求與心理上的需求，並盡心盡力地協助父母，希望他們能夠體諒子女的需求，能落實子女有同等享有父母親情的機會。

在確立本件的審理目標首重轉換雙方的心態，從對立的當事人到合作父母後，即速定庭期儘快開庭，讓當事人感受到法院重視他們。

　　雙方在本件審理中，如遇有突發的暴力衝突事件時，筆者身為法官尤須謹慎瞭解發生暴力的原因，仔細調查是否具有權控本質，以及是否有繼續發生危險可能性等，確保被害人與子女的身心安全。否則，對於勢均力敵的雙方，即便發生衝突，致生肢體傷害，如無繼續發生危險的可能，亦不宜逕對一方遽發保護令，以免造成雙方關係更行惡化。

　　本件的父母未經法官邀請，即主動提出孩子想到庭表達意願。我也順勢邀請兒子到庭，旁邊還請有程序監理人相伴。我對到庭孩子的一向做法是：先關懷他，穩定他的心，並告訴他，因為我不住在他家，不知道他家中的狀況，很高興他能來告訴我。我會仔細的聽，不會讓他做證人，免得他為難。如果他講的內容不想讓他的父母知道，我聽到就好，不會記錄，請他放心。這樣一來，孩子原先緊張的心情因而放鬆很多，可以自在地表達他的想法。接著我就會把孩子介紹給程序監理人，由程序監理人與他深度會談，以瞭解他在家中的狀況與相關的各項需求。

　　程序監理人的功能：在與子女會談後，會分別與父母會談。主要的目的在於落實孩子在現實生活中的各項需求，包括親子關係的釐清與修復、子女扶養費用的給付、探視的聯絡與細節等。

　　程序監理人的收費：由於原審已選有程序監理人，但不為雙方所認許，為免重複繳交費用造成民怨，除非本件雙方能成立調解，由本庭所選任的程序監理人，經得同意，不另收取程序監理人的報酬。

三、結案成效分享

　　結案成效：即使明知本件暫時無法成立調解，在裁判前仍盡力提供諮詢與調解，解決裁判不能解決的困境。

　　接案之初，即知本件非常棘手。不僅女方的職涯與孩子的課業都處於不安定的狀態，亟待確定；雙方還有刑事略誘官司待結，凡

此都助長了雙方的情緒高漲、立場對立。雖雙方間的離婚是在原審成立調解，然彼此的關係並未因而好轉。反倒是認為他們已經離了婚，彼此就形同陌路，所以協助他們合作照顧兒子，就非常困難。

然而筆者還是一本初衷，盡力引領專業團隊協助他們成為合作父母。程序監理人非常盡心盡力，想盡各種方法，同理他們的受傷情緒，釐清他們的偏執思緒；時時提醒他們，現在是為了他們摯愛的兒子學習合作親職。同理他們為了兒子的心情，盡可能協助他們理性觀察、拋開情緒困擾，去看見兒子的需求。

在經過數次開庭，以及程序監理人數次分別與子女以及父母會談後，雙方對於如何照顧子女，有比較正確的認識，女方因此決定暫時放棄帶兒子出國任職與就學的打算。男方至少可以規律地探視兒子。

本件如果直接裁判，以辦案的時間與精力看來，確實較為省時省力，然而子女的最佳利益就會受到很大的挑戰。雖然本件暫時無法達到全面的共識，最後還是得以裁判結案，然而在法院的審理過程中，雙方有機會正確瞭解離婚後，需以合作方式照顧子女，較能符合子女與父母間的親情關係，減低子女成長發展的不利影響，這是本庭所最重視的結案成效。

溫馨小叮嚀

♥ 婚姻不和諧是很困擾人的，尤其是有年幼子女，在處理婚姻時增加許多困難。不過無論情緒有多麼惡劣，多麼憎恨對方，都應理性地遵循正常管道處理事情，因為正常管道是雙方可接受的方式。

☐「案情概述」、「專業觀點與策略」＆「溫馨小叮嚀」撰述者：陳瓊

- 一九五一年生，國立臺灣師範大學國文系畢業，曾任國中教師、組長、主任等
- 一九八七年公費赴美國俄亥俄州立大學（Columbus）進修獲教育碩士
- 一九九六年公費赴英國倫敦大學教育研究所專題研究
- 一九八六年通過臺灣省國中校長甄試，歷任南投縣鳳鳴國中、新北市林口國中、福營國中及福和國中校長
- 二〇〇七年八月退休，隨即開始學習家事調解專業知識，投入助人工作，在臺北地院、臺中地院從事家事調解，共 13 年
- 二〇一五年獲頒年度績優調解委員

媽媽的心・媽媽的願望

引言

「媽媽，妳聽我說……」、「媽媽，再給我一次機會」、「媽媽，妳不要這樣」、「我只差成功一小步」大兒子聲聲地叫著。

「我不想聽，我真的不想聽……」、「你搬走，我把房子租出去」、「我老了，我沒錢給你」，媽媽掩上耳朵，因為一次又一次聽多了相同的對話。

在母子間重複上演的劇情，無計可施的老人終於進入法院提出訴狀。老媽想什麼呢？兒子又怎麼說呢？

案情概述

一、老媽媽怎麼說

老媽媽坐在法院的長椅上，回想自己：今年已經七十多歲、近八十了。身分證上是二十七年次，其實她是二十三年次，從大陸到臺灣時弄錯了。

五十歲的那年，先生外遇，他們辦了離婚。三個兒子除了老大以外，老二老三分別唸到碩士、博士，工作也都很好，不用老媽操心。前幾年也曾邀老媽同住，那時她各方面情況還好，就沒去；兩個兒子後來也就不提了。

說起她這個大兒子，從小就是嘴巴甜、口才好。小時候兩個弟弟的壓歲錢時常騙到他的口袋裡。對他的老媽也是要錢的時候一個樣子，媽媽不肯的時候又一個樣子，令老媽很寒心！不想給他卻一次一次心軟地答應。

　　離婚時先生留下一間房子給老媽，算是補償她。那間房子地段好價值高、租金也高，但大兒子一直想創業，在大兒子的慫惠下賣掉，買了現在郊區山上的住房和另一間小套房。其餘的錢他拿去買兩輛小型的旅遊車，花掉兩百多萬，說是要做旅遊業。在網路上認識的女朋友小珍開一輛，他自己開一輛。

　　小珍對老媽媽也不錯，那次老媽媽膝關節手術後，都是她在照顧。她們兩個人因為受不了大兒子的性子，一老一少還租房在外面一起住了一些時候。後來小珍說要幫老媽媽把車賣掉，讓老媽有現金用，也不知怎麼回事，車子賣掉罰單仍然寄來，老媽還去繳了罰款。

　　老媽現在住在朋友家裡，不讓大兒子知道，因為怕他亂來、帶給朋友困擾。老媽媽是打算去住自費養老院的，等大兒子搬走後她要把房子出租，收來的租金去付養老院的開銷。

　　大兒子常常說要每月給她生活費，但通常只給一個月後就沒了，她這次打定主意不再信他。老媽媽已沒有多餘的錢給大兒子，但又擔心見他後又再心軟，所以決意不再見他。

二、大兒子這麼說

　　一心想要成功的大兒子，創業不容易，要的是本錢。

　　媽媽手上有錢，他出的點子都是為了賺更多的錢。誰知道時機都沒在他這邊，做什麼都不順利。做事業不順就算了，娶老婆也不順。第一任老婆生下一個女兒後就離他而去。第二任老婆又一樣，生了女兒後也跑人了。後來遇到工作夥伴小珍，在老媽耳邊說東說西，甚至把老媽也帶出去住，說服老媽把車子賣掉。後來幸好遇到現在的老婆，溫柔善良，對小女兒又好，這時候，大兒子想要媽媽回來一起住，老小三代共享天倫。但是老媽就是不要，還跑到法院聲請保護令，要兒子遠離她。兒子不禁感嘆：媽媽呀！我是妳兒子！我愛妳！我一直都是愛妳的呀！

三、個別諮詢

母：我真的是想離開我大兒子遠遠的，請法官保護我。他從小就很會說，這些年來口口聲聲說每月要給我多少多少的生活費，都是給一次之後就沒下文了。

我的老本也用得差不多了，總要留一點過生活。老來身體本弱，又患有乾眼症、牙病，雖有健保但也有自費要付的項目。現在我想入住養老院，有朋友住在裡面，環境很好。我已經登記，不要見大兒子，也不想他知道我的安排。

子：我媽總聽外人的話，相信外人。現在住在外面也不讓我找她，我是她兒子，我為她著想，可是她就是不聽我說。我媽是給過我錢，但是這次不一樣，這次我會成功，客人訂車子已經預約到下個月，我的車買來就是二手車，修繕費高，最近我都不敢去修，太貴了。

我希望媽媽讓我住在這個屋子裡，我努力接遊客賺錢，可以換部新車。仍然是一家人住在一起，讓我奉養她。她可以觀察我是不是真心的，我希望媽媽回來。

四、母子會談

兒子表達對母親的感恩與感謝，說出未來生活的遠景。也對以往媽媽對他的見解做出解釋。介紹現任的老婆的優點，希望媽媽常回來觀察觀察，等放心了就回來一起住，媳婦、小孫女都期盼著。

母親看見兒子，聽兒子的感謝與解釋。兒子說他會改——改做人的態度、做事情的態度。只求媽媽原諒他，不要不理他；媽媽可以觀察他是不是真心改過，希望媽媽相信後回來一起住。

老太太多次確認法院的效力，兒子確定是會給她生活費用，並且若有延遲，兩個月就要無條件搬離。此時老人願意再給兒子一次機會。

專業觀點與策略

一、見解

(1) 這位媽媽身旁有位長不大的兒子。媽媽最疼愛的兒子長不大，是為什麼？

(2) 兒子向媽媽表示：我改名、改跟媽媽姓，我是「妳的」兒子。妳的就是我的。兒子從不認為從母親手上拿自己所需，有什麼不對？

(3) 媽媽的老本所剩不多，媽媽心中恐慌。自知只要見到大兒子，聽幾句好話就心軟，見或不見好糾結。

(4) 大兒子再三聲明：「媽媽再信我一次，不要趕我走；這次會成功的，相信我。」

二、策略

(1) 母親的心是護子的心，不論兒子幾歲。同理母親的護子之心，那是「真愛」，不是「錯愛」。媽媽妳願意再愛兒子一次嗎？房子租給外人，那租給兒子好嗎？他不用搬家，安心地努力工作，拿出在外租房子的費用一萬五千元當做孝敬金。當然這些錢在外面租不到相同大小的房子，兒子知道那是媽媽疼他。媽媽的愛、母親的心，再次地護子，答應讓他一家人住著。

(2) 母親的擔心怎麼化解？以往的不好印象，擔心兒子再一次讓她失望。可是這次和以往不同：是在法院，立下了調解筆錄，兒子要是耍賴，是可以強制執行的。媽媽願意給兒子再一次的機會。

(3) 兒子也是近五十歲的人，不孝順就諸事不順，這些年來已得到驗證。不懂感恩的人，無論有多大的本領、多了不起的成就，都不算是健全的人。唯有帶著感恩的心，謝謝媽媽一路上的支持與愛護，未來真心誠意地侍奉母親，人生才會越走越順，心想事成。

(4) 古人有云「事親以得歡心為本」、「家有一老，如有一寶」。

兒子奉養母親天經地義，也是做榜樣給孫輩效法。

心理諮詢觀點

這對母子是幸運的，他們遇到了法官和調解委員。在法官及調解委員的協助下，老母親跟兒子各自滿足了其最重要的需求，達成瞭解彼此爭議的共識。

調解委員及法官提供機會，讓這對母子陳述自己的感覺、想法與主張，並且，進一步協助雙方澄清「你來法院，心裡想要的是什麼？」顯然地，如果從馬斯洛的需求論來看，八十歲的老媽媽最主要的需求是生理的需求（食、衣、住等生活的保障）和安全的需求（對自身安全、生活穩定以及免遭痛苦、騷擾等），五十歲兒子的需求有生理的需求（穩定的居住）、安全的需求（穩定的工作）和愛與隸屬的需求（與母親的連結）。

根據馬斯洛的理論，人們的行為背後總是帶著引發行為的不同動機。最初，他將此分類為五項需求動機。馬斯洛認為，人們的行為不外乎追求生理的需求、安全的需求、愛與隸屬的需求、尊重的需求和自我實現的需求。根據馬斯洛的說法，一般常人的需求樣貌，約略落在第一層至第四層的範圍（最下為第一層，最上為第五層），而最上層的自我實現需求，通常是在下面四層需求皆到達一定程度的穩定和高度，才有可能去實現的層級。從基本的生理（飲食）需求到尊重需求，是人們每日的必要需求。

看看故事中的兒子，經歷了兩段不順的婚姻之後，遇到了「比較理想」的太太，其核心家庭的情緒系統相對穩定下來；他的工作似乎也如婚姻那樣，經歷許多波折後，眼前，工作上似乎又有了希望。兒子雖然在婚姻上和工作上相對穩定下來，但是由於前面經歷的歷程，差不多耗盡了老媽媽的愛與資源。老媽媽的生計受到了威

脅，因此基於本能，採取了防衛措施，希望保住她暮年生活的老本。

在生理需求及安全需求動機的促發之下，老媽媽不再考慮與兒子愛的連結（我不要見他，也不要他知道我的安排），這是法庭當下媽媽的樣態。是不是馬斯洛五個階層理論中的各個理論無法共存兼顧，一定需要先滿足了低層次的需求（如生理）才能追求較高層次的需求（如愛與隸屬）？

非也。在基本的需求獲得某種程度的滿足之後，同樣可以兼顧其他的需求的。這對母子就在法官和調解委員的協助之下，聚焦對話，兒子滿足了生理及安全的需求之外，也能有機會與母同住侍奉媽媽，成全了他想孝順媽媽的心。老媽媽呢，當然也獲得了她生理需求和安全需求的保障，除此，她還能在日常生活中，能擁有子孫圍繞的溫暖。

因緣所致，法庭上的對話，為這個不是那麼富足的家庭帶來了春天。這個故事的結局是美好的，這個家庭是幸運的，因為這樣一個轉折，卡住的愛流動了，這股愛的活水滋潤著家庭裡的每一個人。

法官觀點

一、法律訴求解析

本件的聲請人是年長的母親，除希望法院對他的大兒子核發保護令以便將他趕出家門外，更行請求大兒子給付扶養費用，以利養老。大兒子滿懷著歉意，希望母親再給他最後一次機會，他會盡量配合母親的需求。

法院核發保護令是一件很嚴重的事情，需要合乎一定的法律要件始可核發。至於大兒子應否給付母親扶養費用，也需考量母親生活上的需求、雙方的經濟狀況，以及是否還有其他扶養義務人等而

定。看來聲請人想要達成的目的不是單靠這些法律上的救濟可獲解決，她究竟的目的與需求何在？是本件所關注的所在。

二、法官審理方式

本於我國家庭暴力防治法的立法目的，固在保護被害人權益，並防治家庭暴力行為，然其最終的目的則在促進家庭和諧。如何藉著審理此類事件的機會，既能保護權益、又可防治暴力、促進家庭和諧，則是筆者審理家庭暴力保護令事件的一貫原則。

筆者審理此類事件時，除依法在開庭時調查家庭暴力曾否發生？有否繼續發生的危險性？並再三重複諭知家庭暴力對家人的重大傷害，以及對家庭關係的嚴重破壞，必須即刻終止外，還採用了一種裁判以外的做法。

接到此案時，筆者就即刻定期，傳喚聲請人（即母親）及相對人（即她的大兒子）到庭表達意見。所看到的景象是：雖母親主張大兒子有時對他的態度不好，如果不滿他的意，他就擺臉色給她看，然迄今尚無發生言語或肢體上的暴力。詢問大兒子時，他也表示不敢、也未曾對母親施暴，只是希望母親相信他，再給他一次機會發展事業，他會好好孝順她，拜託母親不要趕他出門，他希望母親回家與他的小家庭共同生活，他們奉養母親。初看下來，似乎很難核發保護令，但筆者還是在開庭時諭知：「解決家務事需要好好溝通，切忌使用暴力。受暴者於受暴後，應即向法院求救求助，不能姑息，否則非但不能停止暴力，暴力還會變本加厲，直到最後難以收拾。」

為進一步瞭解雙方的家庭生態環境與權力動力關係，筆者即刻轉介了調解委員為他們提供心理諮詢專業服務，藉著同理情緒、釐清思緒，先提供各自抒發自己的委屈與想法後，再促進雙方正向溝通，以期達到兩全其美的共識。

經由委員耐心的啟發與引導，當母親殷切表達了對自身權益保

障的需求以及對兒子自給自足的期待後，兒子也對母親這些年來的關照表達了無盡的感恩，希望母親能給他一個改正與盡孝的機會。調解委員在體察母親的慈心以兒子的善意下，協助他們成立有法律保障的調解，雙方都很滿意。

當筆者再次開庭時，母子關係已大為改善，母親當庭撤回了保護令的聲請。筆者協助雙方成立以下內容的調解：兒子應於每月定時定額給付母親租金，如有違反即須無條件地自母親的住所搬遷。對於撤回聲請事件，我提醒他們，必要時仍可繼續聲請救濟。

三、結案成效分享

本件的結案成效不是在於法院是否核發了保護令或駁回了保護令的聲請，而是在於法院是以裁判外的方式，達到了保護權益、防治暴力，更促進了家庭的和諧。雖然本件初看似無家庭暴力情事，然如雙方的紛爭益形惡化時，任誰也不敢保證以後不會發生暴力？所以筆者藉由此件的審理，雖然並未核發保護令，但所提供的心理諮詢專業服務，一方面發揮了提醒兒子對母親的態度要格外注意的功效，另一方面，母親感受到法院與兒子對她的尊重，容易對兒子生起寬待之心。

經由法院的鼓勵與督促，本件的兒子既能繼續享用母親的房子，還能養成對母親守信盡孝的習慣，而母親則由於兒子的承諾有法律的保障，不會再落於空談，母親放心多了。母子的關係經由法院團隊的啟發、陪伴與引導，終能重修舊好，真是難能可貴，此為本件的辦案成效。

溫馨小叮嚀

♥「樹欲靜而風不止，子欲養而親不在」、「生前一粒豆，勝過死後拜豬頭」。長輩在世的時候，行孝要即時。

□「案情概述」、「專業觀點與策略」&「溫馨小叮嚀」撰述者：陸雪鈴

- 市立臺北大學教育研究所輔導組碩士
- 市立臺北大學特殊教育系學士
- 臺灣臺北地方法院家事法庭調解委員 12 年
- 新北市家庭教育中心輔導專線志工 12 年
- 中原大學師培中心兼任講師 8 年
- 國小輔導主任 15 年
- 國小特殊教育班教師 13 年
- 國小普通班教師 2 年

婚姻變奏曲——我的愛錯了嗎？

引言

在傳統的婚姻裡，沒有經濟能力的妻子，當發生衝突時，她能使用的武器可能就只有「一哭二鬧三上吊」；本篇的案主，就是落入到這個困局。

婚後罹患憂鬱症的毓秀，懷疑先生與女同事有不軌情事，她鬧到先生的職場；在乳癌開刀時，毓秀遲遲等不到先生的陪伴；女兒有癲癇，她必須獨立承擔就醫責任。面對生活的種種橫逆，「孤獨無助」的情形讓她有輕生的念頭。而她一連串非理性的行為，也經常讓孩子在睡夢中，被雙親爭吵聲驚醒……。這樣瀕臨瓦解的破碎家庭，如何在家事法庭調解委員手中峰迴路轉呢？

案情概述

深夜三點多，一輛賓士轎車停在警察局門口。車內的毓秀神情恍惚地打電話向生命線求救，自強則是氣急敗壞地在車外猛敲車窗。警察獲訊前來請他們進入警局說明原委，得知兩人衝突的原因後，警察協助他們各自向法院聲請保護令。

毓秀有很好的審美觀，對於美麗的事物情有獨鍾，因此大學畢業後選擇在珠寶公司任職，同時優渥的待遇也滿足了她的生活所需。每次看到情侶或夫妻來選購珠寶時，她的心裡總是羨慕著，憧憬美好恩愛的畫面能降臨到自己的身上。

天從人願，瀟灑的自強帶著媽媽來買珠寶，雖然穿著樸實，但是喜孜孜地為母親挑選的那份溫暖、貼心，讓毓秀感動，孝順的孩

子不會變壞，自強的舉止符合她心目中白馬王子的形象。當兩人眼神不經意地接觸，有觸電的感覺。望著母子離去的背影，毓秀已芳心默許。

自強大學畢業後就在建設公司上班，「穩健、踏實、認真」的工作態度贏得老闆的賞識，很快地升為主管，爾後工作更認真、接觸層面更廣，有更多的人脈，也學會投資理財，工作順利、財富增加讓自強頗有成就感。

遇見美麗的毓秀，自強毫不猶豫展開追求。「貌美、溫柔、有氣質」的女人是可以帶得出門的，對自己的事業一定有幫助！兩人因緣際會一見鍾情，約會時的浪漫都是自強精心安排，在山邊海涯留下兩人許許多多的足跡和甜美回憶。兩人都熱愛工作，愛情長跑十二年間，自強兩度被公司派駐國外。

決定結婚共組家庭時，從購屋裝潢設計、家具布置、婚宴設計、貴賓邀請、婚禮程序等，兩人一同用心規劃，期望未來美滿的生活。然而為了聘禮，毓秀的媽媽認為要有體面擺設，但不會收禮，自強的母親則擔心毓秀母親臨時變卦把聘金收走，兩位親家母有了爭執，毓秀感受到莫名的壓力，對結婚有了疑慮！但自強怎可能放下經營十二年的關係呢？最後他們還是步入禮堂完成婚禮。

蜜月之旅是他們最甜美的回憶，足跡遍及各地，看展覽、欣賞建築、巡禮古文明、聽歌看秀、享受美食，沉浸在兩人世界裡，彼此對未來的生活充滿了期盼。

毓秀貼心地遵從自強的要求，從職場退出以家庭為重，她常陪伴自強參加公司的聚會和慶祝活動，自強對毓秀大方得體的表現很滿意。

婚後毓秀生了一兒一女，丈夫的事業蒸蒸日上，毓秀對生活是滿意、滿足的。她把孩子和家庭張羅得有條有理，閒暇時和朋友逛珠寶店、享受美食、聽音樂會、看劇團表演等，生活愜意美好優遊

自在。

不幸的是，女兒六歲時確診癲癇症，時不時發作讓毓秀手忙腳亂，長期獨立承擔照顧和就醫的責任，毓秀感覺孤獨無助，原來優遊的社交生活受到影響，她開始感到空虛、寂寞，陷入不安的情緒中難以自拔，就診後確認罹患憂鬱症；糟糕的是憂鬱症尚未改善又發現乳癌，她承受的打擊難以言喻，住院開刀時，只有朋友的探視，看不到先生的身影，更讓毓秀傷心欲絕。她常悲從中來，望著天花板想：「婚前忠厚老實、體貼浪漫的情人到哪兒去了？」

婚後的自強變得事業心更重，只顧著賺錢，忽略了她和孩子的需求。他不斷地擴張投資版圖，雖然提供了優渥的物質生活，年終巨額分紅都存入毓秀的戶頭，也給了她一些股份，讓她有安全感，毓秀卻不斷擔心害怕，覺得自強承擔的投資風險將影響家人的安危，她希望先生不要再投資，先生卻說即使離婚也無法阻止他的投資。溝通無數次後，她決定捍衛守了十多年的婚姻——她要把先生拉回身邊——於是開始打電話檢舉公司違規。

自強得知後勃然大怒，叫囂道：「我每天辛苦工作，正當投資，為的是給你們衣食無憂的生活，我所有錢都交給妳掌管，讓妳加入股東，保證一切財務正當，這樣無厘頭三番兩次檢舉公司，不僅影響公司信譽，我還要疲於奔命的處理這些無謂的事，真的受夠了！」

夫妻關係由此更加惡化，毓秀開始懷疑自強與同事有不軌行為，有時會到公司鬧事。明知自強颱風天加班，卻報警說丈夫失蹤。即使擁有豪華賓士房車，享受富足的生活，心中總是失落、不安、惶恐。毓秀心想：「我渴望先生的陪伴，孩子的成長也需要爸爸的愛，在別人家是那麼容易的事，在我們家卻是那麼的困難？」她難過到無法呼吸、無法入眠，常在凌晨兩點，因睡不著就開車在外兜風！

　　面對毓秀一連串非理性的行為，自強即使再怎麼生氣，仍然每天安份地回家，每當他買個便當、坐上沙發椅，想邊看電視邊享用晚餐時，毓秀就開始碎碎念，讓他吃不安坐不穩，只好跑到陽台去吞雲吐霧，毓秀又窮追猛打，自強終於忍不住，於是抓起她兩人一起去撞牆。

　　更讓自強無法忍受的是：毓秀常在同事、鄰居、甚至孩子面前，數落他性無能。有一次，同事聚餐，正當大家開心談旅遊趣事時，她突然抱怨自強性無能，讓她飽受整夜乾瞪天花板寂寞之苦，自強羞愧又氣憤地心裡嘀咕著：「我們都生了二個小孩了，妳還取笑我性無能。」有一巴掌呼下去的衝動，但最後還是忍住了。

　　毓秀不斷地阻撓自強的投資事業，檢舉公司有不法行為，雖查無證據不起訴，但讓自強疲於奔命，也傷害公司的信譽；他不知認真賺錢養家有何不對？為何太太永遠不滿足、不體恤？自強深感這個家真的是待不下去了！

　　孩子經常在睡夢中被吵雜聲驚醒，聽到媽媽大吼：「你又去找外面的女人了，你真是性無能，我們離婚算了！」有一次竟然看到媽媽要跳樓，爸媽拉扯撞牆，兩個孩子嚇壞了，哭著告訴媽媽：「如果你跳樓，下一個跳樓的就是我們。」兒子甚至告訴媽媽不能那麼自私，即使要離婚也要等到他們二十多歲獨立之後。

　　自強決定離家別居，遠離混亂嘈雜的生活。雖然耳根清淨了，但回到家只能面對電視、面對牆壁、面對孤寂，婚前的「難道我的生活只有工作賺錢嗎？」這句話湧上心頭，想到妻子兒女的疏遠，不禁反省自問「到底哪裡做錯了？」、「除了賺錢外，我還能為他們做什麼呢？」

　　自從先生搬離後，毓秀每晚讓女兒陪伴自己同床共眠，但是她的情緒更加起伏不定，每天以淚洗面，朋友也遠離她，她常半夜開車出去兜風紓解情緒，打電話給生命線找人談話成了她情緒的出口

及安撫的鎮靜劑，生命線也把她列入關懷的對象。

有一次毓秀開車到大海邊，真想跳下去，突然想到孩子在家，才收回這念頭。毓秀不解，她是這麼愛先生，為了家人的安全，才會用檢舉手段阻止他不斷地擴張投資，為什麼先生仍無法回心轉意呢？他只知忙著賺錢，不瞭解妻兒想要的是愛和陪伴，毓秀自問真的嫁錯郎、選錯對象？

想著、想著，更加迷惘，又是一陣吶喊哭叫，女兒受到驚嚇，抱著媽媽一起痛哭。孩子承受不住每天面對母親哭哭啼啼、時常想自殺的壓力，只有放膽告訴老師尋求輔導協助，輔導處將之列入高風險家庭，召開輔導會議擬定輔導計畫。

最終，毓秀失控的情緒和行為讓她走投無路，她開車至警察局。自強聞訊趕來，在警員的協助下兩人同時聲請保護令；移至法院審理，承審法官安排諮詢，並諭令兩人赴醫院身心科接受諮商，也要求子女到庭接受諮詢。

專業觀點與策略

這個聲請保護令的案件，依規定不能調解。由於女方罹患憂鬱症，情緒高漲，有脫序的行為，有必要給予協助，法官指派兩位調解委員協助，以諮詢兼採個別面談和雙方會談交互進行，目的在安撫兩造情緒並釐清案情，從而協助修復關係。

諮詢時，毓秀的情緒起伏大，忽而歡笑、忽而氣憤，有時又有點緊張。運用傾聽、同理、提問、建議等技巧，肯定她努力用心經營家庭、照顧兒女的辛勞及面對憂鬱症、癌症的勇敢。當毓秀情緒較穩定時，進而幫助她思考並澄清自己捍衛婚姻的做法，指責丈夫性無能和檢舉公司違法，這行為是否恰當？為什麼沒有效果？

自強是一個傳統的男人，服膺「男主外、女主內」的原則，認

為賺錢養家，提供妻兒優裕生活是自己的責任，家內的事就是太太的責任，他認為自己非常盡責，努力完成丈夫和父親的職責，他不理解妻子的想法和需求，也忽略了家中發生的任何事件是需要夫妻共同面對和承擔。他無視女兒和毓秀的病痛，以致造成與子女間的疏離，也讓毓秀採取更激烈的手段捍衛婚姻。

在為人夫、為人父的角色功能上，自強需要學習，毓秀不清楚這一點，無法給自強需要的協助，她被自己的情緒淹沒了，也淹沒了丈夫，反制的方式傷害丈夫的尊嚴和地位，更限縮了愛的能量，讓兩人同步走入絕境。

承審法官安排兩造前往醫療院所做婚姻諮商，並要求子女到庭，傾聽他們的聲音，孩子的陳述讓兩造的盲點與互動更具體呈現完整的面貌。毓秀和自強接受心理諮商時，二人情緒失控，自強毫不保留地傾訴隱忍十多年的苦楚，此舉導致毓秀當天晚上情緒大爆發，讓孩子錯愕；表面上看起來諮商沒有好的效果，其實自強的情緒得以宣洩，毓秀也能直接面對丈夫的苦痛，瞭解丈夫的苦痛不亞於自己。

孩子在法庭的真心告白警醒了父母，激發父母的反省。審理過程中，兒子因車禍送醫院急診，毓秀和自強趕到醫院時，兒子清醒後向爸媽說：「你們一起撞牆、媽媽跳樓讓我嚇呆了；你們不停地吵架讓我很厭煩，我很想撞車死掉，要不然我就離家出走，我不想再看到你們，我受不了了。」這番話讓自強和毓秀震驚惶恐，呆坐在那兒久久說不出話來。這是他們第一次共同陪伴照顧孩子，雖然有擔心，但兩人在一起突然覺得有了力量，一股愛的暖流湧上心頭。彼此真誠地道出自己的需求，雙方都願意調整、重新出發。

在經歷這些事件後，毓秀總算明白先生要的是一位溫柔的太太。毓秀承諾自強搬回家後，不再碎碎念、不會去檢舉、也不會再做無謂的批評了，毓秀的「我和兩個孩子需要你，需要你的愛和陪

伴」讓自強願意撤回告訴，並承諾「讓我做一個有尊嚴的丈夫和爸爸，我就有能力愛你們。」最後一次諮詢結束，毓秀和自強輕鬆自在，帶著笑容離開法庭，真是一幅美麗的畫作！

這是成功的案例，經過多次諮詢和法官耐心的開導，幾經轉折終於結成善果，本案中二個孩子是家暴目睹兒，女兒成為母親的情緒伴侶，受傷、受害頗深，母子女聯盟更撕裂了父親與子女的親情。透過夫妻系統的改善，應該能撫平孩子的創傷，重新建立自強與孩子的連結；由於毓秀和自強感情基礎深厚，雙方都認真負責地面對婚姻家庭，在澄清彼此的誤會和盲點後，關係快速修復。

心理諮詢觀點

愛沒有錯，是愛卡住了；愛沒有錯，問題出在伴侶溝通上對愛的需求與傳達方式需要調整。毓秀與自強這對伴侶，明明有愛，為何走進了家事法庭，聲請保護令？是溝通出了問題，是愛卡住了。

故事中，可以看到這對伴侶的互動，充滿著埋怨的情緒，持續情緒性的埋怨充滿著攻擊，這個暴力的現象尤其在毓秀身上非常明顯。

事實上，當人們指責別人的時候，其實是在表達傷心與痛苦。傷心與痛苦的表達化成了指責，感受和需求的表達成了暴力，這在有深度情緒糾葛的伴侶關係中尤其常見。那麼，有沒有比較有效的溝通方法？有的，非暴力溝通就是一個有效的模式，這個有效的溝通模式是美國心理學家 Marshall B. Rosenberg 博士所創立的「非暴力溝通」，其目的是希望增進人與人之間、以及自己對自己的愛。這個方法值得這對伴侶參考。

伴侶之間，運用這種非暴力溝通有四個重要的關鍵步驟，這四個步驟可以協助伴侶客觀地接受對方與自己，也就是，看到自己、

看到對方。這四個步驟是：觀察、感受、需要、請求。

第一個步驟是觀察，不是「評論」。在溝通時，應盡可能如實地傳達事實，而不是主觀評價，尤其親密如伴侶，更應先存而不論。譬如，這個故事中，毓秀說「你又去找外面的女人了，你真是性無能，我們離婚算了」，這是評論，而且還是帶著情緒的評論。面對毓秀的情緒性指責，自強心裡嘀咕著：「我們都生了二個小孩了，妳還取笑我性無能」（雖然沒有說出口，內在對話是如此進行）雙方展開的就不是溝通，而是吵架了。

第二個步驟是感受。前面陳述客觀事實後，接下來就是盡可能清楚地覺察自己當下的感受以及試著體會對方的感受，這是一種慈悲（compassion）、同理心（empathy）的展現。譬如，也許毓秀可以說「我感受到被忽視」，而自強面對毓秀的指責時可以回應「我感到不被尊重」，這兩句話都是以我為主體的「我訊息（I message）」表達方式，不會讓對方有被否定、被攻擊的感覺。

第三個步驟是需要。非暴力溝通認為「需要」（needs）是普世的、是自然的、是再正當也不過的。需求理論大師馬斯洛也主張，每個人都想要滿足需要，滿足生理、安全、愛與隸屬、尊重和自我實現等需要。我們不要責備自己或他人想要滿足需要，我們應該肯定彼此的需要。基於上述觀點，探索、確認及看到彼此的需求是重要的課題。

第四個步驟是請求。確認了彼此的需求之後，就是提出他們的「明確請求」。明確地告訴對方，彼此進行對話，找出滿足各自需要的方式，為此共同找出解決問題的策略。譬如，毓秀可以直接表達：「我需要你的陪伴。」自強可以回應並表達：「妳的需求我聽到了，我也需要妳的尊重。」

非暴力溝通是一個有效的自我溝通與人際溝通的方式，但是這種能力比較屬於「知易行難」，需要透過不斷地反覆練習，才有可

能熟練而自然地運用。如果毓秀和自強可以朝這樣的方式練習溝通，相信伴侶關係會漸入佳境，婚姻會越加幸福美滿。

毓秀和自強有幸，得到調解委員和法官的引導和協助，看到對方看到愛。對話時，從正向而善意的方式切入，彼此放下相互防衛指責的手，擁抱對方，讓愛流動。因為有愛，這對伴侶得以重建連結，因為有愛，這對伴侶及子女的生命變得更加圓滿而有意義。

法官觀點

一、法律訴求解析

本件從事件表面看來，是夫妻間偶發的肢體暴力衝突事件，訴求看似單純，背後卻涵蓋了這個家庭中的男女主人，因長期溝通不良、相互猜忌，以致家庭陷於瀕臨崩潰的生命故事。

法院通常的做法，就是單純審理保護令事件，或由法官准許雙方的聲請，對雙方核發通常保護令，或由法官駁回雙方的聲請，不會對雙方核發保護令。

二、法官審理方式

參酌我國家庭暴力防治法的立法目的，固在保護被害人權益，並防治家庭暴力行為，然其最終的目的在促進家庭和諧。如何藉著審理此類事件的機會，在保護權益、防治暴力之下，更能促進家庭和諧，則是作者審理家庭暴力保護令事件的一貫原則。

接到此案時，筆者即刻定下日期傳喚妻子和丈夫同時到庭表達意見。當天的調查狀況，發現夫妻確因溝通不良，兩人發生肢體上的衝突，彼此都有責任。看到夫妻關係還很緊繃，以後是否可能再次爆發肢體衝突，任誰也不敢保證。

如果只為求得心安，筆者大可核發保護令結案給雙方一個教訓。如此一來，夫妻關係依然如昔，很難改變。若以裁定駁回雙方

的保護令聲請，雙方的困境依然無法解決。因此，不論核發保護令與否，或可保護權益、防治暴力，然對調整夫妻互動關係、改善親子關係、促進家庭和諧，都無所助益。筆者因而採用了裁判以外的做法。

筆者在開庭時諭知：「解決家務事需要好好溝通，不能使用暴力。法官從現在開始監督你們，請你們自制，此後如有類似事情發生，應馬上報告法院，我就儘速審理核發保護令。在我決定是否核發保護令之前，先轉介調解委員，為你們提供心理諮詢服務，讓大家說說自己的委屈與想法，在此之後，我再決定是否核發保護令」。

夫妻二人為想得到法院對自己最有利的處置，會盡力配合法院的要求。一則會小心防範避免發生衝突，二則在心理諮詢的過程中，接受諮詢人員的引導，可以漸次學習相關的人際溝通方式，可以修整夫妻關係。我還特地要求他們偕同孩子到院參與諮詢，果真，孩子所發揮的能量，感動了父母長久以來封閉的心，整個家庭的生態與動力趨向良善的改變。

當我再次開庭時，這一家人已在法院接受過數次的心理諮詢專業服務，在此期間夫妻不僅沒有繼續發生任何暴力衝突，甚且還因此次的危機，冰釋了彼此間長久以來的誤會，彼此的善意可以互通，親子關係也可漸次修復。雙方都撤回了本件保護令的聲請。對於撤回聲請事件，我都提醒他們，必要時仍可繼續聲請救濟。

三、結案成效分享

本件的結案成效不在於法院是否核發了保護令，而是在於法院以裁判以外的方式，達到了保護權益、防治暴力，更促進了家庭的和諧。

對於本件，法院如果只從家人間發生肢體衝突的表面，調查是否有家庭暴力情事？評估是否有繼續發生的危險？而逕行裁定是否核發保護令者，則結案較速也無需承擔風險。然而，以本件為

例，此法或可保護權益、防治暴力，然對修復夫妻關係，促進家庭和諧，就是雪上加霜，遙不可期。

筆者所採所用的這種裁判以外的做法，就是在審理此類事件時，除依法在開庭時調查家庭暴力曾否發生？有否繼續發生的危險性？並再三重複諭知家庭暴力對家人的傷害，以及對家庭關係的嚴重破壞，必須即刻終止外，儘快把這一家人交付給具有防治家庭暴力專業的調解委員，為他們提供數次的心理諮詢專業服務，以期達到保護安全、防治暴力，又能促進家庭和諧的成果。

溫馨小叮嚀

♥ 孩子必須在愛的家庭中，才能健康的成長，和諧的婚姻正是愛的安穩力量。

♥ 唯有夫妻真誠溝通，具體說出彼此真正的需求，轉化為行動，才能化解危機。

♥ 本案中「孩子的真心告白和行動」，可說是給父母震撼的一課。

🗖「案情概述」、「專業觀點與策略」&「溫馨小叮嚀」撰述者：曾秀蓮
- 臺灣臺北地方法院家事法庭調解委員 11 年
- 新北市家庭教育中心輔導員，協助婚姻教育、家庭教育帶領及推動共計 12 年
- 國立臺北教育大學 40 學分班輔導組
- 國小教師、組長、主任、校長，年資共計 38 年

無法退讓的願望

引言

家，是孕育生命的堡壘，是生命成長、延續的立基點，是家人共同
構築悲歡離合的聚點；無論空間大、小，每個家人都要有各自自
在、安適的生活空間，身心靈才能得到健康的發展，肩負起各自生
命的意義……。

案情概述

素娟身材高䠷纖細，皮膚白皙，五官清秀；雖已年近半百，臉
上堆滿滄桑和憔悴，仍掩不住秀麗的氣質。

結婚二十年來，素娟為了兩個孩子，總是忍耐著阿財的粗暴和
浪蕩，苦撐著家……。這次因為阿財故意放任點燃的瓦斯爐猛烈燃
燒，差點釀成火災，還兇狠地打她，她嚇得逃命到警局，才會到法
院來。

素娟端坐在調解室的沙發上進行諮詢時，難掩萬般的無奈和痛
楚，疲累地訴說著她痛苦的婚姻生活。她從小生長在家境富足的書
香門第世家，父親是博學謙恭的仕紳，母親賢淑溫柔，可惜早逝，
素娟有兩個哥哥，沒有姊妹，是家中的掌上明珠，生性乖巧樸實，
個性溫柔，很被疼愛。

大學畢業後，素娟順利進入知名企業任職。有次高中同學邀請
她，一起去朋友的別墅參加耶誕晚會，當晚住在同學的朋友家。半
夜，阿財在她熟睡中偷偷闖進房間強暴她。向來，素娟只會乖乖用
功讀書，從未與異性交往過，突然遇到這種事，素娟嚇到不知所

措，也不敢告訴任何人。

回到家，素娟繼續照常生活、上班，希望忘掉那件令她感到羞恥的事，阿財卻打聽到她上班的地方，每天都去找她。素娟明知阿財是行為不檢點的人，但母親在她高一時過世，加上無姊妹可以商量，面對阿財的糾纏，素娟不知如何因應。

然而命運捉弄，素娟發現懷孕了！在不敢亦不知如何求援之下，只好跟死纏著她的阿財結婚。阿財家庭背景和素娟截然不同。據說，阿財的祖父經營當鋪，全盛時期有三棟房子；他父親接手時還兼做地下錢莊。阿財的父親雄心勃勃、霸氣十足，但不擅經營卻愛喝酒、豪賭，最後輸掉所有房產，小有規模的當鋪也關門大吉。

阿財是家中獨子，有兩個姊姊，小時家境富裕，很被寵愛，常在員工和來往的客人中被吹捧。脾氣驕縱暴躁的阿財，學生時，常因小事情打架鬧事，儼然像個小霸王，國中就學會抽菸、喝酒、賭博，出社會後吃喝嫖賭樣樣行，完全拷貝了他父親的浪蕩行徑。

阿財高職畢業那年家道中落，一生飽受父親拳腳和三字經摧殘的母親，也在那年冬天病逝。阿財沒再升學。服完兵役後當過送貨員、保險公司業務員、房屋仲介等；結婚時，在製鞋工廠當領班。

素娟與阿財婚後兩年內，女兒郁蓁、兒子啟明相繼出生，阿財雖已身為人父，仍是一副霸道、暴躁、放蕩的作風，毫無家庭責任，素娟認命地獨自負起家計重擔，卻又凡事都要聽命於阿財。

素娟是上班族，女兒郁蓁和兒子啟明嬰幼兒時，白天都託保母照顧，逢年過節素娟很想送禮物給保母，都要經過阿財同意。有一年中秋節，剛好有人送了一些禮物到家，她拿一份打算要送給保母，就被阿財當場狠狠打一頓，表示禮物要留著送給他的姊姊，不准送別人。從那次起，為了怕被打，素娟與阿財相處時，即使被無理辱罵總是忍氣吞聲。

吃定了素娟的阿財，婚後像脫韁的野馬，紈綺放蕩的心態變本

加厲，不務正業，常半夜醉醺醺地進家門，然後把燈全開，故意把電視開到最大聲，希望吵醒大家。女兒郁蓁、兒子啟明都已就讀大學，至今仍無法忘掉那種恐怖卻又壓抑、不安的感覺。

因為阿財這種粗暴的個性，兩姊弟在嬰幼兒時就飽受驚嚇，每次遇到阿財火爆的行徑，素娟只能強忍著心中的恐懼，緊摟著他們，保護他們。這種場景，幾乎天天上演，等孩子漸漸長大，上幼稚園時，為了避免觸怒阿財引起更大風波，素娟總是叫女兒郁蓁和兒子啟明，跟她一樣，盡量忍耐。

素娟結婚的時候，父親送她兩百萬現金，要給她買房子，因阿財反對，所以沒買，她把父親給的那筆錢放在銀行定存。素娟的公公知道後要她拿出那筆現金，她不肯，公公竟動手打她，打了後還馬上打電話去給素娟的父親，對著親家說：「有錢的女兒有什麼了不起，我剛剛就打了妳女兒」，當晚素娟的父親叫她大哥去慰問她，素娟不敢下樓，大哥也無法上樓，只好悻悻然地離去……。素娟的公公雖已往生多年，每次回想起來，素娟的心頭仍感到萬分酸楚。

喜愛享樂又好賭的阿財，簽樂透、賭博，贏錢沒素娟的份，每次賭輸回到家就飆三字經、摔東西，借題罵人，逼素娟要錢，把她當成恣意發洩的出氣筒和提款機。

後來素娟用當年陪嫁的那筆兩百萬元定存，加上向她大哥借的一百萬元，貸款買下現在住的房子，每個月的房貸、家用和孩子的學費，都是素娟省吃儉用，認真兼差，獨自扛起龐大的開銷。

二十年的婚姻生活，阿財幾乎沒在家吃過晚飯。長久以來素娟處在飽受欺壓和威脅的不安中，還是認真地扮演賢妻慈母的角色，為了拉近阿財和兒女之間的感情，素娟要求兩個孩子假日不要和同學約，並常安排全家一起出去玩，孩子也很聽話，勉強一起外出，但都不跟阿財走在一起。

兩個孩子從小就很貼心、懂事，讀書也很用功，不負素娟的期

望，都讀公立學校，領獎學金，讓素娟減輕很多負擔，但兩個孩子都很怕脾氣爆躁的阿財，不願跟阿財說話，也不接阿財的電話。

孩子已經長大了，常怪素娟太軟弱、太讓步，對於阿財的放蕩作風，兩個孩子都十分氣憤，上了大學後即建議素娟跟阿財離婚，叫素娟不要再忍耐阿財的行為。有一次，阿財為了要錢，去素娟上班的地方鬧，原本就較內向膽怯的兒子啟明知道後，非常害怕，常擔心以後他和姊姊出社會工作，如果阿財找黑道去鬧他們，他們要怎麼辦？兒子啟明從小因經常看到阿財恐嚇威脅素娟的行為，長期的壓抑，常失眠，心跳緩慢，曾有幾次在學校因心跳幾乎停止，送去急診。

素娟熬不過阿財的糾纏，曾信貸八十萬元幫他還賭債，然而習慣酒肉人生，一再以債養債、到處借錢的阿財，行事作風並未因此有所收斂，不到半年又積欠很多卡債和銀行貸款，每月光付利息就要兩萬多元。

信用破產借貸無門，遭到公司裁員的阿財，不顧房貸還有將近四百五十萬元，再次逼著素娟，要求她一定要去辦理二次房貸或再信貸一百八十萬元幫他還清債務。

長期為了維持家計已心力交瘁的素娟，最大的願望是能為兒女留下房子，讓他們有安定的家。素娟的承受已經到了極限，阿財的要求，素娟當然無法成全、如他所願。

女兒國小一年級時，素娟就因心律不整經常感到胸悶，多年來，一直擔心她自己心臟病發，突然走了，房子如果被阿財變賣或一再貸款，有可能被查封拍賣掉，兩個孩子將無棲身之處。

素娟斷然拒絕阿財的要求，希望阿財以開源節流的方法還錢，建議阿財賣掉車子和停車位，找工作賺錢，分期還款斬斷債務，阿財根本不理會。

素娟為保全房子，主張先辦理夫妻財產分開登記，等兒子啟明

和女兒郁蓁都成年後，把房子登記給兩個孩子；阿財認為辦理夫妻財產分開登記後他將一無所有，強烈反對。為了守住將來要給兒女的棲身之處，素娟也抵死不從，堅決捍衛著這個無法退讓的願望。

債務的壓力日漸加劇，阿財更加抱怨素娟，常故意利用素娟上班，孩子上學，母子三人都不在家時，將家中的電視、電燈、瓦斯、水籠頭、冷氣全部打開，還故意把遙控器藏起來或帶出去，並在半夜故意砸壞傢俱，發洩心中的不滿。

半年多來素娟家裡的瓦斯費每次都由原來三百多元，飆到四、五仟元，水電費也增加好幾倍。素娟非常無奈，每天上班時拜託社區管理員，請管理員等阿財出門後，從外面把她家裡的電源和水源關掉，但管理員無法進去屋內關瓦斯，素娟每天上班都提心吊膽，擔心家裡如發生火災會波及鄰居，管理員也都被嚇得半死。

就在農曆年前的一個晚上，素娟加班後回家，一開門，就看到阿財在家喝酒、抽菸，滿間屋子都是煙，還聞到酒味，瓦斯爐上還冒著熊熊火焰，素娟嚇了一跳，問他為什麼要這樣？阿財邊回答：「我故意的，我還要繼續做。」一邊驅前凶狠地打她、推她。素娟嚇得衝出門外去報警，當天在警察的保護下，帶著簡單衣物匆忙離家，女兒和兒子也跟著她走。

素娟自認為在結婚那一年她就已經死了，早看開了，之所以忍氣吞聲，不敢和阿財起爭執，是怕夫妻吵架會影響孩子；曾想過要離婚，但想到兩個無辜的孩子，只好忍耐，長久以來，忍耐阿財的放蕩、粗暴行徑，完全為了讓孩子能專心學業。

經過調解委員三次耐心會談及社工人員的介入，進行諮詢會談這段期間，阿財的情緒一次比一次更加穩定，阿財看到素娟對他的忍讓，以及奉獻家庭、守護子女的愛心與辛勞，也感受到妻兒長期以來對他的隱忍，只要他改變自己的生活模式，按照素娟的建議，他的債務是可以靠他自己的能力還清，一再逼迫素娟拿房子去辦理

二貸幫他還債，不是解決問題的好方法。

會談期間，素娟因為阿財的行為有所改善，對她和孩子的態度也有改變，素娟決定撤回聲請保護令，為了守護留給兒女的家，她願意接納阿財，繼續捍衛著她那個無法退讓的願望。

專業觀點與策略

(1) 素娟一再地忍讓，助長了阿財的目中無人和我行我素，變本加厲。

(2) 個別會談時，耐心傾聽阿財和素娟心中的不滿和委屈，引導雙方自我覺察與反思，進而看清產生不滿和委屈的因果關係，協助雙方探討改變現況的方法和可行性。

(3) 雙方會談時，請阿財和素娟互相尊重，看著對方說話，各自分享家庭成長背景帶給他們的影響。

(4) 請阿財和素娟說出對女兒和兒子的期望，以及對家庭功能的期望，促進夫妻同心協力，和諧走未來的路。

心理諮詢觀點

看著這個家庭的生命故事，不免讓人感到好奇，這個家庭現在的情況如何？從心理發展的角度來看，阿財一輩子長成的我行我素性格，要能有大的改變，是有相當大的挑戰。

故事的圖像中，阿財是個加害人，家庭經歷的傷害或辛苦之處顯然是阿財所造成，因為他霸道暴躁、我行我素，吃喝嫖賭樣樣都來，完全不顧及他人的需求。因為表徵如此明顯，在法官和調解委員的協助下，阿財也知理虧，所以，他表現出「知錯能改」的調整，這個家庭暫時解除了眼前的危機。

　　然而，這個家庭的生命故事就能夠如此一帆風順地發展下去嗎？只要深思便可看見，這背後還有不小的問號。因為，夫妻間的權力平衡與控制，像在跳探戈，步法緊緊相扣，彼此引領，這個家庭如果沒有素娟的搭配，如何舞出今日的圖像？

　　常聽人說，可憐之人必有可恨之處。綜觀這個失序家庭的牽連糾葛事件持續地重複發生，這裡面也有素娟扮演的角色。正如調解委員和法官都提到的共同觀點：素娟的一再隱忍，助長了阿財的暴力，在長期被施暴卻沒有請求法律救濟的情況下，讓子女的身心受到深遠的影響。

　　表面上，素娟這位受害者受盡了苦，處處委曲求全，如果深究，她實在有不少需要澄清與被挑戰之處。例如，就像故事中所呈現的，素娟婚前遭阿財強暴懷孕，被「迫」與阿財結婚，被誰所迫？是她自己？或者是他？

　　另外，素娟自認為在結婚那一年她就已經死了，早看開了，之所以忍氣吞聲不敢和阿財起爭執，是怕夫妻吵架會影響孩子。為什麼不結束這段婚姻以保護孩子呢？素娟也曾想過要離婚，但想到兩個無辜的孩子，只好忍耐。實際上，兩個孩子並沒有因此受到健全的照顧和發展，反而身心受到巨大的影響（如兒子長期壓抑、失眠、心跳緩慢）。

　　在這些場景裡，看到素娟以迴避和遷就方式面對阿財的暴力對待。迴避方式是當作沒有衝突而不做處理，以這樣的方式面對另一方的情緒，致使衝突情況日久而惡化。遷就方式是遷就對方息事寧人，自己妥協，在這個模式裡，素娟試著先滿足阿財的慾望與目的，卻致使衝突惡化，結果進一步產生內在的衝突。這種系統中，多面向的動力交互作用之下，家庭裡的每一個人肯定受到衝擊。

　　也許，素娟主觀的認知上，認為委曲求全是為了孩子的成長發展考量，或者，面對囂張的阿財，她缺乏勇氣清楚說出自己的主

張，而選擇逃避。不管如何，這夫妻伴侶之間的情緒糾結，如果不自己面對，並在夫妻系統與親子系統之間畫上清楚的界限，在系統動力的作用下，稚嫩的孩子基於愛，會挺身而出為母承擔，看到母親承受的痛苦，他們的心靈會說著：「我代替你承受痛苦。」所以，天下愛子女的父母們，要當心哪！

法官觀點

一、法律訴求解析

　　法院對於通常保護令聲請事件的做法，就是單純審理保護令事項，對於施暴者為准、否核發通常保護令後結案。本件從事件表面看來，是夫對妻的長期施暴事件，訴求看似單純，然其背後實涵蓋了被害人對丈夫施暴不敢求助，致使整個家庭長時間經歷失序而苟延殘喘的生命故事。法院單若只單純核發保護令，似乎無法協助他們跳脫此項困境。

二、法官審理方式

　　本於我國家庭暴力防治法的立法目的，固在保護被害人權益，並防治家庭暴力行為，然其最終的目的則在促進家庭和諧。如何藉著審理此類事件的機會，既能保護權益，又可防治暴力之下，促進家庭和諧，則是筆者審理家庭暴力保護令事件的一貫原則。

　　筆者審理此類事件時，除依法在開庭時調查家庭暴力曾否發生？有否繼續發生的危險性？並再三重複諭知家庭暴力對家人的重大傷害，以及對家庭關係的嚴重破壞，必須即刻終止外，還採用了一種裁判以外的做法。

　　接到此案時，就即刻定期傳喚妻子、丈夫，以及子女們到庭表達意見。所看到的景象是：丈夫對於妻子所主張的長期受暴事實並未爭執，筆者就嚴重警告他：「以你長期以來對妻子的家庭暴力行

為，是嚴重的犯罪。目前在家中任意砸壞傢俱、亂開瓦斯有危害公共危險的嫌疑，是犯罪，法官可以移送偵查法辦。法官也可以馬上核發保護令，命令你從現在的住所中遷出。你有什麼想法？」他表示以往是他不對，他非常慚愧，希望法官給他一個改過的機會。他表示對不起妻子與孩子。

在旁的妻子連忙表達，請法官給他一個改過向善的機會，孩子們也表態同意。筆者因而採用了以下裁判以外的做法：

在開庭時諭知：「解決家務事需要好好溝通，切忌使用暴力。受暴者於受暴後，應即向法院求救求助，不能姑息，否則非但不能停止暴力，暴力還會變本加厲，直到最後難以收拾。法官從現在開始監督你們，請你們自制，此後如有類似事情發生，應馬上報告法院，我就馬上核發保護令。在我是否核發保護令之前，先轉介調解委員，為你們提供心理諮詢服務，讓大家說說自己的委屈與想法，在此之後，我再決定是否核發保護令。」筆者也邀請兩位子女加入諮詢。

本件的加害人為想得到法院對自己較好的處置，就會盡力配合法院的要求。一則會小心防範避免發生衝突，二則在心理諮詢的過程中，接受諮詢人員的引導，可以漸次學習如何尊重家人，如何使用非暴力的人際溝通方式，可以修整夫妻與親子關係。

當筆者再次開庭時，這一家人已因此次的危機，大家可以和平相處，相互溝通，妻子撤回了保護令的聲請。對於撤回聲請事件，我都提醒他們，必要時仍可繼續聲請救濟。

三、結案成效分享

本件的結案成效不在於法院是否核發了保護令，而是在於法院以裁判以外的方式，達到了保護權益、防治暴力，更促進了家庭的和諧。

經筆者調查本件是有家庭暴力情事，如情勢依然，有繼續發生

暴力的危險，筆者大可逕行裁定核發保護令後，迅速結案，也無需承擔風險。然而，筆者所採所用的這種裁判以外的做法，就是對於即使可以核發保護令的事件，使他們在法院的監督下，清楚認知家庭暴力對家人的重大傷害，以及對家庭關係的嚴重破壞，必須即刻終止，並儘快把這一家人交付給具有防治家庭暴力專業的諮詢委員，為他們提供數次的心理諮詢專業服務，啟發他們改變以往之所以發生溝通不良，因而致生衝突的觀念或想法，以期達到保護安全、防治暴力，又能促進家庭和諧的成果。

再次開庭時，這一家人已在法院接受過數次心理諮詢專業服務，在此期間不僅沒有繼續發生任何暴力衝突，甚且還因此次的危機，施暴者學習了如何以非暴力的方式與家人溝通，家人的善意可以互通，親子關係也可漸次修復。妻子撤回了本件保護令的聲請。

溫馨小叮嚀

♥ 人生苦短，一步錯了，應該即時調整。守護孩子、經營家庭，不是只有忍耐和慈愛而已，應該加上智慧和勇氣——辨別是非善惡與正確抉擇的智慧，懂得拒絕不仁不義，捍衛、對抗邪惡的勇氣。

♥ 「逆來順受」往往會姑息養惡、助紂為虐，成為助長「惡」的幫兇，所謂陷人於不義是也，而且會波及無辜，影響子女身心成長和處事的態度，以及人際關係的發展。不可不慎。

♥ 夫妻相處，難免會有衝突或不順遂的時候，為了建構安康的家庭，夫妻應該秉持愛和包容，是互相學習、互相磨練的夥伴，共同為家庭的幸福和孩子的未來同心協力而努力。

☐「案情概述」、「專業觀點與策略」&「溫馨小叮嚀」撰述者：廖克能

學歷：東吳大學法律系

經歷：

- 高中教師
- 臺灣臺北地方法院學習書記官
- 產物保險公司經理、主秘
- 臺灣臺北地方法院調解委員
- 臺灣高等法院調解委員

國家圖書館出版品預行編目資料

家事法庭裡的春天/彭南元編著.-- 初版.-- 臺北市:啟示出版:英屬蓋
曼群島商家庭傳媒股份有限公司城邦分公司發行, 2021.07
面;公分. --(Talent系列;51)

ISBN 978-986-06390-7-0 (平裝)

1.家事事件法 2.通俗作品

584.4   110008785

Talent系列51

家事法庭裡的春天

編　著　者／彭南元
作　者　群／方美珠、王明玲、王淑孟、王淑奐、李麗華、林水見、林淑寬、張秋鶯、張龍珍、許明珠、許
　　　　　　惠寶、許翠媛、陳修丰、陳啟中、陳梅芳、陳瓊、陸雪鈴、曾秀蓮、黃素真、楊苑苑、廖克
　　　　　　能、趙學萍、劉綺年、鄭明珠、鍾瑞麗
總　編　輯／彭之琬

版　　　權／黃淑敏
行銷業務／周佑潔、賴晏汝、華華
總　經　理／彭之琬
事業群總經理／黃淑貞
發　行　人／何飛鵬
法律顧問／元禾法律事務所王子文律師
出　　　版／啟示出版
　　　　　　臺北市 104 民生東路二段 141 號 9 樓
　　　　　　電話:(02) 25007008　傳真:(02)25007759
　　　　　　E-mail:bwp.service@cite.com.tw
發　　　行／英屬蓋曼群島商家庭傳媒股份有限公司城邦分公司
　　　　　　台北市中山區民生東路二段141號2樓
　　　　　　書虫客服服務專線:02-25007718;25007719
　　　　　　服務時間:週一至週五上午09:30-12:00;下午13:30-17:00
　　　　　　24小時傳真專線:02-25001990;25001991
　　　　　　劃撥帳號:19863813;戶名:書虫股份有限公司
　　　　　　讀者服務信箱:service@readingclub.com.tw
　　　　　　城邦讀書花園:www.cite.com.tw
香港發行所／城邦(香港)出版集團
　　　　　　香港灣仔駱克道193號東超商業中心1F E-mail: hkcite@biznetvigator.com
　　　　　　電話:(852) 25086231　傳真:(852) 25789337
馬新發行所／城邦(馬新)出版集團【Cite (M) Sdn Bhd】
　　　　　　41, Jalan Radin Anum, Bandar Baru Sri Petaling, 57000 Kuala Lumpur, Malaysia.
　　　　　　電話:(603) 90578822　傳真:(603) 90576622
　　　　　　Email: cite@cite.com.my

封面設計／李東記
排　　　版／極翔企業有限公司
印　　　刷／韋懋印刷事業有限公司

■ 2021 年 7 月 8 日初版   Printed in Taiwan
定價 550 元

城邦讀書花園
www.cite.com.tw

廣　告　回　函
北區郵政管理登記證
北臺字第000791號
郵資已付，免貼郵票

104　台北市民生東路二段141號2樓

英屬蓋曼群島商家庭傳媒股份有限公司城邦分公司　收

- -

請沿虛線對摺，謝謝！

書號：1MB051　　書名：家事法庭裡的春天

讀 者 回 函 卡

感謝您購買我們出版的書籍！請費心填寫此回函卡，我們將不定期寄上城邦集團最新的出版訊息。

姓名：＿＿＿＿＿＿＿＿＿＿＿＿＿＿＿＿＿＿ 性別：□男　□女

生日：西元＿＿＿＿＿＿年＿＿＿＿＿＿月＿＿＿＿＿＿日

地址：＿＿＿＿＿＿＿＿＿＿＿＿＿＿＿＿＿＿＿＿＿＿＿＿＿＿

聯絡電話：＿＿＿＿＿＿＿＿＿＿＿ 傳真：＿＿＿＿＿＿＿＿＿＿

E-mail：

學歷：□ 1. 小學 □ 2. 國中 □ 3. 高中 □ 4. 大學 □ 5. 研究所以上

職業：□ 1. 學生 □ 2. 軍公教 □ 3. 服務 □ 4. 金融 □ 5. 製造 □ 6. 資訊

　　　□ 7. 傳播 □ 8. 自由業 □ 9. 農漁牧 □ 10. 家管 □ 11. 退休

　　　□ 12. 其他＿＿＿＿＿＿＿＿＿＿＿＿＿＿＿＿＿＿＿＿＿

您從何種方式得知本書消息？

　　　□ 1. 書店 □ 2. 網路 □ 3. 報紙 □ 4. 雜誌 □ 5. 廣播 □ 6. 電視

　　　□ 7. 親友推薦 □ 8. 其他＿＿＿＿＿＿＿＿＿＿＿＿＿＿

您通常以何種方式購書？

　　　□ 1. 書店 □ 2. 網路 □ 3. 傳真訂購 □ 4. 郵局劃撥 □ 5. 其他＿＿＿

您喜歡閱讀那些類別的書籍？

　　　□ 1. 財經商業 □ 2. 自然科學 □ 3. 歷史 □ 4. 法律 □ 5. 文學

　　　□ 6. 休閒旅遊 □ 7. 小說 □ 8. 人物傳記 □ 9. 生活、勵志 □ 10. 其他

對我們的建議：＿＿＿＿＿＿＿＿＿＿＿＿＿＿＿＿＿＿＿＿＿

＿＿＿＿＿＿＿＿＿＿＿＿＿＿＿＿＿＿＿＿＿＿＿＿＿＿＿＿＿＿

＿＿＿＿＿＿＿＿＿＿＿＿＿＿＿＿＿＿＿＿＿＿＿＿＿＿＿＿＿＿